맑스주의와

유로코뮤니즘

산티아고 까리요 저/김유향 역

도서출판 중원문화

유로코뮤니즘과 국가/차례

□ 일러두기

1. [ ]는 원문에 있는 것이지만, 〔 〕는 역자가 삽입한 것이다. 단, ( )속에 중복되는 괄호에는 〔 〕로 한 곳도 있다.
2. 원문에 이탤릭체로 되어 있는 부분은 고딕체로 하였다.

서문

1976년초, 나는 이례적인 상황 덕분에 자유로운 시간을 얻어 여유 있게, 오늘날 공산주의자들이 직면하고 있는 문제들 가운데 가장 혼란스럽고 어려운 문제들과 대결할 수 있게 되었다.

지난 2월, 스페인으로 들어가기 위해 국경을 통과하면서 나는 당국이 나를 혈안이 되어 찾고 있어 당분간 엄격한 지하생활을 해야 한다는 사실을 알게 되었다. 당을 민주적인 상황에 적응할 수 있도록 준비하는 정치적인 작업을 주도하면서 점차 나는, 이런 상황을 극복하고 스페인 국민으로서 자신의 권리를 다시 주장해야 한다는 사실과, 이 작업을 위해서는 상당 기간 동안 나를 괴롭혀온 문제들을 보다 깊이 파고들어 정리할 수 있는 시간을 확보해야 한다는 사실을 깨닫게 되었다.

어떤 너그러운 친구가 이런 내게 다양하고 풍부한 서적을 갖춘 서재를 마음대로 이용할 수 있도록 해주었다. 스페인 당국의 검열 때문에 거기에는 내 기억을 점검하고 정확한 전거와 인용을 위해 필요한 맑스주의 책들이 모두 있지는 않았지만, 내가 계속 고민하던 주제인 국가문제를 다룬 책들이 많이 있었다. 이 책들 가운데 어떤 것들은 별로 가치가 없었지만, 어떤 것들은 아주 귀중한 것들이었다. 물론 내가 자유로운 상황이었다면, 훨씬 더 확실한 책들을 이용할 수 있었겠지만, 그럴만한 시간을 내기란 쉽지 않았다. 그래서 나는 이런 상황을 태연하게 받아들여야만 했다.

1919년 7월, 레닌은 스베르드로프 대학에서 "국가"라는 제목으로 강연을 했는데, 그는 청중들에게 자신의 설명이 불분명하고 잘 이해가 되지 않아도 "혼란스러워하지" 말 것을 미리 경고했다. "왜냐하면 국가라는 문제는 가장 어렵고도 복잡한, 그리고 부르조아 학자들이나 저술가, 철학자들이 혼란스럽게 만든 다른 어떤 문제들보다도 더 어렵고 복잡한 문제이기 때문이다"(Lenin, *Collected Works,* vol. 29, p. 470).

이런 레닌의 지적에다 나는 그간 독학한 지식에 의거하여, 맑스주의 저술들은 공식적인 저술까지도 그 안에 애매하고 때로는 모순되기까지 한 내용들로 가득차 있으며, 독자들에게 의심을 불러일으키거나 적어도 생각할 거리를 준다는 사실을 조심스럽게 덧붙이고 싶다. 이 주제는 정말 복잡하기 짝이 없는 문제다! 그리고 이론만이 아니라 우리가 실천에 나서면, 그 혼란과 모순은 더욱 커지지 않을 수 없다. 레닌이 자신의 고전적인 노작에서 묘사한 이행기의 사회주의 국가와, 그의 사후는 말할 것도 없고 곧바로 생전에 등장했던 국가 사이에는 근본적인 차이점들이 있기 때문이다.

어쩌면 독자들은 내가 이 책에서 "유로코뮤니즘"이라는 단어를 자주 사용하는 것을 보고 놀랄지도 모른다. 비록 공산주의자들이 새로 만들어낸 것도 아니고 그 과학적 가치가 의심스럽다 해도 그것은 아주 유행하는 말이며, 일반적으로 대중 사이에 의미를 획득하고 있고 당대의 공산주의자들의 한 경향을 보여주고 있다. 만일 이 말이 여전히 애매하다면, 이런 애매함은 이론적인 정교화의 문제라기보다는 진지하고 자기비판적인 정책의 수정으로서 이제까지 자신을 표현해온 이런 경향에서 그것이 아직 불명확하며 탐색중에 있다는 사실에 그 원인이 있다. 이것은 다시 한번 실천이 항상 이론을 앞선다는 것, 이론이 실천의 일반화라는 것을 잘 보여준다. 비록 실천은 이론이 그것을 확증해주고, 과학적인 정확성을 부여하며, 그 영향을 확장하고 분명히할 때에만, 기본적인 내용과 견실함을 확보하지만 말이다.

하지만, "유로코뮤니즘"을 정당화하는 그 정책과 이론적인 함의는, 비록 본질적으로는 발전된 자본주의 나라들에서만 타당하다고 해도, 우리 대륙의 현실을 포착하려고 노력하는 현대의 진보적이고 혁명적인 운동의 경향을 묘사하고, 우리 시대의 세계혁명 과정의 특질의 발전에 그런 운동을 적응하도록 하고 있다.

세계 공산주의운동과 노동운동에 존재하는 악명높은 현실의 문제와 모순들은 이런 과정의 반영이다. 현실에서 국가의 모순들은 명백하다. 어떤 것들은 이전의 사회형태 아래서 수행된 이들 국가들의 형성이나 아무런 역할도 하지 못하는 것들이 덧붙여진 데서 비롯되었는데, 도덕적이고 역사적인 현실에 항상 부합되지는 않은 정치적 현실을 만들어내었다. 또 다양한 문제들에 대한 서로 다른 이해관계와, 레닌도 지적했다시피 프롤레타리아트가 단지 권력을 장악했다고 해서 성자단이 되는 것은 아니라는 사실에서 비롯된 새로운 모순들이 여기에 덧붙여졌다. 게다가 노동운동과 공산주의운동의 문제들과 모순들이 현실의 실제적인 조건들과 다양한 경로에서, 문화적 전통들과 경제 및 사회 구조의 영향을 받으며 나타났다. 이런 것들은, 혁명과정이 아주 다양한 전세계를 그 자체로 포괄할 때 커다란 영향력을 획득하는 현실의 정치적 및 이데올로기적 경향들을 창출한다.

이런 경향들은 오늘날에는 현실의 문제이며, "단결명령"이나 파문선고에 의해 해결될 수 없으며, 사회, 문화, 사회주의적 경제 및 정치체제의 보편화라는 아무도 예측할 수 없는 장기적 과정에서만 점차 소멸

될 수 있는 것들이다.

그러므로 "유로코뮤니즘"은 보다 적절한 정의를 발견하지 못하는 한 우리에게 현실로서 다가오지 않을 수 없다. 하지만 이런 경향들이 조직이나 공동의 강령을 가지고 있지 않다는 사실을 우리는 결코 잊어서는 안된다. 비록 1976년 6월 동베를린에서 열린 유럽 공산당들의 회합같은 국제회의들에서 여러 형태로 나타나는 특정한 성향을 드러내고는 있지만 말이다.

그것은 대중적인 저널리즘이 즐겨쓰는 "제3의 길"의 문제가 아니다. 왜냐하면 세계 혁명과정에서 나타나는 서로 다른 경로들을 하나하나 열거한다면 세 개보다 훨씬 많은 길이 있을 것이기 때문이다. 또 그것은 사회민주주의 진영으로 퇴각하는 문제나 공산당들이 탄생하게 된 역사적 근거를 부정하는 문제도 아니다.

하지만 다음 장들에서 볼 수 있듯이 국가문제에 접근하는 이 방법이 1917년과 18년의 레닌의 명제들의 차이점을 포함하고 있다는 사실을 나는 분명히하고 싶다. 이것들은 러시아에서 적용되었고, 그당시에는 세계의 여타 지역에서도 이론적으로 적용될 수 있는 것들이었다. 하지만 이것들은 오늘날에는 적용될 수 없다. 서유럽의 발전된 자본주의 나라들의 환경이 아주 달라졌기 때문이다. 이런 명제들이 더이상 적용될 수 없게 된 이유로는 경제구조의 변화와 진보적인 사회세력의 객관적인 확대, 핵에너지를 포함한 생산력의 발전, 탈식민화와 사회주의의 진전, 그리고 2차대전을 통한 파시즘의 패배를 들 수 있다.

레닌의 몇몇 명제들이 이미 낡았다는 이런 지적에 불경스럽다고 깜짝놀랄 사람들이 있을지도 모른다. 레닌이 맑스에 대해서 같은 지적을 한 바 있다는 것, 소비에트의 레닌의 후계자들이 그의 몇몇 명제들을 공공연히 수정했다는 사실을 알지 못하는 사람들도 있기 때문이다.

이 주제에 관한 나의 저술작업은 내가 1976년 12월 22일 마드리드에서 체포됨에 따라 중단되었다. 일주일 후, 나는 감옥에서 풀려나와 합법적인 시민의 신분을 획득했지만, 현재로서는 더이상 원고를 다듬을 시간을 낼 수가 없다. 그래서 나는 일단 출간을 한 뒤 빠른 시간 안에 개정하는 것에 만족하기로 마음을 먹었다. 이렇게 결정적으로 중요한 주제를 둘러싸고 일어날 논쟁의 과정에서 이 책의 부족한 점들이 극복될 수 있으리라 확신하기 때문이다.

1976년 12월

1. 국가 대 사회

국가권력의 문제는 여전히 모든 혁명의 문제다

처음에는 보다 확실히 마음의 준비가 된 상태에서 작업하면서 논쟁을 시작하려 했지만, 나는 이 말썽많은 문제에 관해 발표할 기회를 늦추고 싶지 않았다. 비록 그것이 내 자신의 노고를 무위로 돌릴지라도 말이다. 그것은 스페인공산당이 특정한 관점에서 제기했고, 이탈리아, 일본, 프랑스, 영국, 스웨덴같은 나라의 공산당들——현재 이들은, 보기를 들 것도 없이, 경제적으로 발전된 자본주의 나라들의 경제적, 사회적 및 정치적 맥락에서 국제노동운동과 공산주의운동의 쇄신이라는 노선을 추구하고 있다——이 대체로 비슷한 용어로 제기하고 있는 국가, 민주주의와 사회주의의 문제다.

일부 동료 공산주의자들과 많은 적들이 이 노선에 대해 아주 비판적인 글을 쓴 바 있다. 동료들은 우리가 기회주의라고, "국수주의"를 택해 국제주의를 포기했다고, "반소비에트적"이라고, "계급적 입장"을 저버렸다고 비난하고 있다. 한마디로 "테러리스트"만큼이나 혼란스럽게 함축적인 이야기를 한다고, 즉 수정주의라고 비난하고 있는 것이다. 동쪽 진영 나라들의 지도자들이나 관리들이 해댄 그런 비난조의 기사나 연설은 많은 독자들이 익히 알고 있는 바이다.

반면에 정치적 적들은 물론 우리의 동맹자들 가운데 일부도 우리를 공격하거나 다른 각도에서 단서를 붙이고 있다. 그들은 그것이 단순한 "기회주의자의 책략"의 문제라고 말하거나 토를 달기도 하며, 한편에서는 다른 세력들과 상호간의 이해를 촉진하고 그간의 지하활동의 좁은 영역에서 벗어나기 위한 것이라고, 다른 한편에서는 선거에서 보다 나은 결과를 얻어 마침내는 보다 쉽게 정부를 장악하는 새로운 길을 개척하기 위한 것이라고 하기도 한다. 일단 우리가 정권을 장악하기만 하면, 힘을 가진 입장에서 "가면을 벗어던지고 일거에 과업을 성취할 수 있게" 될 것이라는 해석이다.

이렇게 양쪽으로부터의 비판들을 요약할 수 있는데, 때로는 아주 복잡하고 다양한 양상을 띠기도 하지만, 이것이 결국 그들의 비판의 요지다.

비록 이들의 생각이 아주 잘못되었고, 대부분의 경우 편견에 가득 차고 부정직하기조차 하다고 생각하지만, 나는 이들의 비판의 영향력을 결코 과소평가하지는 않는다. 특정한 노동자계급과 대중, 전문직 인사들과 지식인들 혹은 중간계급 사람들뿐만 아니라 우리 당 내부에까지 그 영향력이 미칠 수 있기 때문이다. 심지어 우리 당 대오 안에서도, 우리가 비록 수정주의자 진영에 실제로 들어가지는 않았지만 그 진영으로 접근하고 있으며, 우리가 맑스주의의 혁명적 개념들을 위태롭게 하고 있다는 생각을 하는 사람이 있을 수 있다. 또 반대로, 우리의 노선이 실제로 특정 시기에 다른 사람들을 제압하기 위한 일종의 마키아벨리즘이라고 생각하거나, 이것을 완전히 자연스러운 접근방식이라고 생각하는 동료들도 있을 수 있다.

40여년의 독재〔의 굴레〕에서 고통스럽게 그리고 〔아직은〕 불확실하게 벗어나고 있는 스페인같은 나라에서도, 정당들——우리 당을 말하는 것은 아니다——은 일상적인 정치에서 원칙들을 그다지 신경쓰지 않고 자신의 입장을 강화하는 데 필요한 모든 책략들을 전술적으로 사용하고 있다. 이 당들은 무엇을 해도 양해를 받고 용서를 받는다. 승리를 하더라도 사회체제를 바꾸지 않으리라는 사실이 원칙적으로 받아들여지기 때문에 그들이 사용하는 방법들은 합법적이라고 인정된다. 하지만 그 대신에 일반적인 관심은 우리 공산주의자들에게 집중되고 있다. 그리고 우리에겐 어떠한 관용도 없다. 우리가 사회체제를 바꾸려 한다는 것은 잘 알려진 사실이며, 또 우리는 그런 사실을 전혀 숨기려 하지 않기 때문이다. 많은 사람들은 이미 승리를 거둔 다른 나라의 공산당들의 선례를 보고 우리가 정치적 자유를 완전히 파괴하고, 반대할 자유를 폐지할 것이라고 두려워하고 있다.

포기할 수 없는 인류진보의 역사적 업적인 민주적인 정치적 자유와 인권을 유지하고 풍부하게 할 사회주의의 승리를 도모하면서 그것에 새로운 경제적 및 사회적 차원의 내용을 부여한다는 이상을 실현하기 위해 우리는 새로운 경로들을 제안하고 있지만, 그것은 프롤레타리아 독재와 같은 우리 이론가들이 만들어낸 공식들 가운데 몇몇 개를 제거하는 것만으로 충분한 것은 아니며, 민주주의적 과정에 대한 우리의 관점을 분명히 밝히지 않으면 안된다. 생산수단의 발전의 결과와 그것이 만들어낸 새로운 사회구조뿐만 아니라, 현대의 발전된 자본주의 사회와 그 세계적 상황에 대해서도 전반적으로 분석하지 않으면 안된다. 맑스주의 사상들을 비판적으로 심화시킴과 동시에 현대의 국가, 특히 그것의 민주주의적 변혁의 가능성을 연구하는 것은 아주 중요한 일이다.

만일 우리가 자본주의 국가장치를 강제로 전부 파괴하지 않고 그것을 민주화하여 사회주의 사회를 건설하는 데 이용할 가능성을 명확히 이론적으로 기초짓지 못한다면, 우리는 파렴치한 전술들을 구사한다고 비난받거나 사회민주주의 진영과 한무리로 취급받게 될 것이다.

전체로서 국가장치가 지배계급의 도구라는 것, 이것은 우리 맑스주의자들이 마음속 깊이 간직하고 있는 진실이다. 국가는 계급들 위에 있지 않다. 즉 최소한 헤겔에게까지 소급되고 파시즘이 그 극한까지 수행한 이데올로기처럼, 또 이런저런 형태로 역설하는 이데올로기처럼, 계급들 사이의 조정자가 아닌 것이다. 국가장치를 변혁하지 않고는 모든 사회주의적인 변혁은, 논리적으로 자연스럽게 받아들이는 선거결과가 아니라 이론적으로 체제를 방어할 책임이 있는 바로 그 계급이 주도하는 무장쿠데타에 의해 전복될 수 있으며 불안정하다.

칠레의 경험은, 인민연합의 통치 아래 사회주의적인 조치들이 취해졌지만, 그 국가장치는 여전히 자본가의 지배도구였고, 게다가 미제국주의, 그 기관들과 다국적기업들의 다대한 영향을 받았다는 사실을 보여준다. 이 장치는 적절한 기회가 도래하자 그 전과정을 전복시키고, 그 민주적 정체(constitution)를 폐지하고 야수적인 군사독재를 수립했다.

자본주의 국가는 현실의 문제다. 그 현재적 특질은 무엇인가? 그것은 어떻게 변혁될 수 있는가? 이것은 우리가 민주주의적, 다당제적, 의회주의적 방도로 수행하자고 제안하는 혁명을 포함하여 모든 혁명의 문제다. 이것은 결코 무시될 수 없는 것이다.

민주주의와 사회주의의 관계는 물론, 내가 무지하게도 하찮은 문제로 여겼듯이 존경할만한 맑스주의자들이 내팽겨쳐버렸던 저 민주주의의 개념도 또한 훨씬 더 깊이, 시급히 연구되지 않으면 안된다.

또 우리는 마찬가지로 사회주의의 개념에 대해서도 심사숙고할 필요가 있다. 우리는 이미 이런저런 방식으로 사회주의로 가는 길에 들어선 여러 사회들을 보고 있다. 우리는 종교적인 신화들이 위기에 처해 있는 지금과 같은 시기에는 그런 사회들을 신비화하는 대신에, 이런 경험들을 하지 못했던 우리의 교사들이 그 주제에 접근했던 다소 예언자적이고 유토피아적인 정신에서 벗어나기 위해 그들의 경험을 연구하지 않으면 안된다. 그럼으로써 우리는 사회주의로 가는 다양한 경로에 대해, 거기에서의 어려움에 대해, 거기에서의 함정에 대해, 그리고 나아가 특정한 조건들에 따른 거기에서의 한계에 대해 훨씬 잘 알 수 있을 것이다.

또 아주 이상주의적인 관점에서 문제들을 주관적으로 보면, 우리는 생산수단의 발전과 생산관계의 실제적인 내용에 우리의 의지와는 상관없이 객관적으로 영향을 미치는 그 발전수준과 같은 맑스주의의 기본적인 요소들을 잊어버리는 경향이 있다.

생산관계는 우리에게 한 사회와 그 사회체제의 성격을 가르쳐준다. 하지만 사회의 내용에 관한 궁극적인 진실은 생산의 형식적 관계에만이 아니라 생산수단 및 생산력의 구체적인 발전에도 놓여 있다. 불충분하게 발전한 생산력에 근거한 사회주의적 생산관계는 우리가 부르조아 사회에서 **형식적인** 자유를 말하는 것과 꼭 마찬가지로 **형식적인** 사회주의적 측면만을 가질 뿐이다. 요컨대 역사적 유물론의 관점에서 보면, 그것이 아무리 본질적인 것이라 해도 사회발전에서 계급투쟁의 역할을 인정하는 것만으로는 충분하지 않다는 것이다. 우리는 생산수단의 발전이라는 역사적 유물론의 다른 변증법적인 요소의 전반적인 중요성에 대해서도 분명히 인식해야 한다. 역사에서는 계급투쟁의 파고가 높이 일어 일시적으로 생산수단의 발전수준을 훨씬 뛰어넘는 경우들이 있다. 하지만 시간이 흐르면 이 생산수단의 발전이라는 요인은 반드시 자신의 중요성을 회복하게 되며, 계급투쟁의 정점에서 앞질러나간 비약을 일정 정도 뒤흔들고 변경하고 위험에 빠뜨릴 수 있다.

상부구조의 자율성은 일정한 한도 내에서 실제로 인정될 수 있다. 하지만 무제한적인 자율성이란 있을 수 없다. 권력을 장악한 지도자들이, 상부구조가 그것에 종속되는 결정적인 요인들을 잊어버리고, 명령이라는 도구, 개인적인 바램이나 자기들 주변 사람들의 바램이 모든 것을 결정할 수 있고 모든 장애들을 극복하여 객관적인 법칙에서 자유로울 수 있다고 생각하던 시기가 있었다. 실제로 그들은 모든 단계에서 자신들의 계획들과 현실적인 가능성들 사이의 현저한 차이를 설명하기 위해 희생양들을 찾으면서 음모자들처럼 일을 추진했다. 역으로 그런 실수와 편향들을 순전히 도덕적인 관점에서 판단하려 하는 비판가들, 아주 좋은 의도를 가진 비판가들도 비슷한 오류들을 저질렀다. 반대로, 적절한 시기에 진정한 내용으로 이 문제들에 접근하는 것은 결코 혁명이나 사회주의를 포기하는 것이 아니다. 또 내가 알고 있는 한 그것은, 한동안 우리를 고무했던 신화, 다시 말해 유토피아와, 노동자계급 및 해방운동들의 전진과 혁명들에 의해 지금까지 실현된 현실 사이의 현저한 차이에 의해 생긴 실망이나 환멸의 결과도 아니다. 지금도 나는 내가 20대였을 때 믿었던 모든 것을 믿으며, 본질적으로 그당시 가졌던 것과 똑같은 꿈을 가지고 있으며, 오히려 더 확고해졌다고 생각한다. 나는 자신들의 꿈을 상실한 사람들을 볼 때마다 슬퍼지고 실망하게 된다.

이런 오류들과 편향들에도 불구하고 "역사"는 그런 진보와 혁명들 덕분에 오늘날의 지점까지 전진했다. 역사가 극심한 모순들 속에서 발전한다는 것은 진실이다. 인간의 의지와 사회과학들이 이 모순들의 영향을 조절하고 극복하는 데서 훨씬 더 큰 역할을 해야 한다. 하지만 이제까지 달성한 진보를 부인하고 약해져서 실망과 환멸에 압도당하고, 다가오는 파국들을 예언하고 퇴보들을 기록만 하면서 수수방관하는 것은 결코 진정한 혁명적인 입장이 아니다.

나는 예술가들을 존경한다. 그들은 정치가 넘지 못하는 한계들을 기록하는 데 유용한 역할을 할 수 있고 또 하고 있다. 그들은 일종의 도덕적 양심이라 할 수 있다. 하지만 만일 그들이 정책을 만들어야 한다면, 보수적인 세력들의 수중에서 교수대에 서거나 위험을 피하기 위해 자신들의 역할을 포기하게 될 것이다. 그들은 훨씬 더 큰 재난들을 야기할 수도 있다.

이 모든 것들을 이야기하면서 나는 내가 일련의 문제들을 바라보는 관점을 바꾸었다는 사실과, 때때로 그런 사실을 내게 상기시키거나 비난하는 사람들이 옳다는 사실을 부인하고 싶지는 않다. 우리 공산주의자들은 다른 시기에 주장했던 많은 관점들을 바꾸었다. 때때로 이런 변화들이 진정인가를 의심하는 사람들, 근본적으로 전혀 변하지 않고 우리와 세계가 원을 그리면서 자신들의 입장을 따라 돈다고 믿는 사람들은, 그 원이 일종의 나선이지 원이 아니라는 사실을 알지 못한다. 이 경우에는 이 나선이 그들에게 가까워지는 것처럼 보이는 동안에도 그것이 훨씬 더 멀어지고 있다는 사실을 알 수 없기에 이들은 틀릴 수밖에 없다. 사람들은, 특히나 생사를 건 대의에 복무할 것을 다짐했던 주역들이라면, "총을 잡아라, 그리고 한치도 양보하지 말아라"라고 하는게 당연한 일이다. 그러나 우리 —— 나는 어느 누구도, 투쟁을 수행하는 데서의 우리의 용기와 확고함을 의심할 수는 없다고 생각하는데 —— 가 우리의 관점을 수정하고 있다면, 그것은 우리가 개인적이고 역사적인 체험이 결정적인 역할을 수행한다는 확고한 신념을 갖게 되었기 때문이다. 그리고 어쩌면 가장 중요한 것은, 우리 자신이 무언가를 배우고 그렇게 말할 용기를 가졌다는 것이 아니라, 노선을 변경하는 때가 되었을 때, 똑같은 경험을 갖지 못한 사람들이 지니지 못할 권위를 우리가 우리 자신의 확고한 실천 덕분에 가질 수 있을 것이라는 사실이다.

공산주의의 "역사적인 투사들"인 우리 가운데 많은 사람들이 일련의 문제들을 판단하는 관점을 바꾸었다. 감히 나는 아주 예외적인 경우를 제외하고는 우리 모두가 변했다고 말하고 싶다. 또 비록 위험스러운 단언일지도 모르지만, 나는 전혀 변하지 않은 것처럼 보이는 사람들,

30년 전, 40년 전, 50년 전, 나아가 100년 전의 공식들을 고집스럽게 반복하는 사람들이 가장 많이 변했다고 덧붙여 말하고 싶다. 왜냐하면 그런 공식들은 오늘날과는 전혀 다른 현실의 개념들이기 때문이다. 그것들은 그 안에 오늘날과는 다른 내용의 혁명적 열정을 담고 있다. 그 똑같은 말들, 그 공식들은 이제는 다른, 서로 모순되기까지 한 개념들을 담고 있다. 거기에 담겨 있는 실제의 내용은 많은 경우 불모적이거나 보수적이기까지 하다. 그런 공식들을 반복하는 사람들이 비록 진지해보여도, 그리고 자신들이 변했다는 사실을 그들이 알지 못한다 해도, 그들은 보다 나은 세계를 건설하기 위해 싸우는 혁명가라기보다는, 관료주의에 매몰되고 종교적 열정에 가득찬 진부한 전도사라는 편이 더 어울린다. 자신들의 서열을 유지하거나 높이기 위해 단지 지시들만을 수행하는 성직자들은 거론할 가치도 없다.

나는 우리 공산주의자들 가운데서 어떤 문제들을 바라보는 관점을 바꾼, 경험에서 배우고 구체적인 현실과 씨름하며 오늘날의 세계에서 사회주의를 위한 적절한 투쟁의 지침들을 추론해내려 노력하는 사람들이야말로 사실은 전혀 변하지 않았으며, 또 그런 우리야말로 여전히 사회주의의 승리에 대해 책임감을 느끼고 있고 공산주의의 대의를 지키기 위해 모든 희생을 무릅쓰고 있다고 깊이 확신한다.

노동자계급의 운동의 역사 안에는 유명한 논쟁들이 있다. 가장 유명한 것들로는, 듀링에 대한 엥겔스의 공격, 베른슈타인에 대한 카우츠키의 공격, 카우츠키에 대한 레닌의 공격을 들 수 있다. 어떤 이들은 이런 논쟁 가운데서 수치스러운 함축을 획득한 "수정주의"라는 말을 현대의 사회주의운동의 문제들과 우리의 실질적인 투쟁에 근거하여 몇몇 개념들을 수정하고 있는 우리를 비판하는 데에 적용하려고 노력하고 있다.

하지만 이런 행위는 맑스주의자가 혁명적인 수정주의를 채택하는 경우가 있다는 것을 잊어버린 소치다. 맑스는 『루이 보나파르트의 브뤼메르 18일』에서 부르조아 혁명에 대해 거론하면서 다음과 같이 지적한 바 있다.

> 모든 죽은 세대들의 전통은 살아 있는 사람들의 머리를 악몽과도 같이 짓누른다. 현 세대는 자기 자신과 만물을 개조하고 이제까지 존재한 적이 없는 무엇인가를 창출해내는 데에 몰두하는 것처럼 보이는 시기에도, 바로 그와 같은 혁명적 위기의 시기에도, 그들은 자기의 일을 도와달라고 노심초사 과거의 망령들을 주술로 불러내며, 이 망령들로부터 이름과 전투구호와 의상을 빌려 이 유서깊은 분장과 차용한 언어로 세계사의 새로운 장면을 연출한다……
>
> 반면에 프롤레타리아 혁명은 19세기의 여러 혁명들과 마찬가지로, 자기 자신을 끊임없이 비판하고 혁명의 진행과정에서 부단히 자발적으로 그 진행에 제동을 걸고 혁명을 새롭게 시작하기 위하여 외견상 성취된 것을 재검토하며, 그 최초의 시도에서 드러난 부정합성, 약점, 그리고 무가치를 비정할 정도로 철저한 태도로 비웃는다. (Marx/Engels, *Selected Works*, London, 1968, pp. 97-98)

간단히 정리하면, 프롤레타리아트의 혁명은 스스로를 수정하며, 혁명가들도 그렇게 한다는 말이다. 레닌은 10월 사회주의 대혁명의 기초를 닦기 위해 맑스의 몇몇 테제들을 수정하여, 제국주의의 불균등발전과 그 가장 약한 고리들의 파열이라는 명제를 내놓았다. 공식적인 맑스주의의 관점에서 보면, 1917년의 러시아에는 사회주의를 실현하기 위한 조건들이 존재하지 않는다고 확언한 카우츠키가 옳았다. 러시아의 자본주의 체제는 높은 수준의 발전에 도달하지 못하고 있었다. 하지만 카우츠키의 공식적인 맑스주의는 1917년의 러시아의 혁명적 위기에는 적용될 수 없었다.

레닌도 여러 차례에 걸쳐 자신의 견해를 수정했다. 1919년에 채택된 신경제정책은 이전의 모든 경제정책을 수정한 것이었다. 중국혁명에 관한 연설에서 그는 러시아의 노동자 소비에트를 대체하는 농민 소비에트에 대해 이야기했다. 여기에서 그는 소비에트의 경험을 수정했는데, 이것은 중국의 구체적인 현실을 고려한 것이었다. 권력을 잡을 때가 가까워졌을 때 그는 볼셰비키 당의 농업강령을 버리고 사회혁명당의 농업강령을 자기것으로 받아들여 채택했는데, 이것 또한 수정이라고 하지 않을 수 없을 것이다.

레닌의 후계자임을 주장한 스탈린은 소련공산당의 관련당국의 승인을 거쳐, 레닌이 공표한 명제들을 조용히 수정하고 폐기했다. 흐루시초프는 단순히 수정하지만은 않았다. 그는 온당히도 스탈린의 사상과 실천을 제20차, 22차 당대회의 승인을 얻어 규탄했다. 소비에트 공산당의 현 지도자들은 흐루시초프를 수정하고 더 나아가, 정치적으로 말한다면, 산 채로 매장해버렸다.

여기에서 이런 성공적인 수정들의 정당성 여부를 구태여 따질 필요는 없지만, 사람들은 아주 단순하고도 명료하게, 수정이 정반대되는 의미에서, 단지 맑스주의의 적들만이 아니라 가장 뛰어난 맑스주의자들에 의해서도 수행되어왔다는 결론을 내릴 수 있을 것이다. 또 지금 스페인공산당과 다른 나라의 당들의 수정주의 때문에 울분을 터뜨리는 사람들 가운데 일부는, 비록 이런저런 방식으로 자신에게 책임이 있는 행동들에 대해 항상 희생양을 찾을 수는 있겠지만, 여러 경우에 자신들이 직접 벌이는 사업 가운데서도 수정주의자들이다.

지금 내가 혼자만의 결단으로 이 책에서 사회주의로의 민주적 길, 민주주의의 의미, 그리고 사회주의의 내용과 성격의 문제에 접근하는 것은, 지난 시기에 내 스스로 옳다고 믿었던 생각들과 해결방법들을 폐기하는 것을 의미한다. 하지만, 나는 내 자신이나 이런 노선들을 하나하나 점검하는 우리 모두가 혁명적인 맑스주의의 본질적인 명제들에 충실하며 확고히 지지하고 있다는 것을 확신한다. 우리는 과거에도 그랬지만 지금도 공산주의자다. 우리는 결코 몰락해가고 있는 제국주의에게 "우리의 손을 내밀려 하지" 않으며, 오직 그것을 하루라도 빨리 철폐하기 위해 노력하고 있다. 우리는 사회민주주의 진영으로 넘어가지도 않으며, 이데올로기적으로 그들과 투쟁을 계속하고 있다. 우리는 우리가 활동해온 70년대의 발전된 자본주의 나라들에서 맑스주의자로서, 공산주의자로서 활동하기를 원한다.

우리가 제시한 해결책들이 모든 사람들에게 받아들여진다고는 생각하지 않는다. 그것들은 우리나라나, 비슷한 발전 수준 이상의 다른 나라들에서 타당한 것들이다. 예를 들어 역사적으로 다원주의와 의회제를 경험한 적이 없는 베트남이나 라오스 그리고 제3세계의 다른 지역들에서 그런 다원주의와 의회제의 발전을 요구하는 사람들은 쓸데없는 행동을 하는 것이다. 사회주의와 민주주의는 이 나라들에서는 다른 형태를 취할 수 있다. 반대로, 똑같은 오류는 자신의 모델들을 혁명과 사회주의에 관한 일반법칙으로서 정립하고 다른 모든 경우에 적용하려는 사람들에 의해서도 저질러지고 있다. 사회주의로의 길이 서로 다를 수 있다는 것을 일찍이 헤아린 레닌의 현명한 통찰은 현실에서 완전히 확인되고 더욱 빛을 발하고 있다.

맑스주의는 구체적인 현실에 대한 구체적인 분석에 근거를 둔다. 이것이 맑스주의다. 현실을 한옆으로 밀쳐두는 것은 순전한 이데올로기(경멸적인 의미에서)이며, 맑스주의가 아니다. 또 스페인과 유럽 그리고 발전된 자본주의 세계의 오늘의 현실은 우리가 회피할 수 없는 아주 명확한 특질들을 보여주고 있다. 공산당이 교조적이고 분파적으로 스페인혁명을 이전의 혁명들의 단순한 복제품으로 여기는, 시대에 뒤떨어진 입장들을 완고히 고수할 때, 더욱 반가워할 사람은 스페인의 보수세력이다. 그런 당은 아주 취약하며, 좁은 음지에서, 고립상태에서 벗어나거나, 정치과정에 뚜렷한 자국을 남기고 커다란 혁명세력으로 자라나거나, 일상적인 현실에서 노동자계급의 헤게모니를 확고히 세우는 것은 불가능할 것이다. 우리는 그들에게 그런 즐거움을 주지 않을 것이다.

맑스, 엥겔스와 레닌을 통해 본 국가의 기능과 구조에서의 변화들

본질적으로 맑스, 엥겔스와 레닌은 국가를 특히 그 억압적인 성격을 강조하여 한 계급의 다른 계급들에 대한 지배의 도구로서 파악한다.

다른 맑스주의자들, 그중에서도 그람시와 알뛰세르는 이데올로기적 장치들에 대해서도 거론하는데, 이것들은 폭력에 의거하기보다는 정신적인 수준에서 그 위력을 발휘한다. 이런 이데올로기적 장치들을 보면, 종교장치(서로 다른 교회들의 체계), 교육장치(공립과 사립을 막론한 학교 체계), 가족, 사법장치, 정치장치, 정보장치(신문, 라디오, 텔레비전 등)와 문화장치를 들 수 있다.

하지만 이제는 이밖에도 자본주의 국가가 점차 주요한 지배적인 경제그룹들의 대표자로서, 경제발전의 조정자로서 등장하고 있다는 또다른 차원의 사실이 지적되어야 한다. 이같은 사실은 국가의 직접적인 개입을 벗어난 사회활동의 그런 부분들이 점점 더 중요하지 않게 되고 있다는 것을 보여준다.

생산력의 발전이 생산의 사적, 가족적 성격을 분쇄하고 그것에 점점 더 이윤창출의 사회적 형식들과 사적, 자본주의적 성격 사이의 모순들의 계속적인 발전으로 귀결되는 사회적 형태들을 부여하지만, 오늘날 ── 서비스 산업의, 전체 경제의 ── 생산의 사회적 성격은 이른바 과학기술혁명에 힘입은 생산력의 집약적인 성장의 결과로서 굉장한 발전을 이룩하고 있다.

기술의 발전은 사적 기업의 원리 자체를 위기에 몰아넣고 있다. 왜냐하면 단지 몇몇 거대기업들만이 그 발전에 필요한 거대한 양의 자본을 동원할 수 있기 때문이다. 자본주의 국가는 충분한 사적 신용을 얻거나 자금을 스스로 확보할 수 없는 산업들을 지원하기 위한 공적인 자금을 동원하여 사적 자본의 실패들을 보전하려고 개입하고 있다. 자본의 투입은 물론, 공익사업체들의 부담 감소와 세금감면이나 수출보조금 지원 등에서도 그러한 실례는 충분히 엿볼 수 있다. 하지만 이와 같은 조치를 취하는 데에 국가가 사용하는 자금은 사회의 자금이다. 아무런 협의도 없이 전체로서 사회는 자본주의 발전에 필요한 것들을 공급한다. 이렇게 경제의 사회적 성격은 거대한 비율에 도달했다. 그 이윤이 단지 소유주들에게만 돌아가는 독점기업들에게는 최소한의 혜택만이 주어지고 있다.

이런 역할은 자본주의 국가에게 그것이 독점자본의 도구로서 경제생활에 간섭할 결정적인 권력을 부여한다.

비록 지배자들이 여전히 자유주의와 자유경쟁을 이야기하고는 있지만, 이것은——자본주의 발전의 다른 기간에는 실제로 존재하긴 했어도——완전히 사라지고 있다. 기술의 엄청난 성장이 그것들을 말살시키고 있다. 또 계급투쟁의 발전이 생산력의 발전의 뒤로 처지면서 **우리 서구세계에서 자유경쟁을 끝장내고 있는 것은 사회주의 국가가 아니라 독점자본가의 국가다.** 이 독점자본가의 국가는 자신의 계속적인 존속을 정당화하기 위해 계급과 이데올로기를 넘어선 사회적인 기능까지 수행하려 노력하고 있다.

진전되는 경제의 사회화의 현저한 예의 하나는 1976년 극심한 가뭄에 타격을 받은 목축업자와 농민에게 수십억 프랑에 달하는 보상을 주기로

한 프랑스 정부의 결정이다. 자유경쟁이 지배하던 이전의 시기에는 이 사회적 부문들은, 풍년이 들어 흉년의 피해를 보전할 수 있기를 기대하면서 자연적인 재난들을 자력으로 극복하지 않으면 안되었다. 의심할 여지 없이 그런 체제는 보다 허약한 농민들을 파멸시키면서, 그 자신의 논리에 따라 자본주의적 소유의 집중을 촉진시켰다. 사회적으로 프랑스의 경우에 관철된 원칙, 농업 종사자들을 돕자는 연대의 원칙을 반대하는 사람은 없을 것이다. 하지만 저항에 부딪힐 일은, 국가독점자본주의하에서 농업부문의 악화를 거대산업체나 은행 및 보험회사의 초과이윤이 아니라 징세를 통해 생산자들의 임금이나 봉급을 낮춤으로써 보상하는 일이다. 실제로 한편에서 거대기업들은 경제의 발전과 내부금융을 지원한다는 핑계로 세금을 감면받는다. 게다가 사실상 보상도 사정이 좋은 농민이나 목장주에게 유리하게 분배되어 결과적으로 자본주의적 집중을 촉진하는 방향으로 임의적으로 수행된다.

발전이 뒤떨어진 자본주의 나라들에서는 국가가 충분한 이윤을 개별적으로 확보하지 못하는 기업이나 공익사업체를 직접 지원하고 있다. 스페인의 경우만 해도, 국가산업협회(INI)와 다른 정부기관들을 통해 국가가 철강, 조선, 철도산업 등을 떠맡고 있다.

최근 몇몇 전문가들의 발표에 따르면, INI는 정치적인 상황의 변화 때문에 사업전망을 비관하여 우리나라를 떠나는 몇몇 거대 다국적기업들의 재산을 인계받고 있다.

오늘날의 국가는 군대, 경찰, 사법관, 세리와 전통적인 관료들은 물론, 수십만 명의 교사, 관리자, 기술자, 저널리스트와 다른 근로자들을 정부기관에 고용하고 있지만, 맑스, 엥겔스와 레닌이 정의한 바대로 여전히 계급지배의 도구다. 하지만, 그 구조는 이 세 맑스주의 교사들이 지적한 것보다 훨씬 더 복잡하고 모순적이며, 사회와 관련하여 그 관계들은 아주 다른 특성을 가지고 있다.

이런 유형의 국가가 발견되는 사회-정치적인 체제는 "신자본주의"라는 이름으로 세례를 받았고, 2차대전 이후의 "살찐 암소" (fat kine) 의 시기에 모든 종류의 개량주의적 환상을 불러일으켰다.

이 시기는 완전고용과 함께 소비의 발전, 승용차, 가정용 전기장치 그리고 서비스산업들의 성장이, 계급투쟁과 계급적 차이가 "사라졌다"는 모든 종류의 이론들을 고조시키던 시기였다.

프랑스의 조르쥬 부르도(G. Burdeau) 교수는 이런 이론들 가운데 일부를 요약하여 "기능적 국가"나, "사회적 메카니즘들의 내부 논리에 조응하여 그 근본적인 신조가 결코 의문시되지 않는" 사회형태라고 불렀는데, 요컨대 그것은 "부르조아지와 노동자 사이의 적대를 해소한 것처럼 자본주의와 사회주의 사이의 낡은 대비가 더이상 타당하지 않도록 만들어", "정치는 그것[사회]을 변화시키려고 할 이유가 없으며, 유일한 임무는 자신의 심원한 본질에 적합하게 그것을 관리하는 것"이라는 내용이다.

부르도 교수의 요약에 따르면 이런 국가의 **심원한 본질**은 **"기술에 의한 국가의 식민지화"**, **"기술의 전횡"**인데, 즉 기술은 국가의 목표를 지시하고, 정치영역의 문제들을 이로부터 끄집어내어, 이 문제들을 기술 발전의 지시라는 순수하고 무계급적이며 기능적인 영역에 갖다놓는다.

이러한 개념들은 현실의 왜곡이고 속임수다. 실제로 생산력의 발전은 정치 및 사회 체제에 거대한 영향을 미친다. 그것의 발전은 국가가 운영되는 형태와 관련하여 새로운 요구들을 제기한다. 오늘날 존재하는 생산력의 수준과 관련하여 사회의 정치는 실제로 맑스와 엥겔스가 **사물의 관리**(administration of things) 라고 한 것에 집중되어야 한다. 하지만 그것들은 기술의 성장만이 아니라 더 나아가 압제자와 피압제자가 없는 사회를 이룩하는 것과도 관련이 있다. 그리고 기술이 성장하고 사회관계들에서 새로운 휴머니즘의 가능성이 나타나고 있는데도 이런 "기술의 지시들"을 고려하는 것이 불가능한 것은, 이런 계급들의 존속과 자신의 지배와 특권을 유지하려고 노력하는 지배계급에 의한 기술의 사용 때문이다. 실제로 생산력의 발전에서 추론할 수 있는 것은, 현대사회는 사회주의를 실현할 수 있을 만큼 성숙했다는 사실이다.

부르도 교수가 묘사한 극도로 편향된 이론들이, 이제는 아무짝에도 소용없는 권력의 신성한 기원 대신에 합리성과 비합리성의 공과(功過)가 동시에 공존하는 듯이 보이는 새로운 권위, 즉 기술을 내세우고 있는 지배적인 경제그룹들에 의해 조작된 것이라는 사실에는 의심할 여지가 없다. 하지만, "살찐 암소"의 시기가 "여윈 암소"의 시기로 뒤바뀌게 되자 이 모든 이론들은 위기에 처하게 되었다. 합리적인 것으로 보였던 것은 그렇지 않게 되었고, 순수한 기술의 "지시들"을 압도하면서 사회적 모순들과 정치의 역할이 다시 대두되었다.

홉스가 묘사했던 것보다 훨씬 더 무서운 이 새로운 정치적 리바이어던은 오늘날 한 사회를 엄청나게 취약하게 만드는 무수한 모순들의 중심이며, 또 상상할 수 있는 한, 최소한 그 권력을 극소화하려고 노력하지 않는 한, 발이 진흙인 콜로수스상(像)이라는 사실이 명백해지고 있다.

아주 혼란스럽고 무정부적인 특징을 내보이면서 이렇다 할 결론도 없었지만 프랑스의 1968년 5~6월 운동은, 겉으로는 전능한 것처럼 보였던 프랑스 국가의 이면의 약점들을 상징적으로 드러내주었다. 어쩌면 그 운동은 이런 유형의 국가에 대한 다른 반란들의 전조로서 최초의 거대한 사회적 반란일지도 모른다.

비록 사건의 모든 결정적인 요인들이 아직 명확하지는 않다 해도, 사회의 특정 이데올로기적 장치들이 억압적 장치들과 공공연히 충돌하여 제한적이긴 해도 승리를 거둔 워터게이트 스캔들은, 독점자본주의의 현존 국가체제를 괴롭히는 모순들의 대극적인 성격을 보여주고 있다.

소수의 사적 그룹들에 의해 통제되는 기술발전은 자본주의 국가를 권력의 정점에까지 끌어올리지만, 그 정점은 동시에 위기의 정점이기도 하다.

과거에 자유주의적 부르조아 국가는 겉으로는 서로 대립하는 계급들을 화해시키는 조정자의 모습을 취했다. 국가가 노동자들의 반항들에 야수적인 폭력이나 계급입법으로 개입했을 때, 그것은 특권을 누리는 자본가 그룹만이 아니라 다른 부문들이나 사회계급들을 옹호하기 위한, 단지 소수의 각성된 프롤레타리아트에 의해서만 도전받는 원칙들을 옹호하기 위한 것이었다.

사회와 현대국가 사이의 갈등

이전과는 반대로, 오늘날 국가는 훨씬 더 명확하게 모든 부문에서 지도자로서 자신의 모습을 드러내고 있으며, 경제부문에서는 특히 그러하다. 또 국가가 더이상 전체 부르조아지의 이해관계를 충족시키지 않고, 경제적으로는 중요하지만 아주 소수의 독점적 그룹들을 조정하는 지도자로 나섬에 따라, 국가는 앞장선 프롤레타리아트는 물론, 부르조아 일부를 포함하여 가장 광범위한 사회적 계급계층들과 서로 대립하게 되었고, 점점 더 사회의 더 많은 부분들과 직접적으로 갈등을 빚게 되었다.

발전된 자본주의 나라들에서 우리는 최근 예전에는 경험하지 못했던 농민, 무역업자, 전문직의 사람들이 주도하는 여러 형태의 사회적 투쟁, 국가장치와의 직접적인 대립들을 경험하고 있다. 또 우리는 나이가 아니라 사회적인 의미에서 "젊다"는 말을 사용한 다양한 이름 하에 자신들의 이해관계와 중부르조아지의 관점을 표명하는 여러 형태의 기업가 조직들의 출현과, 자신들이 관리하는 기업조직의 사회적 성격과 자본주의적 이윤이 이들 기업의 목적이라는 사실 사이의 모순들에 시달리는, 테크노크라시라고 불리는 여타의 부문들이 대두하고 있는 것을 목격하고 있다.

가격정책을 반대하는 소비자와 소매상인들 사이에, 대경영 농민들과 소비자들 사이에, 그리고 노동자계급, 교양있는 세력들, 농민과 부르조아 부문들 사이에, 다른 시기에는 불가능했던 사회적으로 공통된 이해관계가 광범위하게 나타나고 있다. 이런 모든 공통의 이해는, 이들 그룹들의 이런저런 부분들을 착취하고 강탈하는 거대 독점자본이나 그 대리업자, 그리고 특히 경제관리의 기획자이자 집행자로 극소수에게 특혜를 주고 나머지 부분에게는 해를 끼치는 국가권력에 대항하여 나타나고 있다. 독점자본가 그룹들과 사회의 나머지 부분 사이의 모순은 사회의 나머지 부분과 국가권력 사이의 모순으로 나타나고 있다. 지도자로서의 국가나 기능적 국가가 기술의 지시들 하에 억누르려고 하는 정치적 및 사회적 투쟁이 이제 훨씬 더 광대하고 결정적인 중요성과 전망을 획득하고 있다. 별 효과가 없는 신자본주의 이론들에도 불구하고 국가는 점점 더 모든 사람을 위한 국가가 아니라 소수를 위한 국가가 되고 있다. 국가권력을 획득하기 위한 투쟁은 사회적으로 가장 중요한 문제로 되었고, 모든 혁명적인 위협에서 면역이 된 것처럼, 불변할 것처럼 보이는 서구의 자본주의 체제는, 저발전된 나라들의 사회혁명들과는 다른 징후를 보이기는 하지만, 실제로 아주 혁명적인 전망을 가진 위기에 직면하고 있다는 사실을 스스로 깨닫고 있다.

하지만 맑스주의자가 정태적인 교조적 입장을 취함으로써 대강 처리할 수 없는 아주 새로운 사실, 구체적인 상황에 대한 구체적인 분석이라는 맑스주의의 방법을 가지고 대결해야 하는 사실은, 국가장치의 특질들과 현재적 차원들에서 국가와 사회 사이의 모순이 그 장치 자체의 위기로 귀결될 수 있고 또 될 것이라는 점이다. 이들 장치의 성원들은 대부분 혜택을 누리지 못하는 계급의 출신이고 실제로 비슷한 계급상황에 놓여 있으며, 대중적인 세력으로 자라나도 사회의 나머지 부분들에서 고립시키거나 도처에 방어물이 있는 막사의 군대와 경찰처럼 분리시킬 수 없다. 이러한 사실에서, 사회에서 발전하고 있는 이데올로기 및 정치적 조류들이 국가장치 내부에 스며들어 주요한 부문들을 장악할 새로운 가능성이 있다는 것을 알 수 있다.

프랑스의 1968년 5~6월과 같은 자연발생적인 운동에서 볼 수 있듯이, 전체로서의 사회는 아직 이런 현실을 명확히 이해하지 못하고 있다. 하지만 몇 년이 지난다면, 특히 프랑스와 같은 나라들에서, 일본과 스페인, 또 좀더 시간이 걸리겠지만, 한때는 거대한 제국이었던 영국과 같은 주요한 나라들에서 이런 이해가 널리 확산될 것이다. 대중을 파고드는 전위세력들의 활동들과 함께 이런 위기는 의심할 여지 없이 보다 광범위하고 일반적으로 이해를 확산시키고 또 사회의 대다수와 국가의 현재적 권력들 사이의 갈등을 보다 명확히 정의할 수 있도록 할 것이다.

2. 국가의 이데올로기적 장치들*

이데올로기적 장치들의 위기 : 교회

오늘날의 독점자본주의 국가의 구조가 매우 위태로운 조건에 있다는 것을 무엇보다도 가장 잘 입증하는 사실은 맑스주의자들이 국가의 이데올로기적 장치라고 부르는 것이 위기에 처해 있다는 점이며, 따라서 이 장치들의 본질적 역할을 염두에 두는 것이 중요하다. 이 이데올로기적 장치들이 급속히 위기 속으로 빠져들게 되자 똑같은 위기가 국가의 억압적 장치에게도 닥쳤고, 이 장치의 성원들은 일찍이 권위장치에 의해서 자신들에게 지시된 목표에 대해 확고한 순종적 충성을 바쳤던 기반을 이루었던 근거들이 무너져내리고 있음을 보고 있다.

* 이 제2장에서 나는 "국가의 이데올로기적 장치들"이라는 개념과 "사회의 이데올로기적 장치들"이라는 개념을 구분하지 않고 사용한다. 그 까닭은 국가 스스로 많은 기능들을 점점 더 이양하고 있기 때문에 국가가 점점 더 축소되고 있기는 하지만, 이 장치들의 일부는 비록 국가와 관련된 일정한 자율성을 여전히 실제로 갖고 있기 때문이다.

과거 몇몇 혁명들에서, 변혁세력의 전략은 이 이데올로기적 장치들을 싸잡아서 비난하는 것이었을 뿐 아니라 이 장치들을 억압적 장치들과 더불어 파괴하는 것이었다. 그러나 이데올로기적 장치들의 생명력은 대부분의 경우 억압적 장치들보다 무한히 강력하다는 점이 드러났다. 그리고 후자가 상대적으로 쉽게 파괴되었던 반면에 전자는 지속되었고, 그리하여 혁명은 스스로 순응하여 그것들과 결국 타협하지 않을 수 없었으며, 이는 때때로 극도로 어렵지만 필수적인 일이었다.

발전된 자본주의 나라들의 경우 오늘날의 혁명전략은 독점자본주의의 국가권력에 대항하여 이 이데올로기적 장치들을——전체적으로는 아닐지라도 부분적으로나마——개조하는 것, 즉 이것들을 변혁하고 활용하는 것을 지향해야만 한다. 현대의 경험은 이것이 가능하다는 것과, 그리고——전쟁이나 혹은 경제적 및 정치적 파국의 경우를 제외한다면——이것이 국가장치의 민주적 변혁에 관건적이라는 것을 보여주고 있다.

이것은 현실과 아무런 연계가 없는 추상적인 문제가 아니다. 우리는 눈앞에서 전개되기 시작하는 현상들을 세심하게 살펴보아야 하고, 만일 우리가 그것들에 적극적으로 개입한다면 그것들이 앞으로 어떻게 발전할 수 있는지를 상상해볼 필요가 있다.

가장 유서깊고 가장 유력한 이데올로기적 장치인 교회는 오늘날 일찍이 루터의 프로테스탄티즘을 탄생시켰던 위기보다도 아마도 더 심각한 위기를 맞이하고 있다. 당시의 위기는 봉건사회의 붕괴 및 부르조아지의 등장과 연관된 반면에, 오늘날의 위기는 부르조아 사회의 붕괴 및 사회주의의 등장과 연관되어 있다.

한편으로는 과학기술의 진보와 광범한 대중에게로의 문화의 확장이, 유치한 미신과 광범위한 후진성에 의해서 지탱되던 일련의 독단들 및 신앙들을 뒤엎어버렸다. 이 후진성에 관해 레닌은 약 60년 전에 다음과 같이 규정했다. "가장 발전되고 민주적인 부르조아 공화국의 수탈받는 사람들을 포함하는 이 피수탈자들은 대부분 야만적이고 미개하고 무지하며 공포에 휩싸인 대중으로서, 응집력이 결여되어 있다." 그러나 레닌은 오늘날의 자본주의 세계의 수탈받는 대중에 관해 이렇게 표현하지는 않을 것이다.

새로운 한 무리의 신학자들은, 떼이야르 드 샤르댕(Teilhard de Chardin)에 의해 시작된 길을 따라서, "순박한 자들의 믿음"을 가두어놓았던 일련의 모든 교리들의 공허함을 인식하고서, 공식적인 가톨릭 교리와 과학을 갈라놓고 있는 심연을 메우기 위해 근본적인 수정작업에 착수했다. 아담과 이브의 신화, 창조신화, 천국과 지옥의 신화 등은 시대에 맞추어 진보적인 기독교 교리로 바뀌고 있다. 특히 제2차 바티칸협의회 이후 순수주의적(integrist) 가톨릭 교리는, 비록 그 잔존물들이 공식적인 교회와 특별히 로마에서 여전히 비중을 갖고 있긴 하지만, 그 퇴행과 점증적인 고립이 분명히 눈에 띄고 있다. 이른바 아기오르나멘토(aggiornamento; 혁신)라고 알려진 현상은 기독교공동체 속에 진정한 문화혁명이라고 간주해도 지나치지 않을만한 것을 불러일으켰다.

이런 현상이 일어날 수 있었기 때문에, 사회주의가 현실로 전개되기 시작하고 차별 및 계급투쟁의 존재가 사회의 가장 광범위한 분야들을 포괄하는 이 시기에, 과학에 대한 기독교의 이같은 개방성이 더욱 진전되어 사회영역으로 침투하고, 사회주의라는 사회적 변동의 흐름에 더욱 개방성을 가질 수 있었던 것이 분명하다.

우리나라에서는 이같은 진화가 기독교 평신도조직의 적극적인 성원들 사이에서 한층 명백하게 드러나고 있지만, 교회의 위계서열의 일부에서도(여전히 소수파이지만) 감지되고 있다. 『포저블』(*Posible*) 지는 스페인 주교협의회가 1976년 2월 23일부터 28일에 열린 제24차총회에서 주교들을 대상으로 수행한 믿을만한 조사의 결과를 싣고 있다. 설문지의 첫째 항목인 자본주의에 관한 질문에 대한 응답들을 이 잡지는 다음과 같이 요약하였다.

자본주의에 관해. 이에 대해 성직자단은 자본주의의 허풍들을 일거에 불태운다. 그들은, 자본주의는 근본적인 가치들에 대한 부정이며, 개혁될 수밖에 없다고 생각한다. 우리는 가장 중요한 몇 가지 응답들을 골라서 여기 싣는다.

기독교의 생활관과 모순되는 자본주의 체제의 측면들 : 모든 응답들이, 설문에서 지적된 네 가지 측면들(물질주의, 경제에 대한 개인의 예속, 자유의 교묘한 조작, 약자의 무력함)이 자본주의 하에서 존재하며 기독교의 생활관과는 모순된다고 인정한다. 일부 응답들이 다른 측면들을 덧붙이는데, 예를 들면 재산에 대한 욕망이 모든 경제활동의 궁극적인 뿌리이자 동인이라는 점, 자본의 성과뿐만 아니라 노동의 성과들의 대부분이 자본에 의해 수탈된다는 점, 동태적인 경쟁과 투쟁과 대결에 사람들이 어쩔수없이 끌려들어간다는 점, 계급으로의 분리와 이에 따른 사회적 차별이 그 체제의 필연적 귀결이라는 점, 공동선에 대한 이기적인 파악, 사유재산 등의 권리의 절대화 등이 그것이다.

몇몇 응답들은 설문에서 지적된 네 가지 측면들이 사회주의 체제에서도 다른 뉘앙스를 갖고서 존재한다고 논평하며, 한 응답은 이같은 결함들이 구조 자체에서가 아니라 구조가 활용되는 방식에서 나오는 것이라고 주장한다.

개혁을 통해 자본주의의 악들을 치유하는 것이 가능한가라는 질문에 대하여 : 서너 개의 응답들은 그것이 불가능하다고 확실히 단언하며, 그 까닭은 자본주의가 물질주의 철학에 뿌리를 두고 있고 "철저하게 인간을 착취"하기 때문이라고 본다. 이에 덧붙여 한 응답을 인용하자면, "자본주의의 본성으로부터 나오는 실제적인 악들과, 생산력과 이윤분배 사이의 관계에 관한 자본주의적 관념을 치료하는 것은 정말 불가능해 보인다……"

다른 응답자들은 그것이 가능하다고 말하지만, 매우 어렵다고 부언한다. 그들은 자본주의의 역사적 변화에서 보듯이 노동자계급의 압력을 받아 그것이 부드러워지고 변화해왔다고 지적한다. 그러나 또 자본주의는 새로운 착취형태들을 찾아내며 그것의 본래적인 일정한 악들은 아무런 영향을 받지 않고 지속된다는 사실을 인정해야만 한다고 그들은 지적한다.

또다른 응답들은 교회의 사회적 교리가 이제까지 자본주의에 우호적이었고, 이는 교회의 재산권에 대한 개념을 통하여, 사회주의의 다양한 형태들에 대한 비난과 자본주의에 대한 비판의 결여를 통하여, 그리고 사유재산을 축복하고 권위에 대한 순종을 가르치는 신학을 제시함으로써 이루졌다고 인식한다. "명백히 가장 나쁜 것은, 대다수의 견해에 따르자면 자본주의 체제에 특징적인 스타일과 형태들을 수용하는 교인들 —— 노동자든 고용자든 —— 만이 구성원으로 들어올 자리가 있다고 여기도록 교회가 허용했다는 사실이다."

교회의 경제적 및 사회적 이해관계라는 측면에서 : 모든 응답자들이, 교회는 부분적으로 또 간접적으로 자신의 경제적 및 사회적 이해관계 때문에 자본주의 체제를 비호하고 있다는 점, 교회는 자본주의 사회에 뿌리내리고 있어서 그 체제와 자신을 분리시킬 수 없다는 점을 인정한다. 언제나 교회는 부유한 자들에게 경제적 후원을 호소했으며, 각종 재단 등으로부터 "유가증권"(securities)을 기탁받았다. 그리하여 늘 교회는 사치스런 모습을 지니고 있다.

교회의 침묵에 관하여 : 대다수 응답자들은 교회가 지나치게 침묵해왔다고 인정한다. 그것의 교화적 역할의 수행은 부적절하며, 말뿐인 지시와 설교를 통하여 거의 아무런 가르침도 주지 못하고 있다. 그것은 장기적 안목을 지닌 선언이나 용기있는 주장을 거의 해본 적이 없다.

이같은 응답들의 분석에서 주교들이 사회주의로 기울어져 있다는 결론을 얻게 되는 것은 결코 아니다. 우리는 여기서 하나의 이데올로기적 장치인 교회가 위기에 처해 있다는 점을 이야기 하고 있는 것이지, 이 장치가 그 대립물로 이미 전화되었다고 말하는 것이 아니다. 위의 문서에 따르자면, 거의 모든 주교들이 비맑스주의적인 사회주의(아마도 사회민주주의)의 선택을 타당한 것이라 생각하며, 일부는 이것이 매우 적합한 것이라 생각한다. 물론 그들은 노동자들 사이에서는 이 선택이 "전혀 받아들여지지 않고" 있으며 이는 "그들이 그것을 자본주의의 진정한 대안이라고 여기지 않기 때문"이라는 점에 거의 만장일치로 동의한다. "그것은 자본주의의 변종에 불과하다."

세번째 질문은 맑스주의적 사회주의에 대한 입장을 다루고 있다. 이에 대해 대다수 응답들은 맑스주의에 관해 부정적이고, 소수의 응답만이 이와는 좀 색다른 대답을 하고 있다. 어떤 응답들은 맑스주의 정당과 다른 정당의 입장의 차이에 관해 언급하면서, "민주적 절차들, 개인의 권리, 사회주의 체제 자체를 비판할 권리, 폭력적 방법의 거부 등을 진심으로 존중하는" 사람들이 존재한다는 사실을 인정한다.

하나의 응답을 예외로 한다면 어쨌든 나머지 모든 응답들은, 기독교인은 "과학적 맑스주의의 일부 요소들을 수용할 수 있다"고 단언하며, 또 "기독교인들과 맑스주의자들이 일정 유형의 사회적 및 정치적인 어떤 특수한 목표를 위해서 협력하는 것이 용납될 수 있다"고 모두가 응답한다.

이 기사를 읽은 사람들은 이 글 전체를 관통하는 모순들을 올바르게 강조하면서, 주교들은 자본주의와 맑스주의 사이의 존재하지 않는 제3의 길을 모색하는 듯이 보인다고 지적한다. 그럼에도 불구하고 명백해 보이는 점은, 고위 성직자단이 아직 논리적 결론——사회주의와 따라서 맑스주의를 해결책으로 인식하는 것——에는 도달하지 못했지만 바로 얼마되지 않은 과거의 특징이었던 파문의 위협을 받지 않으면서 이 문제에 접근하였고, 자본주의의 존속가능성에 의구심을 품기 시작했다는 사실이다.

이 성직자단 서열의 아래로 내려옴에 따라 더욱 열려진 입장을 보이고 있는데, 이는 이미 "사회주의를 지지하는 기독교인" 운동과 공산당이나 여타 맑스주의 단체들에 가입한 기독교인의 존재에서도 잘 드러나 있다.

이미 알려져 있듯이, 최근의 많은 세미나들에서 일부 학생들은 선생의 도움 아래 신학과 더불어 맑스주의를 집중적으로 연구하고 있으며, 우리나라의 계급투쟁의 실천적 경험에서는 교회와 종교적 가정들이 노동자 회합을 위한 은신처로 사용되고 있다. 데스토 대학 같은 예수회 교육기관은 여러 세대에 걸쳐 체제에 충실한 전문가들을 양성해내는 온상이었지만, 이제는 적어도 어느 정도 이러한 기능을 수행하기를 중단했다.

자본주의의 이데올로기적 장치들 가운데 하나인 교회의 위기는 비록 그 위기의 깊이는 다르다고 할지라도, 스페인에서뿐만 아니라 라틴아메리카 등지의 많은 나라들에서도 하나의 현실로 나타나고 있다.

이탈리아의 경우 가장 최근의 법률개정 국민투표에서, 일부 가톨릭교인들은 바티칸의 금지령을 완전히 무시하고 공산주의자들과 협력했다. 이것은 감히 바티칸에 불복종하는 소수파에만 한정된 것일 뿐이라고 주장할 수도 있지만, 이 사실과 또 1975년의 저 유명한 국민투표에서 이혼에 찬성한 결과도 마찬가지로 이 위기를 입증해준다.

스페인에서 1936~39년에 교회가 프랑코주의의 등장에 기본적인 이데올로기적 토대를 제공했듯이 교회는 전통적으로 지배계급의 기본적인 이데올로기적 장치였던 반면에, 오늘날 교회 내에서 발전하고 있는 위기는 대다수 인민에게뿐만 아니라 나아가 국가의 억압적 장치를 보완해주는 사람들, 즉 국가의 방어를 곧 신앙의 방어와 동일시하는 데 익숙한 사람들에게조차 엄청나게 중요한 정치적 및 사회적 영향을 초래했다.

자본주의의 이데올로기적 장치들의 하나인 교회의 위기가 반드시 기독교 신앙의 위기를 의미하지는 않는다는 점이 강조되어야 한다. 어떤 경우에는 반대로 그것이 기독교 신앙의 일종의 번영을 뜻할 수도 있다. 많은 기독교인들이 맑스주의에 한층 가까이 감으로써 자신의 신앙에 새로운 활력을 불어넣고 있다. 기독교인들이 입당함으로써, 우리 당은 새로운 차원을 획득했다고 말할 수 있다. 또 우리의 기독교인 당원들의 신앙에 대해서도 이와 똑같은 일이 일어났다고 말할 수 있을 것이다.

물질생활에 연관된 과제들, 사회개혁에 연관된 과제들, 그리고 구원과 우애와 평등에 관하여 우리의 대의가 포함하고 있는 것들과 연관된 과제들은, 전투적 기독교인에게 원시기독교 시절의 복음주의적 가치와 순수함과 고결한 헌신을 되돌려주고 있다. 우리는 이같은 가치들에 의해 고양된 사람들이 간직한 정서와, 또 맑스주의의 창시자들이 종교의 속성이라고 특징지었던 소외적 성격으로부터 벗어난 이같은 종교를 깊이 존중하며, 이를 인류의 해방을 위한 하나의 자극이라고 생각한다.

교회에 닥쳐온 이같은 위기, 즉 계급으로 분화된 사회의 주요 이데올로기적 장치로서의 교회의 기능에 균열이 일어나기 시작하고 교회의 일부가 사회변혁의 한 요인으로 변화되고 있는 사태——각 나라마다 그 진전 정도가 다른 이 위기——는, 결국은 사라져버리고 퇴행적 발전을 겪게 될 잠정적인 에피소드에 불과한 것인가? 이것은 일시적인 열병에 불과한가? 이것에 근거하여, 즉 사회변혁을 지지하는 종교적 감정의 회복에 근거하여 새로운 혁명전략을 세우는 일이 가능한가?

만일 과학 및 인류의 진보를 과거 속으로 무참히 던져넣게 될 그런 거대한 재앙이 일어나지 않는다면, 이 위기는, 비록 직선적으로 계속 발전하지는 않을지라도 또 부침을 거듭할지라도, 불가역적 과정의 일부라고 말할 수 있을 것이다.

이같은 과정의 지속성은 기독교인들에게, 즉 사회적 현상들이 교회 내부의 갈등에 미치는 자연스런 영향에 달려있다. 뿐만 아니라 대체로 그것은 혁명세력이 이 현상을 이해하는 방식에, 즉 그 세력이 이 현상에 대응하는 방식에도 달려있다.

이같은 과정을 진전시켜 기독교인들을 혁명세력으로 통합시키는 일을 촉진할 수 있으려면, 다른 시기들에나 타당했던 교조주의적 정식들이나 혹은 불쾌한 여운의 반(反) 교권주의를 단순히 반복해서는 안된다. 이를 위해서는 생산수단과 사회변동, 과학 및 문화 일반의 진보가 물질적 구조와 이데올로기적 상부구조를 근저로부터 변화시켰다는 점, 만일 전위세력이 이같은 점을 자각하고 이에 따라 행동한다면, 이같은 변화들은 혁명세력들을 생겨나게 하고 심지어 일찍이 맑스와 엥겔스와 레닌이 그들의 시대에는 고려할 수 없었던 더욱 강력한 혁명세력을 생겨날 수 있게 한다는 점을 이해해야 한다.

만일 우리가 자본주의 국가의 이데올로기적 장치들의 —— 궁극적으로는 결정적인 —— 역할을 충분히 검토한다면, 우리는 현재 진행되고 있는 과정들을 방해하지 않고 오히려 촉진시킴으로써 **그것들을 전복하는 것**이 오늘날의 혁명전략에 지극히 중요하다고 결론지을 것이 분명하다.

이데올로기적 장치들의 위기 : 교육, 가족

만일 교회 내부에서의 위기가 분명해 보인다면, 학교에서 즉 자본주의 체제의 이데올로기적 장치들의 하나인 교육체계에서 나타난 위기도 이에 못지않게 분명해 보인다.

이같은 위기를 유발한 것은 분명히, 인민으로부터 고립된 채 소수

귀족의 특권으로서 이루어지던 교육의 종말, 즉 기술발전의 요구에 따른 대중교육의 확산과, 그리고 비록 독점체들의 정책이 노동자계급의 숙련부문과 미숙련부문 사이의 분할을 유지하려고 애쓰고 있음에도 불구하고, 생산수단의 비약적 성장 덕분에 육체노동과 정신노동 간의 차이를 일소해가는 경향이 자본주의 자체 내에서——즉 사회주의가 시작되기도 전에——생산수단의 비약적 성장에 의해 객관적으로 관철되고 있다는 사실이다.

2차대전 이전 시기의 대학과 교육기관들을, 특히 그 교육방법과 교수요원 및 학생들을 기억하는 사람들이라면, 그리고 오늘날 이 기관들에 주의를 기울여 그 수용능력이 어떤가를 조금이라도 아는 사람들이라면, 얼마나 엄청난 변화가 일어났는지를 인식할 수 있을 것이다.

프랑스에서 1968년 5~6월에 일어난 가장 중요한 몇몇 시위들은——그리고 이 사건이, 각종 혼동에도 불구하고 어떤 측면에서는 두 기간 사이의 일종의 분수령을 이루기 때문에 우리는 이 시점으로까지 거슬러 올라가 언급하고자 한다——바로 대학 및 교육기관들에서 발생했다. 그 시위들은 교육장치의 위기가 폭발한 것이었고, 이같은 위기는 스페인에서도 프랑코주의와 그 계승자들 치하에서 매우 격렬하게 지속되었다.

고등교육기관들에서 발생한 이같은 계기는 문화세력들에게 오늘날 자본주의 사회에서 자신들의 상황이 노동자계급의 상황과 본질적으로 유사하다는 점을 각성시킨 엄청난 비약을 기록했다고 말할 수 있다.

오늘날 대학과 교육기관은 단지 부르조아 이데올로기만을 가르치지는 않는다. 이 기관들은 종종 자본주의 사회에 대한 반대의 중심지가 된다. 실제로 교육체계 전체가 위기에 처해 있다. 몇몇 유럽 나라들에서는 본질적인 문제들을 해결하지 못한 채 개혁조치들이 하나씩 이어지고 있다.

과학기술의 발전은——핵재앙을 예외로 한다면——멈추어져서는 안된다. 그것은 생산수단의 발전과 똑같은 뜻이다. 이전에 우리 맑스주의자들은, 자본주의 체제가 어떤 한도에 도달하면 스스로 그 자체의 발전을 가로막는, 거의 극복할 수 없는 장애물로 된다고 생각했다. 그러나 실천에서 입증된 바로는, 인류진보의 법칙은 사회체제를 구속하는 낡은 외피를 어떤 방식으로든지 파열시킨다. 자본주의는 비록 그 자체의 생산력 발전이 이윤법칙에 의해 왜곡되고 새로운 갈등과 사회적 모순들을 발생시킨다 할지라도, 자신을 유지하고 재생산하기 위해서 생산력의 발전을 필요로 한다. 이같은 과정에서 교육의 보편적 확대가 불가피해진다. 이제 수백만 명에 달하는 청년인구가 고등교육을 받을 수 있게 됨으로써, 고등교육은 일찍이 2차대전 이전 시기의 일종의 귀족적인 요새라는 특성을 박탈당했다. 고등교육의 지평과 수단이 넓어짐으로써, 그것은 객관적으로 변화를 위한 움직임에 극도로 중요한 문화적 기여를 했다. 다른 한편으로는 수십수백만 명의 젊은이들이 대학에 다닌다는 사실은, 설사 그들 중 노동자계급 출신은 소수라 할지라도 대부분의 학생들이 중간계급이나 하층계급에 속한다는 것을 의미하며, 또 그것은 바로 그 많은 학생들이 학업과 노동—— 종종 육체노동—— 을 병행하고 있다는 것, 대학은 사회 속에 존재하는 갈등을 그대로 반영하는 거울이며 현실생활의 문제들에 관한 끊임없는 토론을 통해서 교양 및 과학이 학습되는 중심지라는 것을 의미한다. 게다가 학생들은 강의실을 떠나기가 무섭게 바로 이같은 문제들에 실제로 부딪히고, 노동시장에 들어가서 실업을 몸소 체험해야만 한다. 이는 그들이 고등교육기관에 입학하기 전에 자신들은 국가기관이나 사기업체에서 혹은 부르조아 정치판에서 한층 높은 사회적 지위를 얻을 수 있으리라고 상상했던 것과는 정반대의 현실이다.

대학은 오늘날 혁명적 정치세력들이 활동하기에 유리한 특권적 장소임에 틀림없다. 청년대중이 엄청나게 집중해 있기 때문임은 물론이고,

더욱이 그곳에서 사회의 이데올로기적 장치들에 종사할 요원들이 양성되는 한편, 그 교과과정에서 전파되는 맑스주의 사상 및 진보적인 사상의 씨앗은 이같은 장치들의——적어도 부분적인——전복을 보장하는 가장 효과적인 수단이 되기 때문이다. 자본주의는 자신이 노동자계급을 필요로 하듯 대학도 필요로 하지만, 대학은 노동자계급이 그렇듯 자본주의를 필요로 하지 않는다. 그러한 한에서, 대학의 과학적 수준과 그 비판적 및 다원적 특성을 제고함으로써 교육을 민주화하고 또 진정으로 대다수 청년들에게 대학이 개방되게 할 그런 철저한 개혁은 오로지 사회주의 정권(regime) 아래서만 완전히 현실로 될 수 있다는 것은 진실이다.

이데올로기적 장치들 중에서도 바로 가족은 그 전통적인 의미에서 근본적인 변형의 시기를 맞고 있다. 이 변형과정의 기원은 어떠한 주의주의적 이데올로기도 아니다. 이 변형은 발전된 자본주의 체제 하의 생활의 비인간화가 점증된 결과로서 시작되고 있다. 이같은 비인간화는 전통적인 가족 개념을 위기상태에 빠뜨리고 있다. 이것이 현실화되자 모든 일련의 구시대의 규범 및 규제들이 붕괴되기 시작하고 있다. 이같은 과정의 사례들로는 다음과 같은 것들이 있다. 남성과의 관계에서 경제적 독립을 수단으로 하여 여성해방을 지향하는 진보가, 여전히 불충분하지만 다소 이루어졌다는 점; 비록 여전히 많은 권리들이 형식적이긴 하지만 이혼과 피임법의 사용 및 낙태의 권리 등 일정한 권리들이 획득되었다는 점; 부모자식간의 반(半)가부장제적 관계로부터 아이들이 한층 독립적이고 자유로운 자신의 사고 및 행위를 취하는 다소 이완된 관계로 변화했다는 점; 마지막으로 도덕적 위기가 가족에게 직접적으로 닥쳐오고 그 근저에서는 가족을 유지시키던 전통적 규범들이 붕괴되면서 새로운 도덕이 모색되고 있는 점이다. 덧붙이자면, 이에 따른 일련의 모든 요인들이 보여주고 있듯이, 인간의 기본단위인 가족이 비록 소멸로 치닫고 있는 것은 아닐지라도 분명 변형과정에 놓여있다.

이것은 오늘날 가족과 사회체제 사이에 파열이 존재할 정도로까지 가족이 변화하고 있다는 것을 의미하는가? 분명 그렇지는 않다. 그러나 일련의 전통적인 금기들의 파열이 뜻하는 바는, 예를 들면 아직도 전통이 강력한 힘을 발휘하는 스페인 같은 나라에서 "전쟁에 승리한 세대"의 아이들이 부모들의 입장에 반항하고 있으며, 심지어 많은 경우 부모들의 태도에 일정한 양보를 일으켰다는 것이다. 아이들은 과거와는 달리 이제 더이상 가족의 이데올로기적 전통에 순종하지 않는다. 그들은 이 전통들을 파괴하고 심지어 부모들에게 영향을 미치기까지 한다.

이같은 일이 스페인의 정치적 영역에서 분명히 드러나고 있는 것이라면, 그것은 또 사회적 영역에서도——비단 우리나라에서뿐만 아니라 다른 나라들에서도——명백히 나타나고 있다. 대다수의 중간계층 집단들에서 이전에는 아이들의 사회적 운명은, 거의 어린아이 때부터 정해져 동일하거나 유사한 계층의 일정한 연속선 위에 있었으며 전통적인 체제에 확고하게 고정되어 있었다. 오늘날의 아이들은 자신의 미래를 한층 독자적으로 선택할 더 많은 기회와 경향을 갖고 있다. 물론 선택의 범위는 상대적으로 여전히 좁은 것이다. 그러나 가족은 이제 더이상 전통적인 사회관계들을 거의 자동적으로 재생산하는 핵심단위가 되지 못한다.

요약하자면, 우리가 자본주의 서방의 도덕적 위기에 관하여 말하고 있는 것은 나름대로 근거가 있다. 이 위기는 경제구조에서, 종교 및 교육장치 같은 이데올로기적 장치들에서 발생한 변화들과 연관되어 있으며, 그리고 이같은 변화들의 반작용으로 일어난 가족제도의 변화들과 연관되어 있다.

이데올로기적 장치들의 위기 : 법률, 정책

법적 체계에 관해 말하자면, 여기서의 위기는 억압적 장치 및 이데올로기적 장치들에 비해 이제 감지되기 시작하고 있을 뿐이다.

정치권력의 변화가 일어나지 않는 한, 법률은 자본주의적 소유의 형태들을 계속 정당화하고 보장해줄 것이다. 그러나 이미 오늘날 프랑스, 이탈리아, 스페인 같은 나라들의 법관들 중에는, 체제에 대한 충성을 확보할 목적으로 그들이 채용될 때 적용되는 매우 세밀한 선발기준에도 불구하고, 여전히 소수이긴 하지만 그 일부가 사법체계의 독립성에 대해 진지하게 문제를 제기하는 태도——정의와 기존 국가 형태 사이의 갈등에 실제로 이르게 될 생각——를 보이고 있는데, 이들은 진행중인 실질적인 변화들과 또 민주주의로의 새로운 역사적 전진을 지향하는 법률을 직시하고 있다. 예측불가능한 발전이 일어나지 않는다면, 다음과 같은 점이 예상될 수 있다. 즉 새로운 학생들이 법률직업에 참가함에 따라서 이같은 현상들은 더욱 증대할 것이며 또 전통적인 부르조아적 정의에 대한 반대가 더욱 광범하게 확산되리라는 점이다. 가장 보수적인 집단들의 성전(聖殿) 이었던 조직체에서, 심지어 군대나 경찰 같은 조직들에서도 이같은 일이 벌어지고 있다.

이데올로기적 장치로서의 **정치체제란**, 특정한 정권의 헌법적 독특성을 가리키는 것이라기보다는——비록 이것이 중요할지라도——정당과 노동조합과 사회운동 등을 둘러싼 정치적 및 사회적 세력들의 조직, 즉 개별 정권이 의존해 있고 그 정권을 방어하는 조직을 가리키는 것이다.

더 멀리 거슬러올라갈 필요도 없이, 2차대전 이후 현재에 이르는 기간에 관하여, 특히 유럽에만 한정시켜 검토해보자. 유럽대륙에서는 일반적으로 우익으로는 프랑스의 "드골주의"(Gaullism), 독일 및 이탈리아의 기독교민주당, 영국 보수당이나 스칸디나비아 반도의 우파 등의 기타 전통적인 정당들에 의해서 대표되는 분파들로부터, 좌익으로는 사회민주주의 및 사회주의 정당들에 이르며, 그밖에 중도파로 기울어진 자유주의적 색조의 몇몇 정당들을 포괄하는 그런 틀 위에서 자본주의 체제가 유지되어왔다. 한편 스페인, 포르투갈, 그리스, 터키에서는 이 자본주의 체제가 오랫동안 독재정권을 수립되도록 했음이 틀림없다. 사회민주주의적 지도부를 갖춘 노동조합 및 대중운동이 체제 내로 통합된 이같은 안정 속에서 자본주의의 발전은 엄청난 격변의 시기에도 큰 문제 없이 순조롭게 진행되었고, 사회체제의 안정성에 영향을 미칠 만큼 이집단 저집단으로 권력이 교체되지도 않았다.

정치체제는 심각한 경제적 위기를 겪지 않은 중부유럽과 스칸디나비아 반도의 몇몇 나라들에서는 여전히 강력한 양상을 보이고 있다. 그럼에도 불구하고 그것은 이 나라들에서조차 부식되기 시작하고 있다. 스웨덴에서의 올로프 팜(Olof Palme)의 패배, 서독에서의 기독교민주당의 분열에 따른 사회민주주의의 퇴조가 바로 이런 부식의 징표다. 사실상 이 나라들에서는 우익으로의 후퇴가, 비록 미약하지만 일정한 정도로 일어나고 있다. 그렇지만 이같은 우익으로의 후퇴가 이 나라들의 체제들의 내부적 균형을 위한 단순한 조정 이상을 의미하는 것인지, 혹은 이것이 사회민주주의에서 일어나는 내부적 과정에 어떤 반향을 미칠 것인지, 즉 사회민주주의의 좌익적 경향을 강화시킬지 아니면 우익적 경향을 강화시킬지는 앞으로 두고보아야 한다. 또 이 반향은 스웨덴과 독일에서 각기 다른 종류가 될 가능성도 있다.

경제적 위기가 훨씬 심각한 영국에서는 정치체제의 불안정성 역시 한층 심하다. 노동당은 자체 내부에서 —— 최근의(1976년의) 블랙풀 회의(Blackpool Confress)에서 나타났듯이 —— 은행을 국유화할 철저한 방책들을 요구하는 좌익적 경향의 증대를 겪고 있다. 이같은 요구를 거부하면서 노동당 수상 캘러헌(Callaghan)은 그 자신이 "권위주의적 정권의 위기"라고 이름붙인 것에 스스로 직면했다. 노동당 내 좌익의 성장과 캘러헌의 우려는, 그처럼 오랜 시기에 걸쳐 영국 자본주의의 안정성을 보장해온 영국 정치체제의 안정성이 흔들리고 있다는 점을 보여준다. 당장은 이것이 정치체제가 붕괴의 위험에 놓여있음을 의미하지는 않겠지만, 심각한 균열을 드러내고 있음은 틀림없다.

유럽의 정치체제의 불안정성은 유럽대륙의 남부지역에서 한층 더 심각하다. 포르투갈과 그리스에서는 독재정권이 붕괴했고, 스페인에서는 독재에서 민주주의로 상승하는 진전을 겪고 있다.

이탈리아의 경우 중도좌파 정치체제는 "살찐 암소"의 시대에는 가능했지만 이제는 완전히 기력이 소진되고 말았다. 좌익 그리고 특히 공산당은 이미 괄목할만한 진보를 이룩했다. 노동조합운동은 통일을 향한 중대한 진전를 창출해냈다. 정치세력과 사회세력의 새로운 상호관계가 제법 형태를 갖춰 좌파가 국가권력을 획득할 수 있을 정도가 되었다.

프랑스에서는 좌익 정치동맹이 노동조합의 행동통일과 같은 노선을 취하면서 집권 정치체제를 심각한 정치적 위기국면으로 빠뜨리고 있는데, 이 동맹은 제4공화국 시기에는 중도파와 사회주의자들 간의 협력을 특징으로 하였고, 또 제5공화국의 시기에는 드골파와 지스카르 데스탱파 그리고 기타 군소정파들간의 협력을 특징으로 한 것이었다. 온갖 종류의 여론조사에 따르면, 오늘날 선거를 실시한다면 좌익동맹이 과반수 이상을 득표할 것으로 조사되었다.

요컨대 자본주의 체제의 발전을 담보해온 정당 및 조직 체제의 균형이 붕괴되는 단초가 오늘날 남부유럽에서 나타날 수 있으며, 그리고 사회주의에 호의적인 경향이 앞으로 나타날 수 있다는 것이 분명해 보인다.

서구에서 자본주의를 뒷받침해온 정당 및 조직들의 블럭은 미국제국주의로부터 자극과 지시를 받아 이루어졌는데, 미국은 이미 자본주의 세계의 주도권을 장악했기 때문에 이렇게 할 수 있었다. 미국 외교의 반공산주의적 압력은 계속해서 일부 유럽 나라들의 국내정책의 왜곡에 기여하는 요인이자 민주주의에 대한 위협인 것이 확실하다. 이런 압력이 포르투갈에서 살라자르(Salazar)와 카에타노(Caetano)를 지원했고, 그리스의 경우 대령단을 계속 집권케 했으며, 또 프랑코를 유지시켰고, 현재에는 스페인에서 민주주의를 향한 과정을 왜곡시키고 있다는 사실이 망각되어서는 안된다.

미국이 이런 정책을 수행할 수 있는 까닭은 유럽의 자본주의 체제가, 정도의 차이는 있을지라도 다국적기업의 지배를 통해 미국자본에 종속되고, 일반적으로는 자본수출과——달러가 기축통화인——세계통화체제에 종속되어 있기 때문이다.

이같은 압력의 효과들은 이탈리아 정부로 하여금 만성적인 공황에도 불구하고 계속해서 기독교민주당의 기반 위에 유지되도록 했고, 프랑스에서는 좌파의 승리에 반대하는 일종의 유럽형 회유정책을 조장하려고 애썼다.

오늘날 서구에서 미국제국주의와 집권 사회집단들은, 민주주의는 자본주의와 같고 역으로 사회주의는 소련의 지배와 같다는 생각을 믿도록 하기 위해 필사적인 노력을 기울이고 있다.

"유로코뮤니즘"이라고 널리 알려져 있는 경향은 반드시 이러한 딜레마를 극복하고, 나아가 민주주의와 사회주의라는 문제를 적절한 역사적인 차원에서 제기해야만 한다. 다시 말해 "유로코뮤니즘"은 한편으로는 다음 사항을 입증해야 한다. 즉 민주주의는 자본주의와 실제로는 같은 것이 아니며 또 민주주의의 방어 및 발전은 자본주의 사회체제의 전복을 반드시 필요로 한다는 것, 나아가 오늘날의 역사적인 조건 속에서 자본주의는 민주주의를 축소시키며 종국에는 파괴시키는 경향을 나타내며, 바로 이런 이유 때문에 민주주의는 반드시 사회주의적 정권을 갖춘 새로운 차원으로 나아가야만 한다는 점을 입증해야만 한다.

다른 한편으로 "유로코뮤니즘"이 입증해야 하는 것은, 서방의 나라들에서 사회주의 세력의 승리는 소련의 국가권력을 전혀 한치도 증대시키지 못할 것이며, 또 이것은 소련식의 단일정당 모델의 확산을 의미하는 것이 아니라 일종의 독자적인 경험이 될 것이며, 이와 더불어 오늘날의 기존 사회주의 유형의 민주적인 진화에 긍정적인 영향력을 미칠 한층 발전된 사회주의가 될 것이라는 점이다.

이것은 민주주의와 사회주의를 위한 위대한 이데올로기적 및 정치적 투쟁의 문제로서, 이 투쟁은 오늘날 유럽에서 지배적으로 되어 있는 자본주의적 정치관계 체제의 해체를 초래하고 그리하여 마침내 사회변혁에 우호적인 새로운 세력관계를 낳을 것이다.

이같은 측면에서 공산당들이 소련 및 여타 사회주의 국가들과의 관계에서 지니는 독자성은, 민주적 길에 관한 명료한 이론적 및 실천적 규정만큼이나 필수불가결하다.

또 필수불가결한 것은 노동자계급의 운명을 가장 넓은 비독점적 사회계급들의 운명과 결부시키는 일이다. 사회주의 혁명은 이제 더이상 프롤레타리트만을 위한 필연성이 아니라 엄청나게 많은 절대다수의 국민대중을 위한 필연성이기도 하다. 이런 상황에서, 노동자세력과 문화세력의 동맹이라는 생각, 새로운 역사적 블럭이라는 생각, 그리고 일반적으로 반독점동맹의 문제가 결정적인 중요성을 갖고 있다.

지난 수십년 동안 유럽에서 자본주의 체제를 뒷받침해온 정치세력 및 노동조합세력의 체제는 폭력에 의해 변혁될 수 없으며, 이 체제는 또 과거에 그리고 현재에도 여전히 거대한 대중적인 뒷받침을 받고 있는 하나의 이데올로기적 체제이기도 한 것이다. 프랑스의 경우 사회주의 정당은 이미 자신의 정책을 근본적으로 바꾸어 공산당을 포함한 좌파의 통일을 지향하고 있다.

우리의 이웃나라들에서 독점자본은 불안정한 상황에 놓여 있는데, 그 까닭은 앞서 말한 그러한 위기 때문만이 아니라 사회주의 정당의 이같은 정책변화, 즉 독점자본으로 하여금 자신의 안정에 필수적인 수단에 의존하지 못하도록 하는 정책변화 때문이기도 하다. 이탈리아의 경우에 사회주의자들은 이같은 변화를 적절한 시기에 만들어내지 못했기 때문에 기반을 상실하고 엄청나게 동요했던 반면에, 공산당은 서구 역사상 기록된 공산당들의 선거를 통한 성공들 가운데 최대의 성공을 거두었다.

이러한 위기는 또 기독교세력에게도 영향을 미치고 있다.

현재의 상황에서, 자본주의 정권을 지탱시키는 이데올로기적-정치적 장치를 변혁시키는 유일한 방법은 **정치적, 사회적 및 문화적 투쟁을 통하여 세력간의 새로운 상호관계를 창출하는** 것이다. 이러한 새로운 세력관계를 위해서는 사회주의자와 사회민주주의적 정당들 내에서의 진정으로 사회주의적인 입장의 촉진 및 강화, 그리고 기독교운동 내부의 진보적인 흐름의 촉진 및 강화가 필수적이다. 공산당은 이러한 부문들과 더불어 정치세력들의 새로운 체제를 창출할 수 있고, 바로 이 정치체제만이 오늘날 독점자본을 지탱시키는 대중의 지지를 철회시킬 수 있으며 사회주의로 가는 민주적인 진군의 토대가 될 수 있을 것이다.

정치적, 사회적 및 문화적 투쟁에 관해 논의할 때 우리가 무엇보다 염두에 두고 있는 점은, 가장 광범위한 대중이 자신의 방어를 보장할 목적으로 자신의 특정한 이해관계를 위해 투쟁하고 사회적 결정들에 진정으로 참여하기 위해 투쟁하면서 겪는 직접적 체험이 중요하다는 사실이다. 독점자본에 의해 영향을 받는 노동자계급과 각종 부문들의 행동을 촉진하는 것, 이러한 행동들의 연합을 달성하는 것, 인민이 편협한 세계관과 분파주의 그리고 지방주의적 관점을 극복하고 각각의 투쟁의 전체적 성격을 이해할 수 있도록 그들의 능력을 제고하는 것, 그리고 경제적, 문화적, 사회적 및 여타 요구들을 사회의 보다 근본적인 민주화 요구와 결합시키는 것이 필수불가결해지는 것은 바로 이런 이유 때문이다. 이런 방식에 의존할 때 사회주의를 위한 투쟁은 더 많은 민주주의를 위한 투쟁과 밀접하게 연결될 것이다.

이런 시각을 갖고서, 노동자계급, 선진적 문화세력, 그리고 특히 우리 공산주의자들은 대다수 사회성원들의 이익을 대변하되, 단순히 말로만이 아니라 우리 자신의 사상으로써 이를 대변하는 데 익숙해져야 한다. 이 말은 곧 사회의 전체적인 문제들을 **우리가 생각해내고 제기하지 않으면 안된다**는 뜻이다. 이것이야말로 헤게모니적 역할을 담당하기 위한 전제조건이다.

이 영역에서 부르조아지의 정당들은 통상 우리보다 유리한 입장에 있다. 부르조아 혁명 또는 변혁 이후에 부르조아지는 사회의 대변자라고 일컬어져왔다. 물론 부르조아지가 진보적 계급이었던 때에는, 그 역할을 담당한다고 주장할 근거가 있었다. 그러나 부르조아지는 이제 더이상 아무런 근거도 갖고 있지 못하다. 오늘날 부르조아지는 실제로는――국가를 지배하는――한줌에 불과한 사회적 소수집단의 이익을 대변하는 과두제를 설치해두고 있다. 그럼에도 불구하고 이 과두제에 의해 조종당하는 정당들은 계속 사회를 빙자하여 자기 주장을 전개하고 스스로를 마치 모든 인류의 진보의 대변자인양 과시하고 있다. 그들은 자신을 생산력 발전의 창조자로 간주하고 있지만, 실은 이와는 반대로 생산력 발전은 그들의 의사와는 대개 무관하게 작동되는 경향들 및 사회적 법칙들로부터 유래하는 것이다. 그들은 스스로를 모든 정치적 및 사회적 진보의 창조자로 간주하지만, 이같은 진보는 흔히 부르조아지에 대항하고 부르조아지의 권력에 반대하는 싸움을 통해서 대중이 획득한 것이다.

그러나 부르조아지의 정당들은 권력을 장악하고 있다는 사실에 힘입어, 심지어 자신들이 방해물로 행동해왔음에도 불구하고, 교묘하게도 그같은 성공을 자신의 공로로 돌리며 그리하여 더욱 후진적인 주민층은 결국 그들의 말을 그대로 믿게 된다.

반면에 변혁적 및 혁명적 세력들은 항상 하나의 계급, 즉 프롤레타리아트의 이름으로 주장하는 경향을 나타내는데, 왜냐하면 프롤레타리아트는 문화세력들과 더불어 모든 진보의 동력이 되어왔음이 분명하고, 따라서 변혁을 위한 모든 행동의 핵심적인 중추를 구성하고 있기 때문이다.

이 세력들은 수시로 프롤레타리아트에 관해 말하지만, 이들이 말하는 프롤레타리아트란 선진적인 부분과 후진적인 부분이 공존하는 다양한 발전수준을 나타내면서 실제로 존재하는 프롤레타리아트가 아니라, 신비적이고 가상적인 프롤레타리아트, 즉 자신의 역사적 사명을 완벽하게 인식하고 있는 집단으로서, 계속 논의하다 보면 결국에는 일종의 형이상학적인, 작동하지 않는 신의 손가락이 되고마는 그런 집단을 가리킨다. 그러나 이들은 반드시 —— 우리도 반드시 —— 방대한 다수의 사회성원을 대표하여 국민의 이름으로 발언하는 것을 배워야 한다. 이 말은 곧 국민의 핵심세력들을 대변한다는 사명을 가지고, 이들의 방위를 의식적으로 책임지면서, 노동 및 선진 문화세력들의 행동을 가장 광범위한 사회집단들의 이해관계와 통합시키는 것을 의미한다. 나아가 이것은 사회적 및 정치적 영역에서는 물론 이데올로기 및 문화의 영역에서도 반드시 이루어져야 하며, 그리하여 과두제에 의해 통제되는 정당들을 대체하고, 또 인민의 변화욕구를 조작하여 다른 데로 향하게 할 목적으로 위기의 순간에 과두제에 의해 제시되는 "구세주들"을 대체하도록 해야 한다.

이데올로기적 장치들의 위기 : 커뮤니케이션 매체

국가 및 현대 자본주의 사회의 이데올로기적 장치들 중에는 커뮤니케이션 매체, 예를 들면 텔레비전과 라디오와 그리고——약간 정도가 덜하지만——신문이 있다. 이것들은 오늘날 진정 가공할 이데올로기적 무기들임에 틀림없다. 그 이유는 이것들이 모든 가정에 때로는 공격적인 형태로 때로는 은밀하게 침투하기 때문이다. 즉 이것들은 어떤 때에는 공공연한 정치적 차원에서, 또 어떤 때에는 시사문제의 해설 등을 통해서, 그리고 심지어는 광고를 통해서까지 침투하여 인간을 소외시키는 난폭한 역할을 수행하고 있기 때문이다. 일반적으로 말하자면 자본주의 나라들에서, 오늘날 매체는 가장 가공스러운 인민의 아편이다. 그럼에도 불구하고 민주주의운동이 강력하고 또 문화영역에 폭넓게 뿌리내리고 있는 나라들에서는, 비록 최저한도의 수준에 국한될지라도 가끔 이들 매체를 진보적인 목적을 위해 활용하는 것이 가능하다. 그러나 불행하게도 스페인의 경우에는 아직 사정이 그렇지 못하다.

이러한 강력한 도구들의 사용을 근본적으로 변화시키는 일은 정치권력의 변혁 없이는 불가능하다는 것이 명백하다. 그러나 통치자만이 아니라 다양한 사회세력들도 매체를 통해 자신을 표현할 수 있도록 텔레비전이나 라디오 같은 매체를 민주적으로 장악하기 위한 투쟁, 그리고 진정한 언론의 자유를 확보하기 위한 법률들의 입안, 다시 말해 모든 대규모 정치세력 및 사회세력들이 자신의 표현기관들을 소유할 수 있도록 하는 물질적 가능성——이것은 설사 언론의 자유와 양립할 수 없는 것이 아니라 할지라도 언론자유 이상으로 매우 중요한 것인데——바로 이런 것들이, 변혁세력이 오늘날 사회의 이데올로기적 장치들을 이루는 것들 내부에서부터 투쟁을 시작할 수 있게끔 하는 조치들이다.

이런 측면에서, 혁명 및 진보 세력들이 문화영역 속으로 자신의 헤게모니를 이동시키는 행동은 필수불가결하다. 이를 위한 전제조건은 문화의 진정한 자유를 확보하기 위한 투쟁이다. 오직 문화가 자유로운 상황에서만 이 세력들은 헤게모니를 쟁취할 수 있다. 창조자들이 —— 과학, 기술, 문학, 예술 분야 어느 곳에서나 —— 자유롭지 않을 때, 문화는 시들고 불구가 되며 극단적인 보수주의의 진영으로 변질되어가는데, 이것은 정치체제나 사회체제가 어떤 것이냐에 무관하게 발생할 수 있다. 각종 금지조치들 속에서는 문화가 번성할 수 없으며, 문화의 번성 및 확장은 바로 혁명사상과 진보사상이 자리잡을 수 있는 영역이며 나아가 그 사상들이 헤게모니를 장악하고 또 이데올로기적 장치들에 침투·변혁시킴으로써 인류의 전진에 한층 더 큰 영향력을 미칠 수 있는 영역이기도 하다.

이데올로기적 장치를 장악하기 위한 투쟁

실제로 우리들이 맞부딪혀야만 하는 문제는 오늘날 사회의 이데올로기적 장치들을 이루고 있는 것들 속에서 혁명사상을 위한 가능한 한 지배적인 진지를 쟁취하기 위한 투쟁인데, 이는 바로 이들 이데올로기적 장치들에 입각해서 국가의 권위와 도덕적 및 물질적 힘이 행사되기 때문이다. 그리고 이런 상황은 교회는 물론 교육, 문화, 정치세력들간의 관계들의 체제, 정보매체 등에서도 마찬가지다.

이것이 의미하는 바는 어느 한 정당을 위해서가 아니라 모든 혁명세력 및 진보세력을 위해서 이러한 진지를 쟁취한다는 것인데, 이들 세력이야말로 점차 자신과 민주주의를 일치시켜나가야만 한다. 그람시의 유기적 지식인이라는 사상을 넘어서서, 그리고 노동세력 및 문화세력의 동맹이라는 전략이 노동자계급에게 제공하는 가능성들을 강조하면서, 새로운 역사적 블럭이라는 사상이 현재 제시되고 있다. 이 이데올로기적 장치들 내부에서 적어도 부분적으로나마 그 원래의 목적에 반대하도록 그것들을 전환시키는 투쟁을 전개한다는 생각은 현실적인 것이다.

맑스와 엥겔스의 시대에는 물론 레닌의 시대에는, 이같은 시각은 공상적이라고 평가되었을 것이다. 따라서 폭력적인 전복에 의해 부르조아 국가장치 전체와 더불어 이 이데올로기적 장치들을 파괴하고 대신에 새로운 국가권력이 창출한 이데올로기적 장치들로 근본적으로 대체하는 것이 논리적이었을 것이다. 그러나 이후의 실천에서 입증된 바에 따르면, 이데올로기적 장치들을 창출하기보다는 새로운 억압장치들을 만들어 내기가 십상이었고, 또 수많은 사례에서 낡은 이데올로기는 이 새로운 장치들 내부에서 지속적으로 유포되면서, 새로운 질서를 이상화하고 비판을 질식시키기 위해 고안된 형이상학적 본질을——비록 그 지향이 다를지라도——배태하고 있었다.

그러나 맑스와 엥겔스의 시대에는 공상적이었던 것이 오늘날에는 더이상 공상적이 아니다. 왜냐하면 프롤레타리아트는 여전히 주요한 혁명세력이지만 이제 유일한 혁명세력이 아니고, 다른 계층들 및 사회적 범주들이 사회주의적인 시각 안으로 객관적으로 포괄되어 새로운 상황을 창출하고 있기 때문이다. 이것은 추상적인 이론적 관념이 아니라 실천적인 견해다.

자본주의의 위기는 모든 영역에서, 즉 경제와 정치는 물론 결정적으로는 문화와 도덕의——말을 바꾸면 이데올로기적——영역에서도 나타나고 있는데, 그 위기는 한편으로는 이러한 변화의 결과이자 다른 한편으로는 이러한 변화를 지원하고 가속화시키는 요인이기도 하다.

"성스러운" 원전들의 엄격하고도 질투심 많은 수문장처럼 행동한다고 때때로 비난받았음직한 알튀세르조차도 자신의 논문 「이데올로기와 이데올로기적 국가장치들(ISAs)」에서 다음과 같이 인정하고 있다.

> 권력을 장악한 계급(또는 계급동맹)은 이데올로기적 국가장치들에서는 (억압적인) 국가장치에서 할 수 있었던 것처럼 쉽게 법률을 제정할 수가 없는데, 그 까닭은 이전의 통치계급이 이 장치들 내에서 장기간 강력한 입장을 유지할 수 있기 때문만이 아니라, 또한 피착취계급들의 저항이 이 장치들의 모순을 활용하거나 또는 투쟁 속에서 그것들 내부의 전투진지들을 정복함으로써 바로 거기서 자신을 표현할 수단 및 기회를 얻을 수 있기 때문이기도 하다. (*Lenin and Philosophy and Other Essays*, London, 1971, p. 140)

그리고 이 책의 한 각주에서 알튀세르는 다음과 같이 덧붙인다.

> 그러나 계급투쟁은 이러한 형태들을 넘어서 훨씬 멀리까지 확장되며, 그리고 바로 계급투쟁이 이런 형태를 넘어 확장되기 때문에 피착취계급의 투쟁은 ISAs의 형태로 수행될 수 있고 그리하여 계급투쟁은 이데올로기라는 무기를 통치계급들에 대항하는 쪽으로 방향을 전환하게 된다. (ibid.)

확실히 사회주의 세력들이 국가권력을 정복하기 위해 수행해야 할 현시대의 가장 커다란 역사적 과제는, **이데올로기, 이데올로기적 장치들이라는 무기를 권력을 장악하고 있는 계급들에 반대하는 방향으로 돌리기** 위한 결정적이며 단호하고 지혜로운 투쟁이다.

사회주의의 담지자로서의 발전된 자본주의

이같은 길을 제안하는 것이 이제는 가능해졌다. 왜냐하면 최근 수십년 동안 구조들과 사회적 관계들에서 진정 특별한 변화가 발생하는 가운데 "물질적인 대변동"이 경제적 생산의 조건들 안에서 나타났기 때문이다. 그리고 이러한 모든 변화들은 사회주의를 위한 조건들을 성숙시켜왔다. 레닌은 지난 1917년에 제국주의 형태의 자본주의는 사회주의로 가는 전단계라고 주장할 수 있었지만, 이것은 1970년대에 더욱 명백한 것이다.

오늘날의 국가독점자본주의 내부에서는 새로운 사회의 맹아 이상의 그 무엇이 이미 작동하며, 그것이 모태를 깨고 세상에 나오려고 애쓰고 있다.

개량주의자들은 발전된 자본주의 나라들에서 이미 시행되고 있는 사회정책에 관한 모든 구조적 변혁 및 조치들에 사회주의라는 명칭을 부여하고 있다. 명백한 것은 자본주의 체제가 계속 존재하고 있기 때문에, 사회주의라는 개념의 반증이 존재하고 있다는 점이다.

그러나 우리 공산주의자들은 권력장악으로 대표되는 질적 변화에 사로잡혀 있기 때문에, 이 체제가 현재까지 겪어왔으며 그것의 구조를 객관적으로 붕괴시키기 시작한 점진적 개조들을 때때로 과소평가해왔다. 이러한 물질적인 대변동은 다음과 같이 요약된다.

1. 생산력의 획기적인 발전, 노동력의 질의 향상과 더불어 교육이 생산에 보다 깊이 통합되어 있다는 사실, 그리고 원자력의 정복과 새로운 에너지원의 발견으로 인한 에너지의 발전, 특히 역사적 유물론에 따르자면 이 시대의 모든 변화들의 근본요인인 기술공학 일반의 발전이 그것이다.

이같은 발전은 이미 자본주의 체제에 의해 억제되고 있음이 분명하다. 사회주의 세계체제와 더불어 생산력은 평화적 생산영역에 최대한 활용될 수 있게 되었다. 즉 생산력은 전세계의 기아 및 결핍에 종지부를 찍고 저개발국들의 역사적 후진성을 급속하게 극복하도록 도와줄 수 있게 되었다.

실제로, 방대한 규모의 군비지출은 전적으로 비생산적인 것으로서 그 자체가 이같은 모든 진보에 대한 장애물이다. 또 최근 자본주의 체제의 공황이 새로운 특성을 획득하여 시도때도 없이 닥쳐오기 이전까지만 해도, 이 군비지출은——그것의 파괴적 영향력을 제거하려고——특히 그 강도를 줄이는 경우에는 경제공황 주기에 심각한 영향을 미쳤던 엄청난 부의 낭비였다.

2. 사기업 체제가 새로운 다국적 차원을 갖게 되었음에도 불구하고, 생산력의 흐름을 관장하고 통제할 능력이 없다는 것이다. 오늘날 다국적기업들은 그것이 설립되어 있는 나라들의 국가가 제공하는 각종 신용 및 다양한 대출에 의존하고 있으며, 이 나라들은 이들 자금을 공공기금과 저축으로부터 빼내고 있다. 그 결과, 국가와 사회의 본질적 역할은 이 기업들의 창출 및 유지 과정에서 훨씬 더 잘 드러나고 있으며, 이들 기업들은 온갖 논리에도 불구하고 계속 사유재산이 되고 있는 실정이다. 따라서 사회주의 경제를 위한 조건들이 성숙되어 있다.

전세계적 계획에 따라 관리되는 경제라는 사상은 본질적으로 사회주의적인 사상이다. 그람시는 진정한 예언자적 전망을 갖고서 다음과 같이 말했다.

> 전세계적 계획에 따라 관리되는 경제를 위한 조건들이 형성되기에 앞서서, (국가들의 집단으로 이루어진) 지역적 결합체들이 다양하게 많이 생겨나 있는 일련의 다원적 국면을 경과하는 것이 필수적이다.

오늘날의 시기에는 생산력의 국제화로 말미암아 자본주의 체제는 각종 형태의 지역화, 다시 말해 유럽공동시장과 같은 초국가적 범위를 가진 사회적 형태들을, 설사 그것들이 끊임없이 위협을 받을지라도, 모색해야만 한다. 그리고 이는 무엇보다도 이윤수탈의 사회적 형태와 사적 본성 양자간의 모순에 기인하고 있는 것이다. 따라서 여러 국민들로 구성되는 하나의 유럽 즉 사회주의적인 유럽이라는 전망을 정당화시키게 되며, 바로 이러한 사회적 형태 하에서 유럽은 모든 측면에서 하나의 현실이 될 수가 있는 것이다.

3. 집단적 해결책의 빈약한 모방에 불과한 사회적 기능들을 국가가 인수하는 것, 즉 일부 공공서비스, 일부 기업들, 사회보장제도, 보건, 교육, 위기에 처한 사회집단에 대한 보상(예를 들면 유럽공동시장 내의 농산물가격 지지제도) 등과 같은 것들 인수하는 것. 이같은 온갖 조치들은 자본주의 국가가——자칫 소홀한 경우 발생할 수도 있는——불균형 및 심각한 사회적 갈등을 회피하기 위해 채택할 수밖에 없는 것들이며, 그리고 이 조치들 덕분에 자본주의 국가는 "복지국가"라는 외관하에 독점자본주의 과두제의 지배를 계속 유지할 수 있으나, 동시에 이 조치들은 국가와 사회 간의 모순을 더욱 첨예화시킨다.

의심할 바 없이, 이러한 위기가 날로 첨예화될 때 국가는 과두제의 이윤을 보장하기 위해 많은 "복지" 측면들을 없앨 수도 있는 것이다. 그러나 공공연한 형태의 독재에 의존하지 않으면, 즉 민주적 자유들의 폐지에 의존하지 않는다면, 이것은 실현이 불가능할 것이다. 이것은 앞으로 전개될지도 모르는 경향이지만, 현재로서는 그것의 수용을 강요하기가 쉽지 않을 것이다.

4. 과두제적 소수파와 나머지 사회구성원 양자간의 차이의 첨예화와 그리고——아마도 "소비자 사회"에서는 혼동스러운 용어겠지만, 고전적인 용어를 사용하자면——전문직업인의 프롤레타리아트화가 그것

이다. 이것은 전문직의 사회적 지위가 (비록 이들의 소득이, 전부는 아니라도 대부분의 경우 훨씬 더 많지만) 임금노동자의 지위와 일치되어 간다는 의미다. 나아가 농촌에서는 소유권의 자본주의적 집중에 대항하기 위하여, 극미하기는 하지만 협업 형태들의 도입이 일어나고 있다. 그리고 소수 독과점체의 이해와 중소기업의 이해간의 격차가 날로 증대하고 있다.

요약하자면, 사회주의에 우호적인 세력들의 새로운 상호관계에 적합한 조건들이 발전되고 있으며, 독재형태에 의존하지 않고 민주적인 방식으로 사회주의를 쟁취하고 공고히할 가능성이 창출되고 있다.

5. 과거의 식민지들의 정책에서 독립성이 더욱 높아지고 있는 것이 그것이다. 이들 구식민지들은 석유 및 기타 원재료의 가치를 재평가함으로써, 식민주의와 신식민주의가 자신들로부터 착취하는 초과이윤을 축소하고 나아가 폐지할 수 있는 입장을 갖게 되었다. 그리고 이러한 초과이윤 덕분에 과거에는 물론 현재에도 어느 정도까지는, 발전된 나라들의 독점자본주의가 광범위한 사회적 부문들을 자기의 위성권으로 묶어두고 그리하여 자신을 지탱할 수 있었다. 이같은 독립성의 증대는 현재의 위기상태에서 결정적인 영향력을 갖고 있으며, 국제관계의 민주화 증진에 유리하게 —— 비록 긴장 속에서 일지라도 —— 객관적으로 작용하고 있다.

부르조아 사회가 봉건체제라는 모태 속에서 형성되었듯이, 마찬가지로 사회주의 사회는 발전된 자본주의 사회라는 모태 속에서 성숙해왔다. 바로 이것이, 국가가 의존해 있는 이데올로기적 장치들을 현존 계급사회에 반대하도록 전환시키는 과제를 우리 스스로 해결할 수 있게 하는 물질적 기반을 우리에게 제공하는 것이다.

3. 국가의 억압적 장치들

이데올로기적 장치에 대한 헤게모니를 상실한 계급은 어떤 계급도 국가권력을 유지할 수 없다

이데올로기적 장치는 분명 자본주의 사회의 모든 것이 아니다. 거기에는 억압적 장치, 즉 폭력장치가 존재한다. 그러나 앞에서 언급된 논문에서 알튀세르는, 내가 보기엔 타당하게도 다음과 같이 말한다.

> 우리가 알고 있는 한, 국가의 이데올로기 장치들에 대해서 또 동시에 그것들 안에서 헤게모니를 행사하지 못한다면, 어떠한 계급도 지속적인 형태로 권력을 유지할 수 없다.

바로 지금 여기에서 국가권력 문제를 해결하는 형태에 대해 올바르게 응답하려면, 다음과 같이 질문해야만 한다. 발전된 자본주의 나라들에서 사회주의 혁명의 첫단계는 폭력행위에 의한 국가의 억압적 장치의 파괴라고 인식하는 것이 현실적인가?

이 질문은 차르 치하의 러시아라는 맥락에서, 즉 파멸적인 군사적

패배의 상황에서 제기될 수도 있다. 당시 러시아는 전체 국가장치가 붕괴되고, 군대의 대다수는 평화와 빵 그리고 토지를 갈구하며 재앙에 굴복해서 혁명세력 쪽으로 넘어온 상황이었다. 더욱이 당시는 일본해군에게 당한 또다른 패배의 기억이 아직도 생생하게 남아 있고 무능과 부패가 횡행하고 있던 때였다.

라덱(Radek)은 자신의 논문 「과학에서 행동으로의 사회주의의 발전」에서 이렇게 쓰고 있다.

> 혁명적 사회민주당(달리 말하자면 공산당)의 이론적 선전, 그리고 지난 세기 말엽 이래로 프롤레타리아트에게 일상적으로 가해진 타격만으로는, 프롤레타리아트에 대한 증대되는 선동을 자본에 대한 제한된 공격 이상의 것으로서 고양시키기에 충분하지 못했다. 그리하여 마침내 오랫동안 기다려온 세계전쟁이라는 괴물이 출현했고, 이 전쟁은 혁명적 사회주의에 의해서 설교되었을 때는 이해될 수 없던 교리들을 프롤레타리아트에게 총으로써 설파하기 시작했다.
>
> 러시아혁명은 세계대전에 대한 프롤레타리아트의 최초의 대응이다.

동유럽 사회주의 정권들의 수립도 전쟁 —— 2차대전 —— 과 그리고 이 전쟁에서의 파시즘의 패배와 결부되었다. 마찬가지로 중국의 사회주의 혁명의 승리는 일본의 침략에 대항한 전쟁과 또 파시즘에 대항한 세계대전과 밀접히 연관되어 있다.

다른 혁명들도 결국 무기에 의해서 승리했다. 이것은 진실이다. 그러나 이것은 외국침략자에 반대하거나 혹은 식민열강들에 반대하는 민족전쟁의 형태로 이루어졌으며, 2차대전의 종결과 더불어 혁명의 섬광도 사라져버렸다. 유일한 예외는 아마도 쿠바일텐데, 이 나라는 아메리카 대륙의 어떤 나라에서도 지금까지 반복될 수 없는 진정한 역사적

기적이었다. 그럼에도 불구하고 기억해야만 하는 사실은, 7·26운동이 미제국주의의 바로 코앞에서 승리할 수 있었던 것은 그 운동이 사회주의 정당이 아니라 일종의 민족전선에 의해 주도되었기 때문이라는 점이다. 물론 이 민족전선은 혁명이 진행됨에 따라 이후 분열되었고, 그 과정에서 강력한 개성의 피델 카스트로(Fidel Castro)와 그의 동료들은 사회주의로의 전환을 창출했으며, 반면에 우파는 공공연하게 미국진영으로 투항했다.

발전된 자본주의 나라들에서 3차대전에 대한 프롤레타리아트의 대응으로서 사회주의로 이행하리라고 예측하는 것이 과연 오늘날 혁명적이고 현실적인 것일까? 만일 우리가 금세기에 유럽에서 전쟁이 없는 가장 긴 기간을 경험하고 있다면, 이것은 제국주의가 그 침략적 특성을 상실했기 때문이 아니라 주로 공포로 인한 단념(dissuasion by terror) 때문이다. 그 증거는, 제3세계의 나라들에서는 여전히 국지전들이 존재하며 이곳에서 핵무기가 사용될 위험은 매우 적은 반면, 오늘날 유럽에서 일어날 전쟁은 핵전쟁이 될 것이고 또 매우 신속하게 진행될 것이며, 그러한 전쟁이 종결될 때에는 주도권을 다투는 사회계급들이란 존재하지도 않게 될 것이라는 점이다. 맑스와 엥겔스는 『공산당 선언』의 첫단락에서, 오늘날에 이르는 인류의 (기록된) 역사는 계급투쟁의 역사라고 지적하면서 이 투쟁은 "매번 사회의 혁명적 재구성으로 끝나거나 혹은 경쟁하는 계급들 모두의 파멸로 귀결되었다"고 언급했다.

유럽에서의 전쟁은 동시에 세계대전이 될 것인데, 그 전쟁은 바로 이처럼 경쟁하는 계급들 모두의 파멸로 끝날 것이다. 왜냐하면 그 전쟁은 동시에 인류의 사실상의 파멸과 그리고 인류의 물질적 및 사회적 업적의 파괴를 가져올 것이기 때문이다.

전쟁이 수행되는 형태들은 계급투쟁의 수행에도 영향을 미친다고 일찍이 엥겔스가 지적했지만, 그것은 핵무기를 상상조차 할 수 없던 시대의 이야기다. 이같은 요인을 무시하고 과거——심지어 아주 최근의 과거——와 똑같은 사상을 갖고서 계속 혁명을 논의한다면, 이는 더이상 결코 혁명적인 것일 수 없다.

우호적인 국제적 분위기 속에서, 발전된 나라들에서, 즉 인민에 대한 야만적인 독재를 행사할 그런 자유나 통치계급이 존재하지 않는 곳에서, 혁명이 폭력적인 행동에 의해 승리하고 그리하여 인민이 무장세력들의 압도적인 지지를 획득하게 될 그런 가능성을 전적으로 배제할 수는 없음은 틀림없다. 그러나 심지어 이런 경우에도, 만일 그 승리가 매우 신속하게 획득되지 못한다면, 만일 그 나라가 장기간의 내전에 빠져든다면, 강대국들이 거기에 개입하게 될 것이며 그 결과는 엄청난 재앙으로 나타날 것이다.

설사 이같은 가능성을 완전히 배제하지는 않더라도, 우리가 논의하고 있는 이런 나라들에서 사회주의로의 길은 구체적인 현실을 고려할 때 지극히 어려운 것이 틀림없다. 그 길은, 민주적인 대중행동이 대표적인 민주적 제도들에 의한 행동과 결합되는 것이 되어야만 한다. 다시 말해서 오늘날 기본적으로 자본주의에 봉사하고 있는 대표적인 민주적 도구들이 사회주의에 봉사하도록 활용되어야만 한다.

국가장치는 어떻게 민주적으로 변혁될 수 있는가

이러한 관점에서 볼 때, 문제는 단순히 어떻게 정부를 장악할 수 있느냐가 아니다. 지금 문제는 국가장치를 어떻게 변혁하느냐이며, 앞으로도 그럴 것이다.

나는 이미 국가의 이데올로기적 장치들에 관하여, 그리고 그 장치들을 자본주의에 반대하도록 전환시키기 위해 다양한 영역들에서 투쟁을 전개할 가능성 —— 필요성 —— 에 관하여 논의했다. 이제 문제로 삼아야 할 것은 어떻게 하면 이런 종류의 전환이 억압적 장치들 —— 자본주의 국가권력의 최후의 보루 —— 의 변혁을 도울 수 있는지에 관해서 고찰하는 것이다.

그 방법은, 기존의 사회 내부에서라도, 즉 사회주의 세력들이 정부에 첫발을 내딛기 전에라도, 국가장치의 민주화를 위한 열정적이고 지적인 행동에 의존하는 것이다. 그 출발점은 엄밀하게는 부르조아 이데올로기가 이데올로기적 장치들에 대한 자신의 헤게모니를 상실하는 상황을 획득하는 데 있다.

이러한 목적이 부분적으로라도 달성되는 한, 그 성과는 억압적 장치에도 반영될 것이다.

이런 측면에서, 프랑스의 1968년 5월사태는 흥미로운 경험이다. 처음에는 공공질서(public order)의 세력들이 야만적으로 대응했지만, 투쟁이 진행되는 동안 이들 세력들은 자신들이 인민에 대항하는 억압적 도구로서 당국에 의해서 활용되고 있다는 사실에 저항했다. 경찰조합들은 일련의 저항을 일으켰는데, 이들은 당국에 의해 이용되는 것에 반대하는 항의를 했고 인민과 적대하고 싶지 않은 자신들의 소망을 표출했다. 또 상당히 심각한 소요가 군대 내에서도 발생했다.

아마도 이러한 경향들이 당시에 더이상 진전되지 않은 이유는, 기존의 권력에 대응할 진정한 대체권력이 존재하지 않았기 때문이었을 것이다. 좌파는 분열되어 있었다. 내 생각으로는, 좌파를 대변하는 정치세력은 느닷없이 거대한 위기에 부딪혔고 그리하여 분열과 준비부족을 단기간에 —— 기존권력의 혼란이 지속되고 있는 동안에 —— 극복할 수 있는 채비가 되어 있지 않았다고 말해도 결코 부당한 말은 아닐 것이다.

이와 동시에 이 위기의 새로운 특징은, 이 위기가 단지 가두시위에 의해서나 혹은 다른 고전적 위기처럼 당국에 대한 정면공격에 의해서는 해결될 수 없었고, 오늘날 좌파연합이 제시하는 바와 같은 일련의 책임 있는 대안들을 통해서 대중투쟁을 지원하기 위해서는 재선거를 비롯한 다양한 민주적 이니셔티브를 필요로 했다는 점이다. 이같은 이니셔티브의 결여가 미숙하고 무정부적인 집단들의 행위 및 지나친 영향력을 부추겼고, 이 집단들은 국가장치 자체뿐만 아니라 중간계층의 광범한 부분들을 위협했으며 또 잠시 대중 속에서 매우 높은 평판을 얻게 된 좌파의 영향력을 다시 위축시켰다.

이로 인해, 당국은 무능했던 수주간이 지나자 정치적 이니셔티브를 회복했고 선거의 보류에서 이득을 보았다.

좌파는 자신의 힘을 지나치게 과시했으며 동시에 반동을 야기하지는 않았을지라도 준비부족과 비일관성을 드러냈다. 그 결과 좌파는 오히려 드골파 당국에 의해서 교묘하게 이용당했다. 그리고 그나마 반동이 더욱 진전될 수 없었다면, 그것은 분명 노동자계급이 보여준 책임성 있는 모범 덕분이었다.

그럼에도 불구하고 1968년 5월사태는 프랑스에서 좌파의 미래의 승리를 위한 조건들을 갖추게 하는 데 도움이 되었다. 그 사건은 공공질서의 세력들 속에 그리고 베트남 및 알제리 체험으로 동요하고 있던 군대 내부에, 사회문제들에 대한 그들의 태도와 사회에서의 그들의 역할에서 일종의 변화가 시작되었음을 이미 드러내주는 일종의 정신구조를 창출해냈다.

최근 레이몽 바르(Raymond Barre) 및 지스카르(Giscard) 대통령의 긴축계획에 반대하는 노동자들의 행동에 직면해서, 파리경찰은 이 행동에 참여하여 주목할만한 시위를 벌였고, 그들의 노동조합에서는 자신들의 사회적 역할을 다시금 문제시하는 논쟁을 전개했다.

프랑스 군대에서도 사병 수준에서뿐만 아니라 심지어 고참장교들 사이에서도 흥미로운 사태가 발생하고 있다. 특히 장교들 사이에서는 군사적 교리에 관한 전문적인 영역에서 이견이 나타나고 있다. 그러나 이것은 놀라운 일이 아닌데, 왜냐하면 정치적 및 사회적 모순들이 군대 영역에서 갈등으로 표출되는 그러한 순환에 비추어본다면 이것은 논리적인 일이기 때문이다.

이러한 사건들의 중요성을 과장하지 않는다 할지라도, 이것들은 맑스와 엥겔스의 시대에는 상상할 수 없었고 레닌의 시대에조차 1917년 같은 위기 속에서야 다른 형태로 겨우 감지될 수 있었던 현상이다.

또 이탈리아의 경우에도 이데올로기적 장치들의 위기의 결과와 그리고 다양한 영역들에서의 계급투쟁의 발전의 결과가 억압적 국가장치의 내부에서 영향을 미치기 시작하고 있는 듯하다. 예를 들면 최근의 로마 선거에서는 공공질서의 세력들 가운데 상당 부분이 이탈리아공산당에 찬성투표를 했음이 확실히 드러나고 있다. 또 법적 장치 내에서 발생한 몇몇 사건들도 의미심장하며, 이 장치의 일부 요원들이 파시스트 테러주의자들에게 습격을 당하기도 했다.

NATO 소속의 일부 군대들, 예를 들면 네덜란드군에서는, 장교들과 일반 사병들을 포함하는 노동조합 조직이 활동하고 있다. 군사 논평가들의 주장에 따르면, 이 조직은 합동 기동훈련에서 네덜란드군에게 맡겨진 임무를 효율적으로 수행하는 것을 방해하지는 않았다. 그러나 이같은 군대는 쿠데타에 활용될 수 있지 않을까?

나아가 발전된 자본주의 나라들에서는 일반적으로 공무원의 노동조합 가입이 사실로 존재하고, 스스로를 공무원이라고 간주하는 관리들이 자신들에게 급료를 지급하는 국가와의 관계를 고용자/피고용자 관계로 받아들이는 경향을 점점 더 강하게 나타내고 있다.

달리 말하자면, 국가장치를 구성하고 있는 사람들은——당분간 우리는 경향에 관해 말할 수밖에 없지만——당국이 많은 경우에 사회의 이익에 반하여 자신들을 활용하고 있다는 점을 점차 깨달아가고 있다.

그들은 한편으로는 사회와 다른 한편으로는 국가 양자 사이의 모순을 인식하고, 또 국가권력을 전횡적인 보스로 간주하기 시작하고 있다. 그들이 이런 태도를 보이는 까닭은, 자신들의 협소한 직업적 이해나 혹은 개별집단적 이해 때문이 아니라, 현실사회에 대한 자신들의 관계, 즉 독점자본주의 국가가 자체의 목적을 위해서 이 관계를 왜곡하고 조작한다는 점을 점점 더 명확하고 일관되게 파악하고 있기 때문이다.

다시 말하자면, 전체 사회의 발전과 병행하여, 현대국가라는 거대한 기업체를 이루고 있는 사람들은 국가권력과 기존 사회간의 증대되는 괴리를 의식하기 시작하고 있으며, 공무원들은 바로 이같은 사람들의 일부다.

물론 이 과정은 단지 시작에 불과하고 따라서 겨우 초기단계에 있으며, 여전히 통치계급들에 의해서 조작되고 지향이 바뀔 수 있는 것이다. 이것은 아직 해답이 나와 있지 않은 일종의 공개적인 질문이다. 그것은 국가장치를 민주적 및 사회주의적 사회에 봉사할 수 있도록 변혁하고 전환시키는 방향으로 나아가는 첫번째 단계로서, 국가장치의 민주화를 진행시키는 데 봉사할 대안적인 하나의 길이 될 수 있다.

국가장치의 민주화를 위한 투쟁

이 길을 활짝 열기 위하여, 공산당과 사회주의를 표방하는 정당들 그리고 사회의 변혁세력 전체는 국가장치 —— 억압적 장치든 비억압적 장치든 —— 에 대해서 그들이 역사적으로 유지해온 태도와는 다른 태도를 가져야만 한다.

계급투쟁의 실천은 근로인민과 이 장치들을 구성하는 사람들 사이의 대결에 이르게 된다. 시위나 파업이 있을 때 거리로 나가서 파업자들 및 시위자들에게 물리적으로 대응하는 자들은, 스페인의 양대 대규모 회사인 바네스토(Banesto)사나 알토스 호르노스(Altos Hornos)사의 관리자들이 아니고, 프랑스의 파리국립은행의 관리자들이나 다소(Dassault)사의 간부들도 —— 그리고 다른 나라들의 기타 등등도 —— 아니다. 그것은 바로 질서의 세력들과 경찰, 그리고 극단적인 경우에는 군대다. 우리가 반대해야 하는 것은 바로 이같은 역할, 즉 독점자본의 국가권력이 무장세력에게 수행하도록 지시하는 역할인 것이다.

공공질서의 세력들과 경찰은 사회를 반사회적 분자들로부터 방어하기 위해서, 교통을 정리하기 위해서, 주민을 보호하기 위해서만 존재해야 한다. 대중시위 및 대중파업은 공공질서와 충돌하지 않으며, 다만 정부가 그들을 탄압하도록 경찰을 파견할 때에만 공공질서와 충돌하게 된다. 파업은 사용자들의 대표와 노동자들의 대표 사이의 협상을 위한 것이다. 시위 때의 질서유지는 시위조직자들에 의해서 수행되어야 한다.

만일 경찰이 절도 및 범죄를 추적하고 마약을 거래하는 반사회적 분자들을 색출하는 일에 전념한다면, 만일 그들이 점증하는 갱단의 습격으로부터 사회를 방어한다면, 또 만일 그들이 많은 치명적 사고들을 막기 위하여 좀더 효과적으로 도로를 순찰한다면, 그리고 만일 일반적으로 경찰이 주민과 그들의 문제에 좀더 가깝게 밀착된다면, 이처럼 된다면 현대사회는 지금보다 훨씬 더 안전해질 것이다.

수천 명의 경찰들에게 전투복을 입히고 현대식 탄압장비를 갖추게 해서 파업자들과 대중적 시위를 공격하도록 내보낼 이유가 있는 것일까? 통치자들로 하여금, 모든 시위들은 정당한 요구들을 갖고 있다고 생각하고 또 자신들과 협상하도록 뽑힌 대표자들을 받아들이는 데 익숙해지도록 하라. 그들이 인민과 대화하고, 인민의 얘기에 귀를 기울이고, 심지어 그들 자신의 결정을 수정하는 습관을 갖도록 하라. 당국으로 하여금 자신이 사회 위에 존재한다고 생각하지 않게 하라.

사용자들은 노동자들과 직접 협상해야만 한다. 그들로 하여금 자신들이 경찰의 지원 하에 명령을 부여할 수 있다는 방자한 생각을 버리게 하라. 만일 특별한 경우에 그들이 요구받고 있는 사항을 인정할 수 없다면, 그들로 하여금 협상체계를 통하여 이것을 노동자들에게 입증하게 하라. 또 이 협상체계는 노동자들이 언제나 명확하게 기업의 재정상태를 알도록 해주는 것이어야 한다. 나아가 이것은 탈세를 근절시키는 결정적인 수단이 될 것이다. 고용자의 이익을 위하여 개입하는 특수부대를 유지하고 동원하는 데에는, 노동자들의 완전히 정당한 요구를 들어주는 것보다 훨씬 더 많은 비용을 사회 전체에게 지불하게 한다.

다시 말해서, 문제는 다음과 같은 공공질서를 수립하려는 목적을 갖고 정치적 및 이데올로기적 수단에 의존해서 투쟁하는 것이다. 즉 특권을 지닌 소수의 이익을 위해서가 아니라 전체 주민을 방어하려는 사상에 입각한 새로운 개념의 공공질서, 더욱 개화된 공공질서가 그것이다. 요컨대 그것은 새로운 개념의 더욱 민주화된 공공질서로서, 이같은 개념을 질서의 세력들을 구성하는 사람들의 정신 속에 불어넣는 그런 공공질서다. 이 질서의 세력들도 기존의 체제가 자신들에게 부과한 임무에 대해 상당한 정도로 점점 더 불편하게 느끼고 있다.

그들은 국민이 자신들의 일의 공적적 측면에 의해서가 아니라 부정적 측면에 의해서 자신들을 평가한다고 불평한다. 그들은 국민의 냉담함에 둘러싸여 있으며, 자신들의 사기를 저하시키는 임무들을 수행하도록 강요받는다고, 즉 자신들에게도 해당하는 이해관계를 위해서 행동하는 사회집단들에 대항해서 임무를 수행하도록 강요받는다고 느낀다. 왜냐하면 만일 생활비가 점점 더 많이 든다면, 만일 건강 및 교육의 혜택이 모든 사람들에게 돌아가지 않는다면, 만일 사회적 서비스가 부당하게 이루어진다면, 질서의 세력들의 가족들도 모든 임금노동자들과 마찬가지로 고통을 겪을 것이 분명하기 때문이다.

왜 공공질서는 정부의 권위나 혹은 변덕스럽게 행위하는 장관의 권위를 방어하기 위하여 존재해야만 하는가? 왜 그것은 사회가 아니라 정부를 방어하기 위하여 존재해야만 하는가?

공공질서란 결코 하나의 특정한 사회-정치적 체제, 특정한 제도의 총력 방어를 의미하지 않는다. 만일 대다수 주민이 이 체제 혹은 특정한 제도에 찬성하지 않고 그것들에 반대한다고 주장한다면, 그런 경우에는 공공질서의 방어란 다수의 의지가 수행되도록 보장하는 것을 뜻한다.

공공질서의 세력을 민주화시키는 정책은 개별적인 상황에 맞게 고안되어야 한다. 첫번째 조건으로서, 이 세력에 속하는 사람들이 자신들의 권리와 직업적 존엄성을 방어하기 위하여, 그리고 경찰과 피의자간의 관계와는 다른 관계를 근로인민과 맺기 위하여, 그들 스스로 노동조합을 조직하는 것이 허용되어야 한다.

사회변혁을 주장하는 사람들은 민주사회에서 공공질서의 세력들의 역할에 관한 지속적인 공개토론부터 시작해야 한다. 그들은 이 부문의 물질적, 사회적 및 직업적 문제들에 관심을 가져야만 한다. 이러한 변화를 만들어내기는 어렵다. 그러나 그 변화는 일어나야만 하며, 민주적 사회주의 사회에서도 범죄색출과 주민안전의 방어를 전담할 관리들을 두는 것이 여전히 필요하다는 원칙으로부터 이 변화에 착수해야만 한다.

인민에 반대하여 가해지는 억압을 전담하는 집단들을 탄핵하는 데서, 혹은 사정에 따라서는 이같은 집단들을 제거하거나 전환시키는 데서, 이같은 변화는 결코 장애물이 되지 않는다. 그러나 올바른 정책을 갖는다면, 이 부문의 직업 전체를 불신하는 사람들로 흔히 이루어진 집단들에 반대하는 입장을 취하면서 공공세력들 속에서도 동맹자들을 찾아낼 수 있을 것이다. 현재의 사회적 위기 상황 아래서는, 바로 이런 측면에서 올바른 정책이 공공질서의 세력 가운데 민주주의를 펀드는 중요한 일부분을 획득하는 데 도움이 될 것이다.

군대는 의심할 여지 없이 가장 중요한 억압적 국가도구다. 다양한 경험들, 그중에서도 1973년 칠레의 경험 —— 그리고 많은 다른 경험들 —— 에서 입증되듯이, 특정한 조건 아래서는 군대 자체가 독재정치의 정당이 될 수 있다. 즉 비행기와 탱크와 대포와 기관총과 그리고 소총으로 무장한 정당이 될 수 있고, 이 정당에 의존해서 독재정치는 보통선거권이 자신의 특권을 위협한다고 보는 엄청난 수준으로까지 타락하기도 한다. 게다가 군대는 식민지 전쟁과 제국주의적 전쟁을 통하여 그리고 인민에 대한 탄압행위를 통해서 자신의 이데올로기를 형성하는 것이 보통이다. 이 때문에 군부의 일부 장교들은 바로 얼마 전까지도 귀족 및 상층 부르조아지 출신으로 구성되었으며, **국가를 정치적 및 사회적 체제와** 동일시하는 원칙을 지지했다. 진정한 동기를 부여받은 장교들의 애국심이란 반인민적인 계급구조의 이데올로기적 반영물이었다. 이런 유형의 애국심은 질서, 즉 공공질서뿐만 아니라 기존의 사회체제를 옹호한다는 의미에서의 질서와 동일시되었다. 규율이라는 개념은 사회에서의 지배계급에 대한 피지배계급의 복종을 반영하는 것이었다. 또 자신의 조국에 대한 봉사라는 관념은 기존의 권력에 대한 봉사라는 관념을 포함하는 것이었다.

이러한 이데올로기적 반영의 결과, 당연히 군대명령의 주요 핵심내용은 일체의 정치적 및 사회적 변화에 반대하는 것이 되었다. 그 까닭은 군대가 기존상황을 조국, 질서, 규율, 봉사와 동일시했기 때문이었다.

따라서 이와 반대편에 존재하게 된 것은, 좌파의 반군사적 전통, 대중이 역사적으로 보여준 군대에 대한 신뢰의 결여, 그리고 혁명세력의 강령에 군대의 파괴를 명기했다는 사실 등이다.

그러나 군대에 관한 전통적인 관념은 점차 위기를 맞게 되었다. 두 차례의 세계대전이 이에 기여했다. 이 전쟁들에서 엄청한 살상이 일어났기 때문에 군대뿐만 아니라 장교집단도 일시적이나마 개방되어야

했다. 대규모 전쟁 덕분에 군대구조 안에는 비록 민주주의적인 분위기는 아닐지라도 훨씬 약화된 계급분열적 분위기가 어느 정도 마련되었다. 1차대전 동안에, 이 전쟁은 러시아를 제외하고는 다른 어느 군대에서도 지배적인 이데올로기를 변화시키지 못했다. 러시아의 경우에는 차리즘의 붕괴와 그 정권에 연관된 모든 전통적인 사상의 붕괴로 말미암아 군부의 대다수가 혁명진영으로 넘어올 수밖에 없었다. 그러나 이 전쟁에 관여했던 다른 나라들에서는 식민정책과 반소비에트 정책이 지속됨으로써, 군대를 기존의 사회질서에 집착하도록 만든 일련의 그럴듯한 이데올로기적 무기들이 유지·강화되었다.

2차대전은 이보다 훨씬 심각한 영향을 미쳤다. 동유럽의 전통적인 군대들은 패배의 중압 아래 붕괴되었다. 그 구성원들의 일부는 새로운 이데올로기적 가치를 수용하고 새로운 군대구조에 편입되었으며, 나머지 군인들은 해산되었다. 그러나 승리한 군대들 안에서도 위기가 시작되었고 이 위기는 오늘날까지 이러저러한 방식으로 계속 발전되어왔다.

특징적인 것은 프랑스의 경우다. 2차대전 바로 직전에 프랑스 군부에는 심각한 위기가 닥쳤다. 군지휘부는 독일에 대한 방어를 위해 진지하게 준비하지 못했다. 마지노선의 붕괴로 생겨난 틈새 때문에 침략자들은 그 나라를 에워싸고 봉쇄했으며, 이는 바로 일부 사령부의 "비직업적인" 정치적 행위에서 비롯된 것이었다. 이런 사태의 결과, 당위적이었던 정치 및 사회 체제에 관한 그들의 생각은 이제 이 전쟁에서 조국, 규율, 봉사 등에 관한 그들의 생각과 더이상 일치될 수 없게 되었다. 그들은 딜레마에 직면했다. 인민전선 민주주의의 승리와 파시즘의 승리 가운데 어느쪽을 택할 것인가? 나치독일에 반대해서 러시아와 더불어 자신의 조국의 보존을 방어할 것인가, 아니면 러시아에 반대하고 독일에 항복함으로써 전통적인 사회질서를 방어할 것인가? 프랑스의 일부 고위지휘관들은 이러한 딜레마에 봉착하여 자신의 조국과 그 군사기구의 유지 및 보존을 거부했다. 나머지 대다수 지휘관들은 분명 자신의 조국을 선택했다. 1940년 프랑스의 비극적인 패배는 그 나라의 군대 내부의 정치적 및 도덕적 위기에서 기인했다고밖에 달리 설명할 수 없고, 또 이 위기는 바로 지배계급의 위기를 반영한 것이었다.

비시(Vichy)정권에 대항해서 조국과 국민무장군이라는 관념을 복구한 것는 바로 프랑스 인민과 애국적 장교들이었다. 그후, 반추축국 제국주의 열강은 프랑스 해방에서 용의주도한 역할을 수행함으로써 이전의 계급질서 및 식민주의적 질서를 다소 변형된 형태로 복구할 수 있었다. 레지스탕스운동에 가장 충실했던 일부 인민과 관리들은 활동적인 일로부터 사실상 제거되었다. 애국적 입장을 견지했던 일부 장교들은 군부의 예전의 통일성을 재건하고 1940년에 굴복했던 일부 장교들을 복직시켜, 전통적인 유형의 군대를 재구성했다.

그럼에도 불구하고 이것은 근본적인 위기를 해결하지 못했으며, 그 위기는 새로운 지형 위에서 다시 등장했다. 2차대전에서의 반파시스트 진영의 승리는 탈식민주의 시대를 불가역적으로 열어주었다. 이같은 사실에도 불구하고, 프랑스 군대는 베트남전쟁 같은 전쟁들에서 쇠퇴하는 식민제국의 군사적 방어에 여러 해 동안 종사했다. 베트남에서 직업군인들은 그 출정의 전체 무게를 자신들의 어깨에 걸머졌다. 그들은 자신들이 수행하도록 지시받은 행동들과 프랑스 인민의 일반적 태도 사이의 커다란 간격을 개인적으로 체험했다. 그들은 전쟁의 패배에 대한 책임을 뒤집어쓰고 퇴임했지만 당시 실제 책임은 지배계급의 식민주의 정책에 있었는데, 왜냐하면 베트남 인민의 단호한 불굴의 해방의지 앞에서 식민주의 정책은 파산하고 소생할 수 없었기 때문이다.

베트남에 이어 알제리에서 전쟁이 일어났다. 샤를르 에르누(Charles Hernu)에 따르면, 이미 극동에서의 체험에 의해 각성된 일부 지휘관들은 이 또다른 희생의 어리석음을 잘 인식하고 있었다. 그러나 이번에는 징집방식이 사용되었다. 이것이 의미하는 바는, 드골 장군이 이 식민주의적 모험을 취소하기 전까지 대다수 사람들은 군사정책과 민족적 이해 사이의 모순을 파악할 수 없다는 것이었다. 이런 사정에도 불구하고 알제리에 투입된 프랑스 군인들은, 자신들을 이 끝없는 심연으로 던져넣은 바로 그 지배계급이 이제 자신들을 비난하고 있음을 깨달았다. 이것은 OAS(알제리 독립에 반대하는 비밀 군사조직)를 위해서는 유리한 분위기를 창출했지만, 동시에 위기를 심화시켰고 군부의 역할에 관해서 일정한 수정을 초래했다. 그러나 그 위기는 더이상의 큰 성과를 가져오지는 못했다. 왜냐하면 핵 "공격력"은 군인직업을 가진 사람들에게 새로운 도피처를 제공했고 또 조국과 봉사 등을 기존 체제와 동일시할 새로운 근거들을 제공했기 때문이다.

군부의 역할에 대한 이같은 새로운 개념은 NATO의 군사구조 내에서 발전되었다. 그러나 이 구조로부터 등장한 이데올로기에서는, 전통적인 봉사 개념이 다소 희미해지고 또 조국이라는 개념이 최초로 애매해졌다.

NATO는 소련의 공격이 가능하다는 전제 위에서 자신의 존재를 정당화시키고 있다. 특정한 시기에는 이 전제가 국가와 NATO를 연결되게 해주었다. 그러나 거의 20여년 동안이나 소련의 침략은 일어나지 않았고 바르샤바조약의 취지가 근본적으로는 방어적이라는 사실이 드러났기 때문에, NATO는 자신을 정당화시켜줄 목표를 추구하는 과정에서 관료적-군사적 상부구조로 변질되고 있다. 궁극적으로 NATO는 무엇보다도 유럽에 대한 미국의 정치적, 경제적 및 군사적 통제를 수행하는 도구로 남을 것이다. 바로 이 점에서 조국이라는 관념이 희미해진 것이다. 결국 모든 소속국의 국민 모두가 그것의 군사적 정책이나 목표가 무엇인지 확실히 알지 못하고 있다.

NATO는 다른 모든 군사적 및 민간적 관료제와 마찬가지로 자기존속의 경향을 생성시키면서 기생적으로 비대해져가고 있다. 또 NATO는 자신을 독자적인 권력으로, 즉 회원국들이 그것에 대한 실제적인 통제력을 완전히 상실하고 오로지 미국방성과 그리고 그 배후에서 미국의 군산복합체 및 그 유럽 지사들만이 실제 통제력을 행사하는 그런 자율적인 권력으로 전환시켰다.

오늘날까지 핵무기는 하나의 저지력으로 작용해왔다. 그러나 설사 클라우제비츠(Clausewitz)가 말하듯이 전쟁은 다른 수단에 의존하는 정치의 연속이라고 할지라도, 핵대결은 결코 **정치가 아니라는 점**이 점점 더 분명해지고 있다. 왜냐하면 핵대결은 경쟁국들의 상호전멸을 초래할 것이고, 또 그것은 타방에 대한 어느 일방의 승리를 불가능하게 하며, **정치**라고 부를 수도 있는 그런 승리를 활용할 수 없게 만들기 때문이다.

그리하여 현 시기에 두 진영은 서로 맞대결하고 있다. 그들은 서로 자멸하게 될 상황을 제외하면 어디에도 쓸모가 없는 핵무기를 위해서 막대한 부를 소모하고, 나날이 사회적 위기를 심화시키고 있다. 이 위기는 비록 자본주의 서방에서 더욱 특징적이긴 하지만, 사회주의 체제에도 영향을 미치고 있다. 사회주의 체제에서 위기가 발생하는 원인은 시장관계에 의한 것이 아니라, 막대적 군사적 지출이 그 체제의 발전을 저해하고 생산력의 거대한 부분을 소모해버려서 그만큼의 생산력을 사회적 진보 및 복지에 사용할 수 없기 때문에 생겨나는 것이다.

확실히 **전술** 핵무기는 파괴력을 제한하려는 시도에서 등장한 것이며, 이것 덕분에 전쟁을 정치에 봉사하도록 활용할 수 있을 듯하다. 그러나 전쟁의 경험이 있는 모든 군인은 다음과 같은 사실을 잘 알고 있다——만일 그렇지 못하면 그는 해직되어야 할 것이다. 즉 제아무리 전투명령에 훈련이 잘 돼 있고 자신의 자리를 지켜온 군인이라 하더라도, **전술** 핵무기일지언정 핵 발사의 위협 아래서 붕괴되지 않을 군인은 아무도 없다는 점이다. 그 전쟁터에서 제일 먼저 도망쳐서 목욕을 할 사람은 바로 장군들일 것이다.

그밖에도 유럽처럼 인구밀도가 높은 대륙에서는 이 전술무기들은 군대, 민간인, 물질적 재산들을 가리지 않고 무차별적으로 쓸어버릴 것이다. 핵전쟁에서는 설사 전술무기가 사용된다 할지라도, 안전한 후방이란 존재하지 않는다. 프랑스 내무장관이었던 "드골주의자" 프레이(Frey)는 그의 재임중에 만약의 핵전쟁에 대비한 민간인 방어에 관해 언급하면서, 자신은 이 목적에 사용하기 위해서 프랑스 안에 있는 모든 동굴들의 목록을 작성해놓고 있다고 말한 적이 있다. 비록 프레이 장관이 특히 잘 인식하고 있었던 것 같지는 않지만, 바로 이것이 말해주는 사실은 소수의 생존자들이 동굴거주인의 시대로 되돌아가리라는 점이다. 다시 말해서 강력히 무장한 두 진영이라는 현재의 상황은 전세계의 재화의 대부분과, 점점 더 비싸지는 석유 및 원료들과, 그리고 과학자들 및 근로인민에 의한 기술발전 및 그 성과들을 먹어삼키면서, 끝내는 동굴로 복귀시키는 결과를 가져올 것이다.

샤를르 에르누는 미국 네브라스카의 전술공군사령부를 방문한 일에 관해 다음과 같이 무시무시하게 표현하고 있다.

> IBM 요원들로 가득찬 방들, 국방성과 텔레비전으로 직접 연결되어 있는 사무실들, 전세계 미군기지들과 해상의 선박들과 공중의 비행기들에게 경고할 수 있도록 절대로 끊기지 않는 "직통비밀 전화", 전쟁개시 수분 만에 울리게 되어 있는 "경고시계", 미친 짓을 하는 장교들에게 발사하려고 케이스를 열어둔 채로 권총을 차고 있는 보초들……

이러한 정책이 계속되는 것은, 심지어 제국주의적 헤게모니의 관점에서 보더라도, 전적으로 합리성을 결여한 것이다. 이런 이유 때문에, 수많은 정치적 및 군사적 지도자들은 미국의 "핵우산"의 가치에 대해 의심하며, 또 만일 분쟁이 발생할 경우 그것이 완전한 방어역할을 해낼지에 관해 의심한다. 이런 의심들 외에도 또다른 의심이 존재하는 것이 틀림없다. 설사 핵우산이 제대로 작동된다 하더라도, 이러한 절망적 상황에서 유럽은 핵미사일의 더욱 대규모적인 배치밖에는 얻을 것이 없지 않은가?

이러한 비합리성의 결과, 권위있는 이탈리아 논평가들의 말을 빌자면, NATO가 가장 관심을 가진 나라들이나 지역들에만 국한시키더라도 NATO의 전략이 어떤 내용인지는 전혀 알려져 있지 않다. 그리고 이 NATO조직이 뚜렷한 성과를 올린 측면은 무기의 표준화가 아니라, 오로지 특정 미국무기들의 일반적인 도입이라는 측면이었음도 분명하다. 그러나 파브리지오 드 베네데티(Fabrizio de Benedetti)에 따르면, 이탈리아군이 갖고 있는 미국산 탱크들은 이탈리아 철도로는 운반될 수 없는데다가, 독립적으로 작전할 수 있는 범위가 극히 협소한 구식이었다. 이것은 NATO 소속국들의 전략상의 위기에도 그대로 반영된다. 리우찌(Liuzzi) 장군의 말을 인용하자면, "이탈리아에서는 국방의 전반적 문제가――해결되지 않았다는 말은 고사하고――심지어 심각하게 평가된 적도 없다".

또 파스티(Pasti) 장군이 주장한 바에 따르면, "이탈리아에는 군사정책 같은 것이란 존재하지 않으며", "우리의 군사력이 이탈리아 방위의 실제 위험에 대응할 수 있는지 여부를 검토하기 위한 진지한 연구가 국가 차원에서 수행된 적이 전혀 없고", "그리고 군사력의 배치를 위해서 어떤 정치적 전제가 출발점이 되어야만 하는지에 관해서도 우리는 알고 있지 못하다".

프랑스의 경우에는 군사정책의 잦은 변동으로 유명한데, 이를테면 식민전쟁으로부터 **핵 무장력**으로, 전면적 방위로부터 단극적인 군사방위로, NATO 탈퇴로부터 NATO로의 애매한 복귀로 그 정책은 변화되어왔다. 또 이같은 상황이 고위 지휘부에 일으킨 몇 가지 갈등들도 잘 알려져 있다. 이로부터 지휘체계의 아래로 내려올수록 문제점들이 눈에 잘 띄지는 않지만 한층 심각하리라는 것을 상상할 있다.

스페인 군대의 경우에는 스페인 사회 전체와 마찬가지로 과도기상태에 직면해 있다. 공식적인 군사정책은 오늘날 미군의 보충 역할과, 그리고 "국내 전복행위"에 대응하는 투쟁 역할로 축소되어 있다고 말할 수 있을 것이다. 이 모든 사태로부터 생각하게 되는 사실은, 디에즈 알레그리아(Diez Alegria) 중장과 구티에레즈 멜라도(Gutiérrez Mellado) 중장 같은 군사지도자들의 방위에 관한 견해가 비록 널리 알려져 있지만 한층 포괄적이고 더욱 현대적이라는 점이다.

우리나라의 군부는 과거에는 식민정책의 도구이자 부르조아-지주의 방어를 위한 도구로서 사용되었다. 이어서 군부는 국내정치의 임무, 즉 프랑코 정권을 유지하는 임무를 맡게 되었다. 제국이라고 자칭하는 정부의 통치 아래서 식민지들은 점차로 사라져갔다. 마지막 식민지——사하라——도 직업군인들에게 쓰라린 인상을 남긴 상황 속에서 사라져 버렸다. 군부는 군주제를 지탱시켜야 하며 그들이 예전에 뒷받침했던 제도들에서 일어나고 있는 변화를 수용해야만 한다고 오늘날 정부당국은 주장하고 있다.

전문적 및 기술적 관점에서 볼 때, 지난 36년 동안 군대는 심각하게 무시되었다는 점을 인정해야만 한다. 군대는 늘상 국내정치의 도구로서 간주되었고 군대의 모든 부문에 걸친 준비태세는 소홀히 다루어졌다. 군대의 인적 자원의 가치를 과소평가하지 않더라도, 우리의 군부는 외부로부터의 공격이 발생할 경우 신속하게 가동되고 효율적으로 대응할 조건을 갖추고 있을까? 아마도 군부는 궁극적으로는 "깃발의 명예를 유지하기" 위하여 무익한 희생에다 자신을 던져넣어야만 할 것이다. 다수의 군인들은 이미 이 점을 의식하고 있으며, 스페인은 적어도 현재까지는 실제로 위협당하지는 않고 있다는 생각에 의해서만 그들의 불안을 완화할 수 있을 뿐이다. 일부 군인들은 이러한 상황의 개선이 가능하다고 거의 생각하지 않으며, 아마도 유감스러운 일이지만 만일 그들이 다른 기회를 찾기만 한다면 심지어 자신의 경력을 포기할 것이다.

자신의 직업에 대한 확고한 사명감을 갖고 있는 다른 일부 군인들은 이러한 사명감이 퇴색되는 것을 목격한 뒤에는 스스로 은퇴한다. 은퇴 후의 상황은 군대용어로 "편안히 지내기"라고 알려져 있는 것과는 엄청난 격차가 있다.

우리 사회의 위기는 국제적으로도 잘 알려져 있는데, 이는 가장 유능하고 가장 똑똑한 군인들이 여러 분야에서 새로운 주체성을 찾으려고 노력하고 있기 때문이다. 이것은 프루덴시오 가르시아(Prudencio García) 소령이 최근 출간한 흥미롭고 중요한 저작에서도 잘 나타나는데, 여기서 그는 비록 지금은 요원한 전망으로 보일지라도 군대는 평화 및 군축 정책에 대해 지지할 태세를 스스로 갖추어야만 한다고 주장하고 있다.

좌파세력, 특히 우리 맑스주의자들은 군사적 문제들을 사회의 사회주의적 변혁의 결정적인 구성요소로서 적극적으로 다루어야만 한다. 그러나 우리는 이 문제들을 깊이있게 분석하되, 그것들을 1차대전 때나 그 이전의 시기에 나타났던 것으로서가 아니라 오늘날 우리 사회에 현실적으로 존재하는 것으로서 다루어야만 한다. 나아가 맑스주의 분석방법이 여전히 올바른 결론에 도달하게 하는 유일한 방법일지라도, 과거에 맑스주의자들에 의해서 사용되던 공식을 오늘날 반복하는 것은 매우 잘못된 것이다. 왜냐하면 그런 반복은 맑스주의를 교조적인 문구들의 단순한 되뇌임으로 전락시키기 때문이다.

국가를 변혁하고 궁극적으로는 그것의 기본적 도구인 군대를 변혁하지 않고서는, 사회는 변혁될 수 없다. 그러나 우리가 민주적인 길을 선택한 까닭은, 편의를 위해서라거나 혹은 일종의 축복받은 상태에 있기 때문이 아니라 오히려 불가피한 역사적 요구 때문이었기에, 따라서 우리가 자문해보아야 할 문제는 과연 사회주의를 위해 분투하는 세력들의 일반적 지향과, 가장 현실주의적인 군인들 사이에서 현재 유포되어 있는 새로운 주체성을 찾으려는 이같은 모색 양자를 수렴시킬 수 있는가 하는 질문이다.

이 문제는 지금까지 군대가 추구해왔던 지향과는 다른 지향을 갖도록 군대를 정치화시키는 문제가 아니며, 군사적 음모같은 문제는 더욱 아니고, 19세기와 부분적으로는 20세기의 우리나라의 역사를 대의명분을 앞세워 다시 반복하자는 것, 즉 쿠데타와 내전을 일으키자는 것도 아니다. 오히려 이 문제는 이 변혁의 시기에 군대와 시민사회의 동일성을 획득하자는 것, 그리하여 독재+군부=보수주의와 반동이라는 역사적 등식을 뒤엎어버리고, 진보적 세력들은 정의롭고 평등한 사회를 향해 민주적으로 전진해야 한다고 주장하는 것이다.

무장혁명은 새로운 유형의 군대를 창출하기 위해서 낡은 유형의 군대를 철저하게 파괴했다. 사회주의 혁명에서뿐만 아니라 부르조아적 성격의 프랑스대혁명에서도 이러한 작업이 수행되었다. 서방의 발전된 자본주의 나라들의 특수한 조건 아래서는, 예측불가능한 격동의 경우를 제외한다면, 이것은 불가능해 보인다. 오늘날 이 나라들의 사회 및 국가의 변혁에 관해 고찰할 때, 무장세력의 문제는 각기 달리 접근되어야만 한다. 그러나 이 문제는 과감히 다루어져야만 한다. 그것은 회피할 수 없는 문제다.

진지한 분석에서 간과될 수 없는 사실은, 억압자들의 국가장치가 무력에 의해서 파괴된 경우에도 이같은 결과가 성취될 수 있으려면, 국가장치의 붕괴와 이에 따른 기존사회 및 그 군사 구조의 위기의 결과로 혁명세력이 군사장치의 상당 부분을 획득하거나 중립화시키는 데 성공해야만 한다는 점이다.

군사적 정신구조(mentality)의 민주적 변혁이 사회위기의 결과로서, 전쟁이 아닌 다른 요인들에 입각해서 성취될 수 있는가 하는 점이 문제다. 만일 이에 대한 대답이 부정적이라면, 우리는 사회주의를 단념해야만 하고 사회적 및 정치적 현상(現狀)에 영원히 굴복하게 되거나, 혹은 전쟁의 발발에 희망을 걸어야 할 것이다. 그러나 후자의 경우는 미친 짓이다(이미 살펴보았듯이 현대적 무기들 때문에 전쟁은 경쟁하는 모든 계급들의 상호자멸을 의미하는 것이기 때문이다).

분명, 발전된 자본주의 나라들의 변혁세력은 군대의 전체는 아닐지라도 상당히 큰 부분을 비전통적인 수단에 의해서 획득하거나 중립화하려고 노력해야 한다. 이것은 혁명세력이 군사장치에 대한 태도를 철저하게 수정하여, 군사적 정신구조의 일정한 특성들을 수용하고 현재의 사회위기의 객관적인 영향을 그 정신구조 속에 확대·심화시켜나갈 것을 요구한다.

낡은 반군사적 태도, 순수한 정치적 선동, 군대에 대한 소극적 접근은 이 과제를 도와주지 못하고 오히려 통치자인 독재세력이 군대와 동맹을 형성하도록 도와줄 가능성이 있다.

새로운 전략을 위해서는 우리는 하나의 객관적인 사실에서 출발해야 한다. 즉 국가의 사회적 내용이 무엇이든간에 국가가 존속되는 한, 이러저러한 구조를 갖는 군대는 필수적인 도구라는 사실이다. 자본주의 국가든 사회주의 국가든 모든 국가는 군대를 포기하지 않는다. 일반적으로 말해서 국가가 소멸할 때, 즉 세계적 규모에서 사회가 공산주의적 구조를 달성하게 될 때, 군대가 사라질 것이다. 이것이 우리의 궁극적인 목표지만, 이것은 아직도 요원한 길이라는 점을 현실적으로 인정해야만 한다. 다시 말해서, 우리는 군대의 존재를 사회적 필연이라고 간주한다. 그러나 군대는 무엇보다도 국가적 독립 및 주권을 방위하는 도구가 되어야만 하는 것이지, 결코 다른 계급 및 계층에 대한 독점적 과두제의 지배나 혹은 자본주의적인 정치적 및 사회적 현상(現狀)의 신성불가침성을 보장하는 도구가 되어서는 안된다. 군대는 어떤 방식으로든 경찰의 예비병력이 되어서는 안된다. 군대와 그 지휘관들은 대중부문들에 다가가야만 한다. 군대는 사회의 특정한 한 정당이나 당파의 도구가 되어서는 안된다. 군대의 특수한 기능들의 틀 —— 영토보전의 방어 —— 안에서, 보통선거의 결과 어떤 정부가 수립되든간에 그 정부의 명령에 군대는 복종해야만 한다. 만일 특정한 정부가, 심지어는 사회의 특정 당파가 군대를 그 자체의 기능이 아닌 것들을 위해 활용하려고 한다면, 군대는 이에 복종하기를 단호히 거부해야만 한다.

군대에 스며들어 있는 각종 사상들 가운데에는 추방되어야만 하는 사상이 있다. 즉 기존의 사회질서로부터 발생하는 모든 권위에 대한 **맹목적인** 규율이라는 사상, 즉 고위 지휘부의 명령에 대한 **맹목적인** 규율이라는 사상이 그것이다. 군대에서 규율은 필수불가결하며, 그것이 없이는 군대도 존재할 수 없다. 그러나 규율은 설사 군대에서라도 **맹목적이고 무조건적**이어서는 안된다. 군인은 인간이지 로보트가 아니다. 만일 군인이 국민의 주권적 의지에 반해서 혹은 인간의 존엄성에 반해서 내려오는 명령을 수행한다면 그의 지위고하를 막론하고 결코 그는 면책될 수 없다.

이런 측면에서, 파시즘에 반대한 세계대전은 명확한 윤리적 원칙들에 입각한 일종의 법체제라고 부를 수 있는 것을 수립시키는 결과를 가져왔다. 전쟁범죄를 저지른 군부의 성원들은 상관의 명령이라는 점을 구실로 비호될 수 없었고, 그들은 그 명령에 불복하지 않았다는 이유로 재판에 회부되어 선고받았다. 달리 말하자면, 단죄된 것은 바로 고위 지휘부에 대한 그들의 **맹목적이고 무조건적**인 복종이었던 것이다.

베트남전쟁 동안 미군 장교집단 속에서는 심각하게 부패된 요소들이 횡행했다. 이것들은 전쟁범죄이고, 일부 장교들과 사병들이 그들에 대해 느낀 반감이 바로 미군의 퇴각과 철수를 초래한 한 요인이 되었다. 이것들 가운데 매우 악명높은 범죄들은 미국 내에서 재판의 대상이 되기까지 했는데, 그들은 —— 대단한 고위층이었기에 —— 책임에 비해 무거운 형벌을 받지는 않았지만, 이것은 결국 이 부당한 전쟁을 불신하게 하는 데 기여했다.

이 저술작업을 하면서, 나는 알제리전쟁 이후 개정된 프랑스의 군사적 통제에 관한 문건을 갖고 있지 않아서 오로지 기억에 의존할 수밖에 없다. 그러나 나는 그 조항들에 상당히 호감을 느꼈던 것을 기억하고 있다. 그 조항들은 하급장교들에게, 인간의 존엄성과 민주적 합법성의 정신에 대한 공격을 초래할 특정 유형의 명령은 수행하지 않아도 된다는 판단의 여지와 자유를 허용한 것이었다.

위로부터의 명령에 대한 맹목적 규율이라는 이같은 관념과는 별개로, 군대의 정신구조를 이루고 있는 또다른 사상들 —— 애국심, 봉사 및 희생정신 —— 은 정말 가치있고 고귀한 것이며 모든 유형의 군대에 절대적으로 필요한 것이다.

사회가 존속되는 한 군대와 사회는 늘상 함께 존재할 것이다. 이것은 우선 장교들과 고위 군사지휘관들의 사회적 지위라는 문제를 제기하게 한다. 다시 말해서 구체적으로는 장교 및 고위 지휘관 집단의 **사회적 위신**은 도대체 무엇에 입각해 있는 것일까?

예를 들면 식민전쟁에 기원을 둔 **사회적 위신** 개념이 있다. 이 개념에 따르면, 군사적 지휘관 일반은 자신의 **사회적 위신**을 자신의 임무로부터 도출했는데, 이 임무란 그들이 "조국의 이익"이라고 여기도록 배운 것을 위해서 —— 실은 식민지를 경제적으로 약탈하기를 바라는 통치계급의 이익에 불과할지라도 —— 자신의 생명을 희생할 각오를 하고 이런 유형의 전쟁에 종사하는 것이었다. 지휘관들이 자신의 생명의 위험을 거는 이러한 임무가 그들에게 사회적 위신을 제공했고, 나머지 시민들보다 우월하다는 타이틀을 그들에게 부여했다. 군사지휘관들은 공식적으로는 모국의 구원자였지만 식민지화된 나라에서 그들은 조국을 "구원"하는 것을 쉽사리 망각했고, 특히 통치계급이 피억압계급들에 의해서 자신이 위협받고 있다고 생각할 때에는 그들은 자신의 조국에 대항하여 통치계급을 구원하는 쪽을 선택했다.

통치계급은 자기 자신의 목표에 군대의 이해관계를 직접적으로 일치시키기 위해서, 군사규율의 피라미드 정상에 있는 일부 고급장교를 기업의 관리직으로, 즉 기업체의 직접적인 구성원으로 끌어들였다. 물론 모든 일반 장교들에 대해서도 자기가 통치계급에 속한다는 관념을 충화된 맹목적 규율과 추가적인 이데올로기적 제어를 통해 설교되었다. 절대다수의 장교들의 경제적 지위는 사회의 중하층이었다.

이제 식민지가 없어지고 군대가 구원자의 역할을 수행할 근거가 존재하지 않게 되었으므로, 군인들의 사회적 위신에 관한 이런 관념이 지속되려면 그 관념은 오로지 자기 나라의 국민들에게서 나와야만 하지 않겠는가?

오늘날, 군사적 기간요원들은 각국에서 자기 나라의 영토를 외부의 공격으로부터 보호하는 데 통달한 기술관료, 과학자, 지적인 교육자라는 역할을 해야만 한다. 전쟁이 일어나는 경우에, 오로지 직업군인만이 민족의 구원자는 아닌데, 왜냐하면 이런 조건에서는 수많은 민간 전문인력들도 하사관들과 군인들이나 꼭 마찬가지로 자기 나라의 영토를 방어하는 군사요원이 되기 때문이다. 게다가 이러한 기술요원 혹은 과학자의 범주, 요컨대 지식인 범주는 교육자로서의 장교의 기능에 의해서 결정될 뿐만 아니라 군사적 테크놀로지의 복잡성 및 증대되는 고도화에 의해서도 결정된다.

오늘날의 현대식 군대의 사령부는 예전의 외국주둔군이나 전통적인 식민지 보병대의 군사령부와는 전혀 공통점이 없다. 육체적 용기와 강건한 체력은 훌륭한 지휘관이 되기 위한 필수요건이긴 하지만 결코 충분한 것이 되지 못한다. 즉 폭넓은 지식과 현실적인 지적 훈련이 필요하다. 군인으로서 출세하기를 바라는 장교는 실제로 기술관료이자 공학자이자 과학자가 되어야만 한다. 그는 넓은 의미의 대학교육을 받아야만 하는데, 그것도 기술과목들뿐만 아니라 인문사회과목들에서도 대학교육 수준을 가져야 한다. 왜냐하면 과학적 및 기술적으로 발전해가는 사회에서는, 즉 사람들이 더 개화되어 자신의 가치 및 개인적 존엄성에 대해서 한층 높이 평가하는 그런 사회에서는, 지휘가 행사되는 형태들도 점차 변화하기 때문이다. 장교가 받아들이는 신병들은 이제 더이상 대체로 무식하고 겁많고 온순하고, 명령이 확고하게 심지어는 잔인하게 내려지기만 하면 곧바로 모든 명령에 순종할 자세가 되어 있는 그런 사람들이 아니다. 장교는 교육받은——때로는 자기 자신보다도 더 많이 교육받은——사람들을, 이성적이고 사고하며 그를 비판적으로 바라보는 사람들을 받아들이게 된다. 만일 그가 이런 유형의 인간들에게 명령할 수 있도록 지적으로 준비되어 있지 않다면, 그들이 그에게 바치는 충성은 순전히 형식적이 될 것이다. 즉 그는 그들에 대한 진정한 지위권을 갖지 못하게 될 것이고 진정한 규율은 존재하지 않게 될 것이다. 그리고 만일 전쟁이 나면——바로 이것이 군대가 궁극적으로 대비하고 있는 것이지만——이런 사정은 전적으로 부정적인 결과들을 초래할 수 있으며, 사실은 어떤 상황에서든지 부정적일 것이다. 현대 사회에서 장교가 유능한 지휘관이 될 수 있으려면, 그는 지휘하는 방법을 알고 있고 또 부하들의 신뢰를 얻는 방법을——다시 말하건대 그들을 야만적으로 다룸으로써가 아니라 자신의 자질과 지적 능력에 의해서——알고 있다는 것을 그들에게 확신시킬 수 있는 능력을 더욱 많이 지녀야만 한다.

나아가 민주적 군사정책은 우선 첫째로 장교훈련체계를 개혁하는 데서 출발해야만 하며, 이 훈련은 특수 사관학교들과 대학 모두에서 훈련을 받는 혼합된 형태의 체계를 갖추어야 할 것이다.

사관학교들은 군사교리, 전략, 전술, 테크놀로지의 특수한 군사적 응용을 가르치는 데 전념해야 한다. 그러나 군간부들은 대학에도 들어가서 과학기술, 인문과학과 사회과학 등을 다른 학생들과 더불어 배워야만 할 것이다. 이미 군사훈련을 마친 장교들과 지휘관들은 대학의 교과과정에 참가하여 자신들의 자질을 향상시키고 발전시킬 수 있어야야만 한다.

달리 말하자면, 현대식 군대의 장교들은 고도로 교육받은 집단이 되어야 하고, 그들의 **사회적 위신**은 그들이 다른 군인들과 구별되는 무장 및 복장을 갖추었다는 것이 아니라 그 자신들의 지적인 능력에 근거를 두어야만 한다. 사실상 이미 현대식 군대에서 훈련된 장교는 민간생활 부문에서도 대학졸업자들과 유사한 조건으로 기술관료, 공학자, 경제학자, 사회학자가 될 수 있다. 이러한 경향은 지속적으로 한층 현저해질 것이다.

사관학교와 대학에서의 훈련의 결합은 장교들에게 한층 완전한 교육을 받도록 해줄 뿐만 아니라, 또한 언젠가 입대하게 되면 비록 조국을 방위할 의무를 갖지는 않더라도 조국의 편에 서서 자신의 피를 흘리게 될 젊은이들과 접촉함으로써 이들에 관해 직접 알게 되는 기회를 장교들이 병영으로 돌아가기 전에 갖도록 해줄 것이다.

또 이같은 훈련 덕분에 군사요원들은, 만일 그들이 그렇게 하기를 원하고 또 필요하다면, 지위가 격하되지 않은 채 적합한 수준에서 민간인 생활로 이행할 수 있을 것이다. 장교직업을 택한 모든 군인들이 장군의 지위에 도달할 수는 없기 때문에, 이것은 매우 중요한 일이다.

그럼에도 불구하고 현대식 전쟁에서는 장군들조차 작전부대를 지휘할 경우에는 나이가 젊어야 한다. 다시 말해서 그들은 부대를 지휘하고 극도로 복잡한 군사적 장치들을 지휘하기에 충분한 최고의 육체적 조건에 있어야만 하는데, 이를 위해서는 치밀한 지성과 기민한 육체를 필요로 하기 때문이다. 만일 대규모 부대를 지휘하는 장군들의 경우에 사정이 이렇다면, 대령과 중령과 소령 등의 경우에는 이 말이 더욱 진실일 수밖에 없다. 왜냐하면 이들은 비교적 소규모의 부대를 지휘하고, 나아가 오늘날의 전쟁에서 전투를 승리로 이끄느냐 아니면 수분 만에 패하고 마느냐를 좌우할 사람들이기 때문이다.

이것이 의미하는 바는 현대군의 작전부대는 젊은 장교와 지도자들의 지휘를 받아야만 한다는 것이다. 논리상 이것은 일부 장교들에게 퇴역 연령의 단축을 요구한다. 바로 이 때문에 군인은――아마도 사관학교나 일반 참모진에서 한 자리를 차지할 가능성이 있는 가장 유능한 군인을 제외하고서는――현역 활동에서 떠날 것인데, 이렇게 되면 그는 자신의 지적 능력을 그대로 갖고 있으면서도 살아있지만 벌써 죽은 몸이나 다름없는 무기력증에 사로잡히게 될 것이다. 바로 폭넓은 교육만이 이러한 군인을 일정한 나이에 민간생활로 들어가 지위 격하 없이 자신의 기능에 맞는 직무를 지속할 수 있도록 해준다.

이것은 또 자기 나라의 방위는 직업 군인들만의 배타적인 기능이 아니라는 현대적 관념과도 일치한다. 즉 방위는 소수 구원자 집단의 특권적 희생을 뜻하는 것이 아니라 모든 시민과 전체 국민의 일이라는 것이다. 실제로 직업군인의 임무는 전쟁이 일어나는 경우에 전투를 수행하는 것이다. 그러나 전쟁이 일어나도 예비군의 장교와 하사관과 사병들――즉 비직업군인들――은 그가 평상시 대비했던 그대로 싸우게 될 것이다. 직업군인이 이들과 구분되는 점은 평화시에는 그의 직무가 이들 비직업군인들의 군사적 훈련을 포함한다는 점인데, 이 직무는 민간교육에서의 대학교수들의 직무와 상당히 유사하며 단지 교수들의 일의 사회적 범위가 무한히 넓다는 점만이 다를 뿐이다.

다시 말하자면, 이같은 현대적 개념에서 볼 때, 군인은 사회로부터 멀리 고립되어 있는 일종의 폐쇄적 질서의 구성원이 아니라, 오히려 필요한 경우 민간인들이 국토를 방위할 수 있도록 하기 위해서 그들에게 특수한 정보를 제공하는 일을 맡은 특정한 교육집단의 일원이다.

이같은 개념은 분명 오늘날의 자본주의 국가에 맞는 개념이 아니다. 그러나 자본주의 국가 속에서도, 특히 만일 우리가 그 이데올로기적 장치들을 국가에 반대하도록 전환하는 데 성공한다면, 이같은 개념은 매우 폭넓은 군인층에게 점차로 호소력을 갖게 될 것이다. 왜냐하면 이 개념은 객관적 요인들에 기반을 두고 있을 뿐만 아니라, 더욱이 최근 더욱 첨예하게 나타나고 있는 역사적 경향에 기반을 두고 있기 때문이다.

이같은 요인들 및 경향은 한편으로는 생산력 발전과 연관되어 있는데, 이 생산력 발전은 일반적으로 전쟁의 기술 및 방법에 제일 먼저 적용되며 이 전쟁기술의 가속적인 첨단화에 따라서 직업군인들은 언제나 훨씬 높은 자질을 요구받기 때문이다. 이것들은 또다른 한편으로는 군대의 역할, 즉 국가정책의 도구라는 역할과 연관되어 있다. 그리고 결코 동질적이 아닌 세계, 상이한 사회적 체제들이 공존하는 세계, 식민제국들이 소멸하고 모든 측면에서 국제관계 및 국제화의 민주화 과정이—— 비록 느리고 고통스럽긴 하지만—— 진전되고 있는 세계에서, 이같은 국가 정책은 때로는 감지할 수 없을 정도로 근저로부터 변화되고 있다.

바로 이런 이유 때문에 발전된 자본주의 국가들에서는 군사교리의 위기라고 부를 수 있는 것들이 존재하며, 이것은 일상적인 규칙 및 통제의 위기보다 훨씬 넓은 의미로 이해되어야 한다. 군대의 사명에 관한 정의는 끊임없이 수정되는 상태에 있다. 나아가 NATO에서도 위기가 심화되고 있다. 세계적인 세력관계의 변동은, 과거에는 몇몇 국가들 사이의 전쟁을 통해서 거의 규칙적으로 발생했지만, 이제는 거의 금기시되고 있다. 왜냐하면 이른바 핵의 전쟁억제력(nuclear deterrent)의 결과로 이같은 전쟁은 사실상 금지되어 있기 때문이다.

오늘날에는 2차대전과 이 전쟁이 야기한 격변 이후 나타난 일종의 균형상태가 지속되고 있다. 이것은 두 거대 강국인 미국과 소련의 군사적 헤게모니에 입각한 세력균형이다. 이 지구를 파괴할 광란의 순간이 오지 않고서는, 이러한 균형상태가 직접적인 대결상태로 바뀔 수는 없다. 따라서 공존의 확실한 진전은, 그것이 아무리 위험스럽다고 할지라도——이 진전이 위험스러운 까닭은 그 진전이 새로운 국제질서의 필요성이 아니라 핵무기에 의존해 있기 때문이다——현재 점점 더 보편적으로 인정되고 있다.

비록 현재의 균형상태가 정태적이지 않고 조금씩 변화되고 있을지라도, 이 변화는 전통 내부에서 이루어지지 않는다. 바로 이런 이유 때문에, 양대진영의 대결이라는 사상에 입각한 군사교리가 위기에 처하게 된 것이다. 왜냐하면 이 사상은 어느 진영에서 보든지 불길하고 비합리적이기 때문이다. 이러한 대결의 가능성은 이제 더이상 정책이 될 수 없는데, 정책이란 늘상 최소한의 실현가능성과 최소한의 합리성을 지닌 목표를 추구하기 때문이다.

현재의 세력균형의 변화란 양극화의 축소와 새로운 다극적 균형의 창출을 가리킨다. 아시아와 유럽에서 새로운 세력중심이 등장하고 있다. 각기 다른 수준과 모순을 지니고 있는 이른바 제3세계가 새로운 중심으로 등장하는 경향이 나타나고 있는데, 물론 그 군사력은 경제 및 정치 영역의 잠재적 영향력에는 훨씬 뒤지는 것이긴 하다.

세계적인 문제점과 모순이 오늘날 특히 정치 및 경제 영역에서 나타나고 있다. 군사자원 면에서 외국의 원조를 받는다고는 하지만 재래식 무기 이상을 넘지 못하는 후진국들을 제외하고는, 오늘날 군사대결을 상상하기란 매우 어렵다. 의심할 바 없이 합동참모본부는 이같은 대결의 가능성에 대비한 계획안을 갖고 있지만, 청사진과 실제 상황 사이에는 커다란 심연이 놓여 있다. 오늘날 비록 전술 핵무기를 가지고 싸운다 하더라도, 육체적 및 도덕적으로 해이해진 상태에서 자욱한 공기 속으로 도망쳐버리지 않고 감연히 전투를 수행할 군대가 있겠는가? 이같은 무기들에 직면할 경우 도대체 어떤 부대가 전쟁터에서 전투대열을 유지할 수 있겠는가?

최근의 〔사민주의〕 제2인터내셔널 지도자 회의에서는, 유럽에서 분쟁이 발발할 경우 미국의 핵우산이 제대로 작동할지에 관한 의구심이 표명되었다. 이 의구심은 이미 오래전부터 드골 등의 정치가들에 의해 제기되었지만 일부 인사들은 인정하지 않은 것이다. 이와 마찬가지로 베트남, 쿠바, 중동 등 어느 곳에서도 소련의 원자핵우산은 존재하지 않았다.

이처럼 근거가 명백한 의구심으로부터 유럽방위라는 사상이 등장하며 또 새로운 지역방위라는 개념이 나오는데, 이것은 아마도 일반군축에 입각한 새로운 세계질서를 향한 도정에서 필연적인 단계들일 것이다. 설사 그것의 필요성과 절박성이 조만간 완전히 명백한 것으로 나타나지 않는다고 하더라도 말이다.

어쨌든 이런 양극화정책 —— 그리고 이와 더불어 그 결과로서 나타나는 군사교리 —— 은 현재 위기에 처해 있다. 더욱이 이렇게 된 것은, 어떤 이데올로기에 의존해 있든지 블럭의 모든 정책은 헤게모니를, 즉 정치적, 경제적 및 군사적 분야에서 가장 강력한 강대국의 헤게모니를 전제로 하고 있기 때문이다. 이것은 어떠한 이데올로기로도 은폐될 수 없는 객관적인 사실이다. 그리고 이러한 헤게모니는 처음에는 군사력으로부터 자신의 자양분을 얻으면서 보호자의 태도를 취하기 시작하다가, 마침내는 정치적, 경제적, 도덕적 및 문화적인 모든 측면으로 자신을 확장하기에 이른다. 우여곡절 끝에 이 헤게모니는 이것 때문에 고통받는 사람들의 눈에는 참을 수 없는 것이 되고 만다. 모순들은 각 진영 내부에서 나타나고, 그 정책의 목적 —— 적대하는 진영과의 군사적 대결의 가능성 —— 은 넌센스이자 자멸을 뜻한다는 사실이 점차 분명하게 드러나게 되면 이 모순들은 더욱 첨예해진다.

세계적 규모의 이러한 이행국면에서 군사교리의 문제만을 한정하여 다루자면, "위대한" 나라들처럼 강대국이 되고자 열망할 수 없는 우리나라같은 나라들의 경우에 첫째 목적은, 국방과 침략전쟁의 부인이라는 엄격한 관점에 입각하여, 침략자들로 하여금 어떠한 결과와도 비교될 수 없는 침략의 값비싼 댓가를 깨닫도록 하는 것임에 틀림없다. 이같은 댓가는 다음과 같은 사실로부터 나온다. 즉 스페인의 경우 뿌리깊은 국민적 전통에 따라서, 모든 시민은 무기를 들고 한치의 조국의 땅이라도 지키려고 나설 것이며, 설혹 점령당하더라도 굴복하지 않고 침략자들의 생활을 불가능하게 만들 것이라는 사실이다. 또 이런 정책은 유사한 상황에 처한 인접 나라들의 협력을 수반할 것이다.

그러나 이런 상황에서 국가방위의 전쟁은 **전인민의 전쟁**이 될 것이다. 그것은 과두계급들의 이익을 대변하거나 조국의 이익이 아닌 여타의 이익을 대변하는 전쟁이 될 수가 없다. 타국과의 군사협력은 이들도 같은 침략자에 의해 위협을 받거나 공격을 받고 있다는 사실에 입각하지 않으면 안될 것이다.

이런 경우 필수불가결한 것은 국민 즉 인민과 일체를 이루는 군대다. 그것은 무기를 든 인민 자체가 되어야한다. 이 말은 곧 징집에 의해 설립된 상비군과 더불어 그 측면에 예비군이 존재해야 한다는 뜻이다. 이 예비군은 지역적인 기반에서 적합한 사람들로 구성되고 정기적으로 훈련을 받으며 지역방어전투에서 무기를 들고 싸우거나 또는 몇 시간 내에 다른 지역전투에 개입할 수 있다. 국민적 혹은 인민적 방위전쟁이라는 이같은 개념은 제국주의적 정복전쟁과는 전적으로 반대되는 것이며, 물론 자기 나라의 인민에게 대항하는 반전복전쟁(anti-subversive war)

이라는 개념과도 반대되는 것이다. 반전복전쟁의 개념은 그 근저에서는 반혁명군과 동일한 것인데, 반혁명군은 국민을 방위하기 위해서가 아니라 쿠데타에 대응하기 위해서 훈련을 받으며 영토를 지키기 위해서가 아니라 과두적 소수의 특권을 보호하기 위해 존재하는 군대다.

변혁을 지지하는 사회세력들은, 국민 방위의 입장을 취하고 지배과두제의 이익에 반대해서 국민적 이해를 지키는 그런 군대를 쟁취하기 위하여 공개적으로 투쟁을 수행해야만 한다. 이같은 영역에서는 자신들의 직무에 헌신적인 직업군인들의 이해와 동정을 획득할 수 있다.

군은 반드시 중요한 군수물자들을 자기 나라 안에서 조달하는 것부터 시작해야 한다. 적어도 핵심물자들, 즉 무기나 탄약을 외국에 의존해서는 안된다. 이 말이 뜻하는 바는 바로 민족적 군수산업이 필수적이며 그 나라의 잠재력에 맞게 조정되어야 한다는 것이다. 이와 아울러 전쟁이 일어날 경우 국방수단을 마련해줄 민족산업의 발전이 필수적이다. 따라서 사회주의 세력과 특히 공산당은 군사정책을 가져야 한다는 결론이 나온다. 오직 독점 과두제 국가의 군사정책보다 더욱 합리적이고 더욱 민족적이며 더욱 흡인력 있는 군사정책에 의해서만, 이 세력은 정권을 장악하기 이전이나 그 이후에라도 이 정책에 찬성하는 직업군인을 획득할 수 있고 나아가 이들 중 다수가 새로운 국가권력을 충성스럽게 지지하리라고 보장받을 수 있다.

이것은 한 사회부문을 획득하는 것을 의미한다. 이 부문은 이데올로기적으로 왜곡되어 있으나 직업적 동기를 통하여 그리고 다른 이데올로기에 의하여 변혁세력 쪽으로 유인될 수 있다. 그리고 이 상이한 이데올로기는 그들이 스페인 사회 및 세계의 새로운 현실에 대해 심리적으로 반발하는 것을 억제하지 않고 오히려 그 현실에 적응하게 할 것이다.

이 부문을 자기편으로 끌어들이기 위한 투쟁에서 필수적으로 요구되는 작업은, 이들의 문제를 진지하게 다루고, 이들을 알려고 노력하며, 나아가 민족적인 이해관계에도 일치하는 해결책을 그들에게 제공하려고 노력하는 것 등이다. 사회주의 세력의 정치강령은 반드시 국민방위 및 무장세력의 문제에 대한 해결책을 구체화해야 한다.

스페인의 일부 "전통주의자"들은 이것이 "전복"을 위한 계획이라고 말할 것이다. 과연 그것이 전복일까? 그것은 아마도 군의 민주화와 방위개념의 민주화를 위한 계획의 출발점이 될 수 있을 것이다. 이 계획은 민족적 이익으로부터 출발하여, 군 자체와 군인의 사회적 지위를 옹호하면서 작동될 것이다. 또 공개적으로 방어하고 의견을 표명하는 계획의 출발점이 될 수도 있는데, 왜냐하면 국방 및 무장세력의 문제는 너무나 중요해서 이 문제를 사회에서 가장 폭넓게 토론하는 것이 당연하기 때문이다. 이런 의미에서 그것은 정치를 군에 도입하는 문제가 아니라, 군사적 주제들을 좌익정치의 영역에 도입하는 문제다. 그 도입방식은 전통적으로 국가를 통제해온 우익만이 군대에 정치적 동기를 부여하는 것은 아니라는 점을 입증하는 것이어야 하며, 그리하여 군대가 이제 더이상 우익과 동일시되지 않고 나아가 자신을 육성하고 자신이 방위해야 할 의무를 진 국민과 더욱 밀접하게 일체가 되게 해야 한다.

경찰과 군에 대한 민주적 정책을 정밀하게 수립하는 것, 즉 여전한 반대 속에서 이루어진 이 정교화는 이미 이 두 강제적 장치 내에서 사회주의 변혁세력에 대한 일정한 지지기반을 확보하는 데 기여하고 있다. 그리고 이와 동일한 노선에 따라 정부에 의해 채택될 일련의 방책들을 수립하는 것이 우리에게 대단히 중요한 문제다. 이와 관련하여 관청의 민주적인 개혁과 일반적으로는 행정의 철저한 민주화의 문제가 덧붙여질 수 있다.

이 마지막 측면에서 보면, 국가장치를 국민과 인민들에게 더욱 가까운 존재로 만드는 것이 특히 절박하다. 여기에는 방대한 장치들의 분산, 지역 권력기관의 설립, 그리고 다양한 민족체들이 병존하는 스페인에서는 민족적 권력기관의 설립이 포함될 것이다. 나폴레옹식의 중앙집권적 전통은 제국주의 국가의 전통으로서, 대외적 정복을 지향하며, 그 나라의 모든 에너지를 단 하나의 단위로 집중시킨다. 민주국가는 반드시 분권화를 특징으로 해야 하며, 그리하여 행정의 기능들은 더욱 유연하게 그리고 피통치자의 의사에 더욱 일치되고 더욱 가깝게 수행되어야 한다. 이런 종류의 국가는, 사회주의에 민주적 길을 통해 도달할 수 있는 그런 국가로 더욱 쉽게 전환될 수 있고, 인민이 뽑은 대표자들에 의해서 한층 쉽게 통제될 수 있는 나라로 전환될 수 있으며, 그 결과 무장쿠데타의 위협에 대해 더욱 잘 보호될 수 있을 것이다.

더욱이 이같은 분권화는 각 지방 및 각 민족체들의 경제발전에 필수적이며, 또 일부 지역들을 경제적 기형도시들로 바꾸고 다른 지역들을 계속 낙후와 저발전의 상태에 묶어두는 지역간 불균형의 극복을 위해서도 필수적이다.

그것은 전국에 걸쳐 모든 차원에서 살아있는 민주주의를 창출하는 문제다. 이같은 민주주의에서는, 효과적인 권력은 인민권력의 기관들에게 귀속될 것이며 그리하여 이 권력의 생명력은 중심 권력부를 차지한 어떠한 집단도 이것을 단번에 뿌리뽑을 수 없는 그런 것이 될 것이다.

이러한 국가 개념과 국가를 민주화하기 위한 투쟁이라는 개념은 노동자와 농민의 국가라는 전통적 형태의 사상에 대한 부정을 전제로 한다. 다시 말해서 원점에서부터 건설되고, 공장의 노동자들과 토지의 농민들을 그 사무실로 불러들이며 이제까지 그 직책을 맡아 일해온 관리들을 대신 노동자·농민의 자리로 보내는 그런 국가 개념을 부정한다. 이러한 국가는 이상일 뿐 결코 현실적으로 존재한 적이 없다. 심지어 혁명이 폭력행위에 의해 승리한 지역에서도 관료제는 다소의 예외는 있지만 그대로 존속해왔고, 새로운 관리들이 옛관리의 많은 악습을 재빨리 터득해버리는 실정이다.

우리가 주장하는 이 국가 개념은 또 국가장치를 일종의 당 장치로 보는 사상, 즉 당 장치에 의해 통제받는 국가장치라는 사상을 포기하는 것을 의미한다. 우리의 국가 개념의 핵심은, 어떠한 순간에도 선출된 인민의 대표자들에게 충실하게 복종하는 국가장치이자, 또 인민의 의사에 반대하여 조종될 수 없는 국가장치를 창출하는 것이다.

그것은 현재의 독점자본의 국가를 변혁시켜 반독점자본적 사회주의 세력들의 헤게모니, 그리고 구체적으로는 새로운 역사적 블럭 즉 노동세력과 문화세력의 헤게모니를 행사하는 데 적합한 국가로 만드는 문제일 것이다. 그런데 이것은 단지 정치행동과 민주적인 정부조치들에 의해서만 획득될 수는 없을 것이며, 특정한 순간에는 폭력에 의한 저항을 폭력에 의해 진압하는 것이 필요할 것이다. 다시 말해 이 장치의 질적 변혁은 전적으로 평화적이 아닐 수도 있고, 또 민주정부가 쿠데타 음모에 직면할지도 모른다는 것이다. 그러나 이 정부가 인민의 지지를 받고 있다면, 또 공정한 투쟁에서 민주적으로 승리했다면, 그리고 재야에 있을 때나 정부를 장악했을 때나 늘상 국가장치를 민주화하려는 지혜로운 정책을 줄기차게 수행했다면, 이 민주정부는 유리한 입장에 서서 이 작업을 완수하고 과두제적 헤게모니의 잔존물들을 일소할 수 있을 것이다.

4. 민주적 사회주의 모델

경제문제에 대한 접근

사회주의로의 민주적 길은 우리가 고전적 모델이라고 간주하는 것과는 다른 경제적 변혁과정을 전제로 하고 있음이 확실하다. 다시 말해 이 길은 **소유의 공적 형태와 사적 형태의 장기적 공존**을 전제로 하고 있다. 바로 이같은 길을 통해서, 우리의 정치강령에서 예시되고 있는 정치적 및 경제적 민주주의의 단계는 완전히 의미를 획득하게 된다. 그리고 이 단계는 아직 사회주의는 아니지만 더이상 독점자본에 의한 국가의 지배가 아닌 단계로서, 그것은 사적 기업이 이 단계에서 가지고 있는 역할을 인정하면서도 어떻게 하면 이미 창출된 생산력과 사회적 서비스를 최대한 보존하는가가 문제가 되는 단계이다.

동시에 이 단계의 주요 목표는 경제의 결정적 지렛대들을——사정에 따라서는 국가 차원에서는 물론 민족적, 지역적 및 지방적 당국의 차원에서도——사회화하여, 이행기 동안에 노동세력과 문화세력으로 구성되는 역사적 블럭의 헤게모니를 확보하는 데 있다.

또 동시에 이 지렛대들이 사회화되어 있다는 사실은 전국적 차원의 민주적인 계획화(planning)를 위한 기반이 되어야 한다. 이 민주적 계획화는 공공부문과 민간부문을 통합함으로써, 주민의 현실적 욕구에 적합하며 나아가 생활의 질의 획기적 개선에 적합한 경제모델을 창출할 수 있도록 해줄 것이다.

여기서 말하고 있는 것은 이런 새로운 경제모델과 생활의 질이라는 요구에 입각한 합리적인 계획화이며, 또 그것이 각 부문의 주민은 물론 모든 기업 및 서비스의 창의성과 욕구 그리고 가능성을 통합하여 아래로부터 창출되어야 한다는 의미에서 민주적인 계획화다. 그리고 또 이러한 전반적인 계획은 각급 수준의 수많은 계획들을 단일한 전체로 조정함으로써 형성되어야 하며, 위로부터 관료적으로 부과되는 것이 되어서는 안된다는 사실을 말하고 있다.

이 계획화에서, 우리나라의 상황에 비추어, 가장 중요한 관심은 식량문제를 수입에 가능한 한 적게 의존하면서 효과적인 방식으로 해결하기 위한 곡물경작과 가축사육에 기울여져야 하며, 이와 동시에 종래는 부끄러울 정도로 간과되어온, 농업부문이 겪고 있는 심각한 사회적 및 경제적 불공평을 다루는 데 기울여져야 한다. 스페인은 자국의 수요를 충족하고도 수출하기에 충분한 물량의 육류, 곡물, 야채, 과일, 유지방곡물, 설탕 그리고 주류를 생산할 수 있다. 이것이 가장 중요한 경제목표가 되어야 한다. 이와 밀접하게 연관되는 것은, 농업생산자들의 직접적 이해관계가 걸려 있는 곡물 및 가축생산의 산업적 변혁을 조직해야 할 필요성이며, 또 유통망을 재조직할 필요성이다. 이것은 농촌으로부터의 자본이동을 억제하는 데 도움이 될 것이다.

농업부문에 반드시 필요한 것은 보존된 민간기업을 생산, 가공, 분배에 관련된 다양한 수준 및 형태의 협동조합체들(cooperativism)과 결합시키는 것인데, 이 협동조합체들은 경제적 산출의 관점에서뿐만 아니라 사회변혁의 관점에서도 촉진되어야 한다. 이와 관련하여 필히 설명되어야 하는 점은 "토지는 경작자에게" 라는 슬로건은 반드시 토지의 개별적 분할을 뜻하는 것이 아니라, 집단적 형태 또는 개별영농과 협업농의 혼합된 형태 어느쪽으로든 실현될 수 있고, 다만 사회적 정의와 경제적 산출이 조화를 이루도록 하는 것이라는 점이다.

식량문제를 해결하기 위해서는 이와 마찬가지로 어업에 대해서도 상당한 도움과 막대한 관심을 기울여야 한다. 유럽공동시장과 여타 나라들의 해안경계선 연장으로 인해 발생하는 문제점은 대외정책이라는 맥락에서 대응해야 할 뿐만 아니라——이것이 필수적이긴 하지만——어선대의 개편 및 현대화를 통해 대응해야 하며, 그리하여 우리의 어업이 최첨단 기술장비를 갖추고 영위될 수 있도록 해야 할 것이다. 이러한 작업에는 국가가 반드시 결정적인 기여를 해야 하며, 민족적, 지역적 및 지방적 당국도 그렇게 해야 한다. 이에 덧붙여 협업적 소유형태가 한층 장려되어야만 할 것이다.

민주적 계획화는 이와 마찬가지로 에너지원의 개발에도 관심을 두어, 우리나라를 에너지의 해외공급으로부터 가능한 한 독립시킬 수 있게 만드는 정책을 세워야 한다. 국가는 반드시 석유자원 개발, 광업의 현대화 및 발전, 그리고 모든 천연에너지원으로부터 혜택을 얻기 위한 과학적 연구 등에 더욱 큰 관심을 기울여야 한다.

식량과 에너지 문제는 오늘날 모든 현대국가에 사활적이다. 또 이 두 문제는 균형잡힌 발전과 일반복지를 확보하는 데 기초가 된다.

합리적인 민주적 계획화는 반드시 대도시 생활의 질의 개선, 토지투기의 종식, 주택문제의 만족할만한 해결, 다양한 공동체적인 사회적 서비스의 개발, 그리고 승객들의 불편을 덜고 오염을 줄일 수 있는 수송의 조직화에 집중되어야 한다. 또 농촌지역에 문명 및 문화의 각종 혜택을 이전시키는 한편 도시와 농촌의 차별을 극복함으로써, 농촌지역의 생활조건을 개선하는 것이 필수불가결하다.

교육은 합리적인 민주적 계획화에서 또하나의 핵심적인 측면이 되어야 한다. 교육의 역할은 어느 곳에서나 모든 영역에서 충분히 입증되고 있다. 교육은 새로운 인간의 양성에 필수적일 뿐만 아니라 또 경제발전에 결정적으로 개입하는 생산력이기도 하다. 어린이와 청소년 그리고 성인학생을 위한 무상교육은 근로인민과 그들의 자녀들의 지적 발전을 촉진하기 위해 필수적이다. 그렇지만 무상교육은 외관상의 매우 과격한 관점과는 달리, 부유한 사람들의 자식들에 의해서도 향유되어야 하는데, 그 이유는 이것이 그들의 가족환경으로부터의 물질적 및 이데올로기적 독립성을 북돋우고, 집단으로서의 사회의 역할을 강조하며, 그리고 객관적으로는 교육과 가족은 자본주의의 "생산관계를 재생산하는" 이데올로기적 장치라는 개념 자체를 극복하는 데 도움이 될 것이기 때문이다.

보건과 의학도 매우 중요한 사회적 과제다. 외래환자 병동, 임상치료, 병원, 예방의약, 연구개발 등의 모든 것은 사회의 중요한 관심거리임이 틀림없다. 의료의 사회화는 달성해야 할 거대한 목표로 남아 있다. 그렇지만 이 목표는 의료직업의 무상훈련에도 불구하고 행정적 및 강제적 조치로는 만족스런 수준까지 달성될 수 없고, 오직 의료 및 보건업무와 연구개발에 적합한 적합한 자원을 수배로 증대시키고, 또 자질이 높은 인력을 많이 훈련시켜 적절한 보수와 사회적 지위를 보장해줄 때만 달성될 수 있다.

아무튼 이 계획화의 목표들의 상세한 규정을 전제하지 않더라도, 또 완벽한 계획을 작성하지 않는다 하더라도, 이 목표에는 기술적 현대화, 우리나라가 우위에 있는 기간산업의 발전, 그리고 예를 들면 섬유나 신발 등의 재래산업들에 대한 지원이 포함되는 것이 분명히 필수적이다.

소유의 공적 형태와 사적 형태의 공존이 의미하는 것은, 불로소득과 이 불로소득 일부의 사적 점유, 즉 혼합체제의 존재를 인정한다는 것이다. 사회는 과세를 통해 이러한 불로소득이 지나치게 발생하지 않도록 할 방안을 가지고 있으며, 그럼에도 불구하고 민간기업을 육성하기에 충분할 정도로 불로소득을 허용하는 방안도 가지고 있다. 더구나 사회는 신용을 통제함으로써, 저축이 국가 전체에 가장 적합한 방향으로 흘러가게 할 수 있는 기회를 가지고 있다. 이런 체제는, 경제적으로는 여전히 혼합적 체제가 되겠지만, 소유자들 자신이 경제적으로 조직될 뿐 아니라 자신의 이익을 대변하는 하나의 정당이나 다수 정당들로도 조직되는 정치체제로 전환될 것이다. 이같은 체제는 정치적 및 이데올로기적 다원주의의 구성부분이 될 것이다. 또 이 모든 것이 뜻하는 바는, 비록 이 체제의 사회적 합의가 독점자본에 의해 헤게모니가 행사되는 기존 사회에 존재하는 합의보다는 논리적으로 훨씬 중요해지겠지만, 계급투쟁이 공개적으로 표출되리라는 것이다. 사회적 격차의 극복은 자연적 과정에 뒤이어 이루어지되, 강제조치의 결과가 아니라 생산력과 사회적 서비스의 발전의 결과로서 나타날 것이다. 그 결과 점진적인 과정을 거쳐서, 교육의 도움을 받음으로써, 모든 부분의 주민은 사회 공동체(social collective)로 통합될 것이다.

달리 말하자면, 사회적 및 정치적 민주주의하에서도 사회적 격차는 은폐되지 않은 채로 여전히 존재할 것이다. 그러나 공공부문이 경제에서 지배적 위치를 장악하고 노동세력 및 문화세력이 정치적 헤게모니를 장악하는 것은 무계급의 공정한 사회, 즉 사회주의로의 점진적 전진을 보장할 것이다.

이러한 길은 과학자 및 기술자 대중은 물론 현대산업에서 "경영자"(executive)라고 부를 수 있는 새로운 사람들까지를 새로운 사회의 일원으로 통합할 가능성을 열어놓고 있는데, 단 이때 전제로 삼는 것은 이 경영자가 기업의 소유권에 대한 자신의 지분을 좀 갖고 있더라도 그 지분보다는 전문적 역량으로서의 자신의 기능을 훨씬 중요시한다는 점이다. 사회적 및 정치적 민주주의 하에서 그리고 사회주의 사회에서도, 경영자가 수행하는 기능은——당연히 일정한 차이가 있겠지만——여전히 필요할 것이다. 대다수 사회주의 나라들은 엄청난 경제적 및 사회적 댓가를 치루면서 경영자들을 급조해야 했다. 이것은 위험한 일이어서 가능한 한 회피되어야 할 것이다. 분명 새로운 사회형태에서는 경영자가 작업현장의 민주주의를 감안하면서 전체 계획 속에서 자신의 기능을 발휘할 것이다. 그러나 이러한 제한들은, 오늘날 경영관리적 결정의 계획화에 의해 경영자에게 부과되는 제한들보다는 크지 않을 것이 분명하고, 사회적 관점에서도 더욱 정당시될 것이다. 나아가 그는 자신의 일의 사회적 가치가 독점집단에 의해서가 아니라 전체 사회에 의해서 인정된다는 점에서 내면적인 만족을 경험할 것이다.

소비에트적 사고와 민주적 길

나는 교조적인 사람들이 이것은 "완전한 개량주의"라고 아우성치는 것을 이미 들을 수 있다. 그래도 나는 놀라지 않는다. 고전적 길에 따라 혁명을 수행한 사회주의 나라들을 살펴보자. 그 대부분의 나라들은 지난 수십년 동안 이미 새로운 정권을 경험했고, 역사적 관점에서 본다면 권력장악이 극도로 빠른 속도로 수행되었던 반면에 경제적 및 사회적 변혁은 훨씬 느린 속도로 진행되고 있다. 불평등의 사례들은 여전히 지속되고 있다. 생활수준의 향상이라는 문제와 주민들에게 물자와 식량을 공급하는 문제 등 중요한 문제들이 해결되었다고 생각될 수 없는 상태로 존재하고 있다. 생산성의 문제와 참여의 문제가 여전히 중요하게 거론되고 있다. 그리고 심각한 미해결 문제들, 즉 민주주의의 문제와 사회적 모순의 문제들이, 일방적 선전에서는 은폐되고 있지만 해결되지 않은 채 여전히 남아 있다. 그러나 이 모든 것을 지적하는 것이, 곧 이 나라들이 과거에 비해 커다란 진보를 이룩했음을 부정하는 것은 아니다.

중국의 동지들은, 자국에서 계급투쟁이 계속되고 있으며 이 투쟁은 집권당 자체의 내부투쟁에 반영되고 있다고 단도직입적으로 거듭 강조한다. 소련에서는 스탈린이 당과 국가에서 자신의 개인권력을 확립하기 위해서 이런 종류의 주장을 극한까지 끌고간 적이 있다. 이러한 주장들에는 기존권력에게 유리한 정황을 만들어내려는 조작의 요소들이 들어 있다. 반면에 현실성의 요소도 포함되어 있다. 바로 이 때문에 권력을 하루 아침에 장악한 나라에서조차 사회변혁 과정은 필연적으로 느리게 진행되는 것이다. 레닌은 프롤레타리아트가 서구에서보다 러시아에서 훨씬 쉽게 권력을 장악할 수 있다고 말하면서도, 러시아의 프롤레타리아트는 사회변혁을 수행하는 데 훨씬 어려움을 겪을 것이라고 말했다(이것은 레닌의 말을 그대로 인용한 것은 아니지만 그 대강의 의미는 이런 것이다). 서구의 경제적 및 문화적 발전을 감안한다면, 비록 우리가 주창하는 이러한 길에 따른 권력교체의 과정은 훨씬 더 느리게 진행될지라도, 사회변동의 성과들은 훨씬 더 급속하게 그리고 근로인민에게는 훨씬 더 실감나게 진행될 가능성이 매우 높다.

이를 간단히 요약하자면, 지난 1970년대에 맑스주의 혁명가들이 직면했던 문제는 바로 다음과 같았다. 즉 우리는 사회주의 혁명을 발전시키기 위해, 즉 이 혁명을 전세계로 확산시키기 위해, 과학적 판단기준을 가지고 **구체적 현실에 대한 구체적 분석**을 토대로 우리의 과제들을 다루어야 하는가, 그렇지 않으면 이데올로기적으로 과도하게 단순화시키면서 또 "신조차 엿새 동안 세계를 만들고 이렛날에는 휴식을 취했다" 고 되풀이하는 사람들의 게으름에 비견될만한 지적 태만의 자세로 가지고서, 이 과제들을 다루어야 하는가?

오늘날의 구체적 현실은 어떠한가? 이 현실이란 바로 제국주의가 여전히 위력을 발휘하긴 하지만, 하나의 사회체제로서의 제국주의는, 우선 10월 사회주의 대혁명에 의해서, 그 다음에는 유럽, 아시아, 라틴 아메리카에서 사회주의가 비록 자체의 한계, 단점, 불완전성――우리는 이것들을 숨기지 않으며 숨기는 데 전혀 관심이 없다――을 갖지만 진전된 것에 의해서, 그리고 탈식민화의 전체 과정 속에서 해체되었다는 것이다. 이러한 해체과정은 현재 나날이 심화되고 있으며, 아직도 세계를 지배하는 나라들 내에서 변혁으로 나아가는 전진적 조류들을 추동시키고 있다.

우리는 세계적인 혁명과정의 한복판에 있다. 이 과정은 폭력혁명으로부터, 특히 그것들 중 가장 고전적인 러시아혁명으로부터 시작되었다. 러시아혁명은 역사적으로 말하자면 미래의 세계 사회주의 체제에 대해서, 프랑스대혁명이 부르조아 체제에 대해 갖고 있는 것과 동등한 지위를 가지고 있다.

이 과정의 진원지는 10월혁명이지만, 이 과정은 전세계 구석구석에 다양한 형태로 반향을 불러일으키고 또 영향을 미치고 있다. 부르조아 혁명은 프랑스에 진원지를 두고 있었지만, 당시 다른 어느 나라에서도 사회질서를 그렇게 극단적으로 변혁시킨 봉기는 발생하지 않았다. 그러나 프랑스혁명의 사상은 서유럽 전역으로 확산되었고, 그리하여 성공하지 못한 혁명운동과 전쟁과 구조개혁을 통해서, 또 대체로 생산력 발전에 의해 규정되면서, 부르조아 체제는 각 나라마다 상이한 과정을 밟아 유럽 전체로 확산되었다.

사회주의는 10월혁명에서 시작되어, 그후 파시스트에 대한 승리와 더불어 계속되었으며, 또 동양의 사회변혁들(중국, 베트남, 캄보디아, 라오스의 혁명들)과, 쿠바와 일부 아랍 및 아프리카 나라들에서――각 나라의 고유한 특징을 갖고서――지속되었고, 그 결과 역사적으로 지배적이었던 제국주의 나라들은 자신의 헤게모니적 지배를 상실했다는 것, 이러한 과정에서 이 변혁적 나라들 내부에서는 발전하는 세력들의 새로운 상호의존관계가 역사적 모델들을 꼭 그대로 반복하지는 않으면서 전반적인 구조변동을 통해서 진보를 달성하고 있으며, 이런 전반적 구조변동은 일정한 축적단계에 이르자 각국의 토착적인 정치적 상황에 기초하여 부르조아 질서로부터 사회주의적 질서로의 질적 비약을 일으키고 있다는 것을 고려한다면, 그렇다면 우리는 이같은 사회주의가 다양한 형태의 과정을 통해 세계적 규모로 확산될 것이라고 생각하지 않을 이유가 없지 않을까? 이 나라들에서 지난 50여년에 걸쳐 전개되어온 혁명운동, 파시즘에 대한 무장저항, 이들이 목도하고 있는 강력한 계급투쟁 등은 이러한 구조변동의 일국적 선례가 될 것이며, 이 구조변동을 더욱 진전시켜 마침내 사회주의적인 민주적 과정들에 이르는 길을 열어줄 것이다.

대다수 부르조아 변혁에서와 마찬가지로 이 길이 의미하는 바는, 사멸하는 사회에서 지배계급의 일부가——사회주의의 세계적 압력 때문에, 이전의 식민 모국들과 탈식민지화된 나라들의 갈등에서 야기된 새로운 문제들 때문에, 그리고 생산력의 증대로 인해, 또 국가간의 평등관계를 요구하는 세계적인 투쟁으로 인해 자본주의 및 제국주의 체제가 받는 폭발적 압력 등과 같은 경제발전 때문에——점차 영향을 받게 되고, 다양한 방식으로 이 새로운 사회체제와 협력하게 될 것이며, 이로 인해 폭력적 저항의 범위 및 가능성이 이 지배계급으로부터 소수파 집단으로 축소되리라는 것이다.

흔히 우리는 발전된 자본주의 세계는 사회주의를 위해 충분히 성숙해 있다고 말한다. 이 말로부터 파생되는 결론들을 내려보자. 때때로 여전히 엄청난 혼란으로 둘러싸여 있는 현상들을 통해, 인민은 우리가 생각하는 것보다 훨씬 빠르게 이러한 현실을 자각해가고 있는 듯하다.

그러나 이 현실은 우리들에게 그렇게 명백하지는 않은데, 왜냐하면 아마도 그것은 우리가 평생 동안 상상했던 것과는 다른, 좀더 복잡한 형태로 나타나고 있기 때문이다.

여기에서 확실한 것은, 이 과정은 진보세력의 혁명적 의지와 이 의지에서 나오는 행동이 없이 자동적으로 일어나지는 않으며, 오히려 통치계급에 의해 부과된 폭력국면을 경유할 가능성이 높다는 점이다. 그러나 혁명적 의지를 지닌 세력은 자신의 전략에 현실적 가능성의 분석을 자유자재로 적용할 수 있어야만 하고, 또 맹목적 모방으로 인해 무능해지지 않도록 정세에서 나타난 새로운 변화들을 명백하게 고찰해야만 한다.

호루시초프와 소련지도부가 소련공산당 제20차 당대회에서 "탈스탈린화" 정책을 개략적으로 묘사했을 때, 이 문제들의 일부는 이미 소련공산주의자들에게 다소 혼란된 방식으로나마 명백히 드러나기 시작하고 있었다.

호루시초프는 당대회에서 행한 보고에서, 10월혁명 전야에 레닌이 말한 다음과 같은 구절을 상기시켰다.

> 모든 나라들은 사회주의에 도달할 것이다. 이것은 필연적이지만, 모든 나라들이 엄밀히 똑같은 길을 가지는 않을 것이다. 각국은 민주주의의 이러저러한 형태라는 점에서, 프롤레타리아 독재의 이러저러한 변종이라는 점에서, 사회생활의 다양한 측면으로 사회주의적 변혁이 실행되는 이러저러한 속도라는 점에서 각기 고유한 그 무엇을 제공할 것이다. 이런 측면의 미래를, "역사적 유물론이라는 이름으로", 단조롭기 짝이 없는 회색으로 그리는 것만큼 이론면에서 원시적이고 실천면에서도 우스꽝스러운 것은 없다. 그 결과는 조잡하고 서투른 그림 이상의 아무것도 아닐 것이다. (*Report of the Central Committee to the 20th Congress*

of the Communist Party, London, 1956, p. 29)

이어 흐루시초프는 자신의 설명을 다음과 같이 덧붙였다.

> 사회주의로의 이행의 더 많은 형태들이 나타날 수 있다. 더구나 이런 이행형태들은 어떠한 상황 하에서든 반드시 내전과 연관될 필요는 없으며……폭력과 내전이 사회를 재창조할 수 있는 유일한 길이라고 생각하는 것은 옳지 않다.
>
> 이와 관련하여 [흐루시초프의 보고는 계속해서 지적하기를] "의회적 수단을 활용하여 사회주의로 넘어가는 것이 가능한가"라는 문제가 등장하며……동시에 현재의 상황은 수많은 자본주의 나라들의 노동자계급에게 자신의 지도 하에 압도적 다수의 인민을 통일시키고 기본적인 생산수단을 인민의 수중으로 확실하게 이전시킬 수 있는 현실적 기회도 제공하고 있다. 우익정당과 이들의 부르조아 정부는 매우 빈번하게 파산을 겪고 있다. 이러한 상황에서 노동자계급은 근로소농, 지식인, 모든 애국세력들을 주변에 결집하고 또 자본가 및 지주들과의 타협정책을 포기할 수 없는 기회주의적 분자들을 단호히 배격함으로써, 인민의 이익에 반대하는 반동세력을 패퇴시킬 수 있고, 의회에서 안정적 다수를 장악할 수 있으며, 그리고 의회를 부르조아 민주주의 기관으로부터 인민의사의 진정한 도구로 전환시킬 수 있다……
>
> 프롤레타리아트와 모든 근로인민의 대중혁명운동이 지지하는 안정적 다수를 의회 내에서 쟁취하는 것은 수많은 자본주의……나라들의 노동자계급을 위한 근본적인 사회변동들을 담보하는 데 필요한 여러 조건들을 창출할 수 있게 할 것이다. (ibid., p. 30)

흐루시초프가 제20차 당대회에서 문제를 제시한 방식을 여기서 내가 거론하는 것은, 일종의 권위 있는 주장을 산출하기 위한 것이 아니다. 나는 권위 있는 주장을 그다지 신뢰하지 않는다. 흐루시초프의 주장은 아주 오래 전에 이미 자신의 당동료들에 의해 반박되었고, 오늘날 이들이 제20차 당대회에 대해 언급하는 경우는 점점 더 적어지고 있다. 나아가 흐루시초프의 보고서가 표명되게 된 사정은, 이 보고 이후에 일어난 일을 참작컨대, 일종의 직관에 대한 반응이었던 것 같다. 이 직관이란 구체적 현실과 이 현실이 일으킨 일련의 다양한 문제들에 대한 심오한 분석이라기보다는, 서방에 대한 돌파구를 이룩하고 냉전을 극복해야 할 필요성으로부터 나온 것인 듯하다. 하지만 그 보고서는 새로운 현실을 감지하게 하는 초안임에도 불구하고, 여전히 과거의 현실로부터 나온 이데올로기적 요소들과 정식들을 내세우고 있다.

그러나 우리는 주지하다시피 이런 종류의 보고서가 작성되는 방식 ―― 정평 있는 이론가들의 협력에 의존하여, 이들이 몇 개월간 작업에 몰두하여 온갖 정식들을 정교하게 만들어내고 다시 정형화하는 과정 ―― 을 알고 있기 때문에, 다시 말해 이런 보고서는 개인적 창안물이 아니라는 점을 알고 있기 때문에, 당시 이들 이론가들이 부르조아 정권 하에서 실시되는 보통선거 및 민주주의의 한계들에 관한 레닌의 명제들 ―― 학자연하는 교조주의자들이 지금도 여전히 고수하고 있는 고전적인 명제들 ―― 을 일정하게 수정하고 정정했다고 결론짓는 것이 타당하다. 그리고 근본적으로 이러한 수정은 그 시기의 구체적 현실을 다소 고려한 것이고, 따라서 맑스주의 정신 속에서 이루어진 것이었다. 비록 그것이 여전히 불완전하고 모순에 차 있으며, 끝까지 파고들지 못한 채 여전히 독단에 사로잡힌 사유의 결실일지라도.

민주주의에 대한 한층 근본적인 평가

정치적 및 이론적 논쟁과 계급투쟁의 와중에서, 그리고 무엇보다도 이 투쟁이 심화되고 첨예화될 때, 원칙들과 관련하여 과학적인 근거를 갖고 등장하는 문제를 비롯한 모든 문제들이 제기되는 방식은 일정 정도의 주관성(subjectivity)을 가지고 있다. 이 주관성은 깊은 감정에 의해서 규정될 뿐 아니라, 어떤 심리적 동요의 여지도 남기지 않고서 당면한 정치적 과제들을 서술해야 한다는 냉엄한 필요성에 의해서도 규정된다. 이때 당면한 행동을 위해 현안이 되고 있는 문제들이 강조되며 이는 또 선전문구적인 과장으로 흐르기 십상인데, 왜냐하면 이런 조치와 저런 조치 가운데 무엇이 필요한지를 망설이는 의구심은 적들을 강화하고 전체 전략의 성공을 위태롭게 할 수도 있기 때문이다. 그렇지만 왕왕 나중에, 즉 이 전략이 전개됨에 따라, 이러한 과장은 신중하게 정정되어야만 한다. 예를 들면 나는, 레닌이 멘셰비키와 노동자당의 구조에 관해서 논쟁하면서 ——『무엇을 할 것인가』 같은 저작들에서 —— "직업적 혁명가들"의 정당이라는 사상을 강조했던 것에 관해서, 이후 다른 상황에서는 과장된 방식이었다고 설명한 것을 상기하게 된다. 또는 이밖에 —— 다른 한 사례로는 —— 엥겔스의 다음과 같은 설명을 들 수 있다. 즉 그는 맑스주의의 교리들은 역사적 유물론을 언급할 때 경제적 측면에 대하여 의당 강조해야 하는 것보다 더욱 많이 강조하고 있다면, 그 책임은 맑스와 엥겔스 자신에게 있는데, 이는 역사적 유물론을 부정하는 논적들과 대면해서 그들은 이 주요 원칙을 강조하고 상호관련된 다른 요소들을 희생시킬 수밖에 없었기 때문이라고 설명했다. 이것은 연구자와 혁명가 사이에 존재하는 차이점을 가리키고 있다. 연구자의 입장은 순수하고 단순하며, 행동에 개입하지 않고 실험실적 조건 속에서 일하고 있는 반면, 혁명가의 입장은 연구에 종사하긴 해도 실천의 와중에 있다. 이 실천에서는 의지가 중요한 역할을 하며, 또 의지는 정치에 대해서 과학으로서의 의미는 물론 예술로서의 의미까지 부여하는 요소인 것이다.

이러한 맥락에서, 우리는 엥겔스가 조셉 블로흐(Joseph Bloch)에게 보낸 다음과 같은 통찰력 있는 편지를 간과할 수 없다.

> ……역사가 만들어지는 방식은, 항상 수많은 개인적 의지들간의 갈등으로부터 최종적인 결과가 발생하며, 바로 이 결과가 다시 각 개인을 일단의 구체적인 생활조건들에 의해서 현재 있는 모습 그대로 만들어 내는 그런 방식이다. 따라서 하나의 결과물——역사적 사건——을 산출하는 수많은 상호교차하는 세력들, 즉 무한한 연쇄의 평행사변형을 이루는 세력들이 존재한다. 이것은 다시 무의식적으로 아무런 의지력도 없이 하나의 전체로서 작동하는 권력의 산물이라고 간주될 수 있다. 왜냐하면 각 개인이 의도하는 것은 다른 모든 사람들에 의해서 방해받으며, 그리하여 어느 누구도 의도하지 않은 그 무엇이 등장하기 때문이다 ……그러나 개인들의 의지는……원하는 모든 것을 얻는 것이 아니라, 총평균 즉 공동의 결과물로 흡수된다는 사실로부터, 개인들은 제로나 마찬가지라고 결론지어서는 안된다. 오히려 이와는 반대로 각 개인은 결과에 기여하며, 바로 이 기여하는 정도만큼 그 결과에 포함되는 것이다. (Marx/Engels, *Selected Works*, London, 1968, p. 683)

특정한 순간에 극도로 중요한 것을 강조하는 경향, 심지어 그것을 과장할 위험을 무릅쓰고서 일방적으로 과도하게 일반화시킬 정도로까지 강조하는 경향은, 내 생각으로는 10월혁명 전야와 혁명의 와중에서 레닌이 한 일부 충고에서 분명히 드러난다. 당시는 신생 소비에트권력의 방어가 문자 그대로 존폐의 문제였던 때였다. 물론 그렇다고 해서 나는 이 위대한 혁명가와 모든 혁명가들에게 공통적으로 존재하는 것을 빌미로——그의 경우는 천재성을 가지고 있고 다른 사람들의 경우는 천재성이 없지만——그를 비난할 의도는 추호도 없다.

레닌은 "민주주의"를 혁명적 권력장악의 전망이나 현실에 반대되는 것으로서 찬미하는 개량주의 경향들에 반대하는 논의를 전개하면서, 민주주의와 국가를 동일시하고 있다. 레닌은 『국가와 혁명』에서 무계급사회에서 국가의 "소멸"이라는 맑스주의 개념을 언급하면서 다음과 같이 쓰고 있다.

> ……그러나 맑스주의를 뻔뻔스럽게 왜곡하는 모든 기회주의자들에게는 엥겔스가 여기에서 "저절로 말라죽는" 혹은 "사멸하는" 민주주의에 관해서 말하고 있다는 생각이 전혀 떠오르지 않는다. 이것은 언뜻 보기에는 매우 이상해 보인다. 그러나 이것은 민주주의도 역시 국가라는 것, 따라서 국가가 사라질 때 그것도 역시 사라진다는 것에 대해서 생각해보지 않은 자들에게만 "이해할 수 없는" 것이다. 오직 혁명만이 부르조아 국가를 "폐지"할 수 있다. 국가 일반, 즉 가장 완전한 민주주의는 단지 "사멸"할 수 있을 뿐이다. (*Collected Works*, vol. 25, p. 397)

이 인용구절과 일정하게 모순되는 점을 감지할 수 있는, 같은 저서의 다른 귀절에서 그는 또다시 민주주의와 국가를 동일시하고 있다.

> ……국가의 폐지는 또한 민주주의의 폐지를 의미하며, 국가의 사멸은 민주주의의 사멸을 의미한다는 것이 끊임없이 망각되고 있다……민주주의란 다수에 대한 소수의 종속을 용인하는 국가, 다시 말해 하나의 계급이 다른 계급에 대해, 주민의 한 부분이 다른 부분에 대해 체계적인

폭력을 사용하기 위한 조직이다. (ibid., pp. 455-56)

나는 실례를 무릅쓰고 감히, 레닌이 여기서 표현하고 있는 민주주의 개념, 즉 민주주의=국가라는 등식과, 그리고 다수에 대한 소수의 종속, 다시 말해 주민의 어느 한 계급이나 부분이 다른 부분에 대해 체계적인 폭력을 사용하기 위한 조직이라는 사상은, 부르조아 국가의 "민주주의"의 옹호자들에게 반대하는 열띤 논쟁의 와중에서 등장한 제한된 민주주의 개념이라고 생각한다.

엥겔스는 『가족, 사유재산, 국가의 기원』에서 원시공산주의 시기, 즉 고대 씨족사회 시기의 민주주의에 관해 분명하게 언급하고 있다. 다시 말해서 그는 국가가 아직 존재하지 않는 때에 존재하고 있는 민주주의에 관해 다음과 같이 말하고 있다.

> 그리고 이러한 씨족적 구성은 어린애처럼 지극히 단순하다는 점에서 놀라운 것이다. 군인과 헌병이나 경찰이 없이도 만사가 원활하게 돌아가고, 귀족, 왕, 집정관, 지사나 판사도 없으며, 감옥도 재판도 존재하지 않는다. 모든 이견과 분쟁들은 관련된 사람들의 전체 집단——그중에서도 특히 씨족이나 부족 또는 개인들——에 의해 해결된다……여성을 비롯한 모든 사람이 자유롭고 평등하다. (Marx/Engels, *Selected Works*, London, 1968, p. 519)

엥겔스는 이로쿠오이 씨족(Iroquois)에서 평의회(assembly)가 수행한 역할을 강조하고 있는데, 씨족원들은 이 평의회에서 발언하고 그럼으로써 결정에 영향을 미쳤다. "호머의 그리스인들"과 고대의 게르만인들의 경우에도 전체 성원으로 이루어진 총평의회(general assembly)에 관해서 언급되고 있는데, 이 회의에서는 모든 사람이 연설할 수 있고 손을 들거나 박수를 침으로써 찬성에 도달했다고 한다. 이같은 시대에는 "자연발생적인 민주주의가 완벽하게 번성하고 있었다"고 엥겔스는 쓰고 있다. 그는 또 미개종족들을 로마제국보다 우월하게 만든 "자유의 정신"과 "민주적 본능"에 관해서도 언급하고 있다.

민주주의의 내용이 다양한 역사적 구성체들을 거치면서 변화했다는 것, 그리고 일부 구성체에서는 민주주의가 지배계급을 위해 사라지거나 유보되었다는 것은 사실이다. 그러나 이로부터 민주주의를 국가의 존재와 결부시키는 것은 오류라는 점이 입증된다.

레닌이 『프롤레타리아 혁명과 배반자 카우츠키』에서 이 주제에 관해 제시한 논의 중에는 혼동을 낳는 측면들도 있는데, 왜냐하면 "……공산주의 사회에서 민주주의는 변화의 과정 속에서 그리고 관습이 되는 과정 속에서 사멸할 것이지만, 결코 "순수한" 민주주의는 되지 않을 것"이라고 주장되고 있기 때문이다(*Collected Works*, vol. 28, p. 242).

아마도 민주주의는 결코 "순수"해지지는 않을 것이며 —— "순수한" 민주주의가 어떤 것인지 철저하게 탐구할 필요가 있겠지만 —— 그러나 그것이 "수정되고" 그리고 "관습"이 된다면, 이것 때문에 그것이 **사멸할** 것이라고 결론짓는 것은 모순적으로 보인다. 일단 하나의 **관습**으로 바뀌어진 것은 모두 **관습적인 것**으로 유지되고 존속하기 때문이다. 국가 역시 소멸하지만, 이와는 반대로 맑스주의와 레닌주의 명제에서는 국가는 관습이 되는 것이 아니라 실제로 사멸하는 것이 명백하다.

이러한 혼동은 레닌이 『국가와 혁명』에서, 오로지 공산주의 하에서만 **완전한 민주주의**가 가능할 것이라고 단언할 때 누차 나타나고 있다.

> ……전혀 아무런 예외가 없는 민주주의가 될 것이다. 그리고 오로지 그때에만 민주주의는 **사멸하기** 시작할 것인다. 그것은 자본주의적 노예상태로부터, 자본주의적 착취의 이루 표현할 수 없는 공포와 만행과

모순과 비리로부터 자유롭게 된 인민이……사회적 교류의 기본 규칙들을 준수하는 데 점차 **익숙해질** 것이라는 단순한 사실 때문이다. 그때에 이르면 인민은 폭력이나 강제나 예속 없이도, 국가라고 부르는 강제를 위한 **특수 장치가 없이도,** 그러한 규칙들을 준수하는 데 익숙해질 것이다. (*Collected Works,* vol. 25, p. 462)

다시 말하자면, 10월혁명 이후 등장하고 있거나 이미 등장한 혁명적 현실의 방어할 필요성 때문에, 부르조아 "민주주의"가 사회민주주의적 열망의 최고점을 이루고 있음에 직면하여, 레닌은 민주주의의 포괄적 개념을 과소평가하고 경시하는 한편, 민주주의를 타도대상인 부르조아 국가와 그리고 사멸할 운명에 있는 국가와 동일시하게 되었으며, 또 완전한 민주주의는 하나의 관습이 될 때 소멸한다고 주장하고, 민주주의를 사회적 교류의 기본법칙과 동일시하게 되었던 것이다.

10월혁명의 적들의 주장이 모순임을 드러내려다가, 사실은 또다른 모순을 드러낸 것이 아닌가? 왜냐하면 국가의 소멸과 소위 "사물의 관리"로의 대체라는 극한적 개념에서도, 관리는 사물 자체에 의해서가 아니라 인간에 의해 수행될 것이며 그리하여 새로운 형태의 민주주의를 낳으리라는 것은 틀림없기 때문이다.

바로 이러한 몇 가지 견해들 때문에——일정 기간 동안 우리 자신을 포함하여——레닌의 제자들은 민주주의의 가치를 과소평가하고 민주주의를 훼손한 명백한 사례들을 간과하게 되었다고 생각해도 지나친 것은 아니라고 나는 생각한다. 그리고 구태여 스탈린주의라는 가공스러운 편향을 언급하지 않더라도 이렇게 주장할 수 있다.

파시즘의 쓰라린 경험을 몸소 겪었고 또한 다른 종류의 질서 안에서 스탈린주의적 타락을 경험한 세대의 맑스주의자들은 민주주의의 개념을 이와는 다르게 평가한다. 즉 그들은 민주주의를 사회주의 및 공산주의에 반대되는 것으로서가 아니라, 그것들에 이르는 길로서 그리고 **그것들의 주된 구성요소로서** 평가하고 있다.

이런 개념은, 굳이 민주공화국을 옹호하기 위한 내전 중에 스페인 공산당에 의해 정식화된 초기 주장을 거론할 필요도 없이, 팔미로 톨리아티(Palmiro Togliatti)가 사회주의로의 **이탈리아적 길**에 관해 쓴 저작에서 명백하게 나타나 있다.

> [톨리아티는 말한다] 또 우리의 민주화 운동은 효과적이었고 현재에나 앞으로도 계속 효과적일 것이라고 선언할 필요가 있다. 바로 그 이유는 우리가 단순한 형태변화에 만족하지 않고 사회주의로의 길을 단축하고자 애쓰고 있기 때문이다. 이같은 우리의 투쟁은 똑같이 민주적인 자유들에 대해서 새로운 내용을 부여하며, 자유의 권리를 재평가하게 한다. 왜냐하면 이 권리들은 복지 및 경제발전과 관련된 요구들에 우리를 한층 가까이 접근시키기 때문이다. 이것은 의회주의 자체를 아주 높은 지평에 놓으며, 정치체제의 철저한 민주적인 변혁(지방권력의 발전, 지역주의의 발전 등)을 촉구하고, 공장과 농촌에서 변혁 및 경제발전이 근로인민 대중의 핵심 욕구를 충족시키는 데 기여할 수 있게 한다는 목표 하에, 새로운 형태의 민주주의의 채택 및 발전이라는 문제를 제기하고 있다. 사회의 사회주의적 전진을 확보하는 것을 지향하는 우리의 행동이란, 민주주의를 위한 우리의 투쟁에 대해서 그리고 나라 전체의 민주적 생활에 대해서 내용과 효과성을 부여하는 행동에 다름 아니다.

톨리아티는 민주주의 사상을 사회주의와 결부시키고, 나아가 민주주의의 풍부함을 위한 새로운 공헌들——즉 사회주의에 의해 이룩되어야 하는 공헌들——에 관해 탐구하고 있다.

보통선거에 대한 평가의 변화

맑스주의 전통과 오늘날의 맑스주의에는, 보통선거의 특수한 평가와 관련된 민주주의 논쟁이라는 측면이 존재한다. 레닌은 국가에 관한 저서에서, 엥겔스에 의존하여 이렇게 주장하고 있다. 즉 보통선거란 "……노동자계급의 성숙도의 척도다. 그것은 현재의 국가에서는 그것 이상의 것이 될 수 없으며 앞으로도 그럴 것이다" (*Collected Works*, vol. 25, p. 393).

이것은 오랫동안 공산주의자들과 맑스주의자들이 선거권의 가치에 대해 지닌 견해가 되어왔으며, 이 견해는 혁명세력들이 선거를 통해 정부를 장악할 수 있는 가능성을 전적으로 부정한 것이었다. 공산당들은 창설될 때부터 10월 사회주의 대혁명의 사례에 의해 고무되었고 이 혁명에서는 무장한 대중이 보통선거를 활용하지 않은 채 흔들리는 국가를 파괴했다는 점을 염두에 둘 때, 이런 견해는 이해할만한 것이다. 또 이것은 다음과 같은 사실을 잊지 않는다면 더욱 잘 납득되는 것이다. 즉 우리 공산당들은 사회민주주의로부터 분리되어 사회민주주의와 갈등하고 있는데, 왜냐하면 이 나라들에서 사회민주주의가 다름아니라 바로 투표를 통해서 정치세력이 되는 데에 성공하였고 더욱이 제국주의 전쟁에 반대하지 않았을 뿐만 아니라 자기 나라의 부르조아지를 지지하여 인터내셔널을 배반하였기 때문이다.

보통선거에 대한 이런 부정적 인식은 독일과 이탈리아같은 나라의 파시즘에 대한 경험으로 인해 확증된 것으로 간주되었다. 독일과 이탈리아에서 히틀러와 무솔리니는 다른 부르조아 정당들과 국가기구의 묵인하에 의회를 통하여 권력을 장악한 뒤 민주적 자유들을 파괴하기에 이르렀던 것이다. 파시즘의 경험으로 인해 혁명세력들은 처음부터 민주적 수단들을 근저로부터 불신하게 되었다.

그러나 공산주의 인터내셔널 제7차대회가 입증한바, 파시즘의 경험이 실제로 입증하고 있는 것은 선거와 민주적 길의 무용성 혹은 유용성에 관한 것이 아니라, 오히려 노동자계급이 이같은 위험에 대처하기 위해서 무력을 사용할 때조차 민주주의의 자원들을 활용하고 이 자원들에 의존함으로써 자신의 주위에 근로인민의 각부문들과 중간층을 단결제휴시켜야 했음에도 불구하고, 분할통치에 의해서 그렇게 하지 못한 무능성을 드러냈다는 경험이었다.

결국 노동자계급은 근로인민의 다른 부문들과 단결하고 제휴할 필요성이라는 교훈——이것이 이 시기 동안 인민전선 정책의 핵심이었다——은 물론 민주적 자유의 본래적 가치라는 교훈을 터득하게 되었으며, 이 민주적 자유를 위해 인민전선은 다시 한번 가장 고통스런 희생을 감수하게 되었다.

1894~95년에 출간된 엥겔스의 한 저작은 민주적 자유의 중요성을 다시 지적했다. 즉 맑스의 『1848~1850년 프랑스에서의 계급투쟁』에 붙인 자신의 서문에서, 엥겔스는 다음과 같이 설명하고 있다.

> 2월혁명이 발발했을 때, 우리 모두는, 혁명운동의 조건들과 경로에 대한 개념에 관한 한, 과거의 역사적 경험, 특히 프랑스의 경험이라는 망령에 사로잡혀 있었다. (Marx/Engels, *Selected Works*, London, 1968, p. 644)

이와 마찬가지로 공산주의자들은——단지 우리 공산주의자들뿐이 아니지만——서구 여러 나라들에서 상당히 오랫동안 러시아혁명이라는 망령 아래서 활동했으면서도 이 혁명이 발생한 객관적 상황을 고려하지 못했다.

> [엥겔스는 계속해서 말한다] 그러나 역사는 우리가 또 오류에 빠졌음을 입증했고, 당시의 우리 견해가 환상임을 드러냈다. 역사는 그밖에도 훨씬 많은 일을 하였는데, 그것은 우리가 당시 품었던 그릇된 생각을 일축했을 뿐만 아니라 프롤레타리아트가 투쟁할 때 부딪히는 상황을 완전히 바꾸어놓았던 것이다. 1848년의 투쟁양식은 오늘날에는 어떤 측면에서나 무용해졌으며, 바로 이 점이 오늘날의 상황에서 더욱 엄밀히 검토될만한 가치가 있는 핵심이다. (ibid., pp. 644-45)

이어서 엥겔스는 당시까지의 혁명은 하나의 명백한 계급지배를 또 다른 계급지배로 교체하는 데만 국한되어 있었다는 점을 증명하고 있다. 이 혁명들은 특정한 소수파에 대항하는 다른 소수파의 작업에 불과했고, 이 과정 속에서 인민은 어느 한 쪽을 찬성하는 데 개입하거나 그 소수파의 지배를 묵묵히 받아들였다. 그러나 절대다수의 인민은, 1789년 혁명과 같은 특별한 경우를 제외하고는, 능동적 주체가 아니었다.

당시 이같은 유형의 혁명에 상응하는 것은 바리케이트에 입각한 투쟁이었는데, 엥겔스는 이런 투쟁이 "상당 정도로 이미 사멸하고 있다"고 말했다. "이제 아무런 환상도 갖지 말자. 즉 거리투쟁에서 군대에 대항하는 봉기가 실제로 성공한다는 것, 양쪽으로 둘러싼 두 군대 사이에서 승리한다는 것은 극히 드문 예외적인 것"이라고 그는 덧붙였다 (ibid., p. 65).

엥겔스는 이렇게 말하면서 몇 가지 이유들을 들고 있으며 —— 나는 이것들을 되풀이하지는 않겠다 —— 그리고 부차적이기는 하지만 혁명적 무장충돌의 가능성을 배제하지는 않는다. 그러나 이는 오늘날처럼 사람들이 민주적인 길에 호의를 갖게 된 시기에도, 만일 지배계급의 폭력이 특정한 역사적 위기상황에서 폭력을 유발한다면, 전적으로 배제될 수 없는 그런 가능성에 지나지 않는 것이다. 엥겔스는 당시에 이미 국가간의 전쟁조건들의 변화를 계급투쟁에서 발생하는 변화와 연관시키고 있었음이 분명하다.

그러나 엥겔스는 이보다 조금 앞서서, "독일의 농동자들이 보통선거권을 활용하는 방식을 입증하였을 때, 그들은 모든 나라들에 있는 자신들의 동지들에게 새로운 무기를, 그것도 극히 예리한 무기를" 공급하는 "위대한 봉사"를 수행한 것이라고 지적하고 있다(ibid., p.649).

> [엥겔스는 말한다] 선거권은 프랑스 맑스주의자의 강령적 용어로 표현하자면, 그들에 의해 이전까지와 같은 기만의 수단으로부터 해방의 도구로 바뀌었다. 그리고 만일 선거권이 우리들에게 3년마다 우리 편의 숫자를 세도록 한 것밖에는 아무런 이점도 제공하지 못했다면, 즉 우리의 득표수가 정기적으로 꾸준히, 예상밖으로 급속히 증가됨으로써 그에 비례하여 선거권은 노동자들에게는 승리의 확신을 증대시키고 그들의 적들에게는 당혹감을 증대시켰으며 그리하여 우리의 최상의 선전수단이 되었다는 것, 그리고 그것이 우리에게 우리 자신의 힘과 우리 적들의 힘에 관해서 정확하게 알려주었고 또 그리하여 가장 중요한 우리의 행동에 필요한 균형잡힌 척도를 제공하여 우리를 불리한 시기의 어리석음뿐만 아니라 소심함으로부터도 방어해주었다는 것 —— 바로 이것들이 우리가 선거권에서 얻은 유일한 이득이었다면, 이것만으로도 정말 충분한 것이다. 그러나 선거권은 이것 이상을 수행했다. 그것은 선거 선동을 통하여 여전히 우리와 동떨어져 있는 인민대중과 접촉할 수 있는 더없이 중요한 수단을 우리에게 제공하며, 또 모든 정당들에게 우리의 공격에 맞서서 자신의 견해와 행동을 모든 국민 앞에서 변론하도록 강제한다. 나아가 그것은 의회(Reichstag)에 파견된 우리의 대표자들에게 연단을 제공함으로써, 이 연단에 서서 그들은 의회 내부의 그들의 반대자들에게 그리고 외부의 대중들에게, 신문에서나 회의에서와는 전혀 다른 권위와

자유를 지닌 채 연설할 수 있는 기회를 갖게 되었다……

그러나 보통선거권의 이러한 성공적 활용을 통하여 전적으로 새로운 프롤레타리아적 투쟁방법이 가동되었고, 이 방법은 신속하게 더욱 발전되었다. 부르조아지의 지배를 조직화하고 있는 국가기관들은, 노동자계급에게 바로 이 기관들과 투쟁할 수 있는 더욱 폭넓은 기회를 제공한다는 점이 드러났다. 노동자들은 지방의회, 시의회, 노동위원회(trade courts) 등의 선거에 참가했다. 그들은 프롤레타리아트의 상당 부분이 발언권을 지닐 수 있는 직업에서 온갖 직위를 차지하려고 부르조아지와 경쟁했다. 그리하여 부르조아지와 정부는 노동자당의 불법행동보다 합법행동을 훨씬 두려워하며, 반란의 결과보다는 선거의 결과를 훨씬 두려워하게 되었다. (ibid., p.650)

엥겔스는 자신의 주장을 계속 전개하면서, 이러한 길은 절대다수의 인민대중을 혁명사상 쪽으로 획득하기 위한, 느리지만 줄기찬 노력에 필수적이며, 인민대중의 직접적 개입이 없으면 사회조직의 철저한 변혁은 생각할 수조차 없다는 견해를 표명하고 있다.

[엥겔스는 계속한다] 우리는 심지어 오늘날에도 225만 명의 유권자들에게 의지할 수 있다. 이런 식으로 계속된다면, 금세기말경에는 우리는 사회의 중간계층, 쁘띠부르조아지와 소농민의 절대다수를 획득하게 될 것이며, 나라 전체에서 결정적인 권력으로 성장하게 될 것이고, 이러한 권력 앞에서 모든 다른 권력들은 싫든 좋든 고개를 숙여야 할 것이다. 이러한 성장이 중단없이 계속 진행되도록 하여 이 권력이 현행 정부체제의 통제력을 저절로 넘어서도록 하는 것, 그리고 나날이 증대되는 이 충격력을 전위적인 충돌 때문에 산산조각으로 흐트러뜨리는 것이 아니라 이 힘을 결정적인 날까지 계속 보존시키는 것, 바로 이것이

> 우리의 주된 과제다. (ibid., p. 655)

다시 말해서, 이미 지난 세기에, 그리고 노동자계급이 오늘날 구축하고 있는 세력을 전혀 이루지 못하고 또 문화세력이 혁명세력으로 간주되지 않았으며 오늘날의 역사적 경험이 존재하지 않았을 뿐 아니라 여러 나라들의 사회주의 및 탈식민지화에 의해 이룩된 승리도 존재하지 않았던 저 유럽에서 유일한 예외적 사례였던 독일을 토대로, 엥겔스는 보통선거가 오늘날의 "좌파주의적" 교조주의자들을 불신하게 할만한 그런 장점들을 가지고 있다고 주장했다. 같은 맥락에서 그는 다음과 같이 덧붙인다.

> 세계사의 역설은 모든 것을 거꾸로 뒤엎어놓는다. 우리들, "혁명가"이자 "반란자"인 우리들은 불법적인 방법들과 반란에 근거하기보다는 합법적인 방법들에 입각해서 훨씬 번성하고 있다. 자칭 "질서"의 정당들은 스스로에 의해 창출된 합법적 조건 아래서 멸망해가고 있다. 이들은 오딜론 배로트(Odilon Barrot)와 더불어, 합법성이 우리를 죽이고 있다고 절망적으로 외친다. 반면에 우리는 이러한 합법성 아래서 강건한 근육과 홍조어린 뺨을 지니게 되며 마치 영원한 생명을 얻은 듯이 보인다. 그리고 우리들이 이들을 즐겁게 하기 위해 거리투쟁에 나설 만큼 그렇게 정신나가지 않았다면, 그렇다면 결국 이들에게 남아 있는 것은 이러한 치명적 합법성을 스스로 돌파하는 것밖에 없다. (ibid., p. 656)

엥겔스는 또 자신의 이 저작에서 맑스주의 혁명가들과 초기 기독교인들을 생생하게 비교하는 묘사를 하고 있다.

명백히, 엥겔스가 이렇게 쓴 이래 그리고 레닌이 보통선거를 오로지 노동자계급의 정치적 성숙도의 척도로만 간주한 이래로, 유럽과 세계는 엄청나게 변화했기 때문에, 우리는 유럽 선진국들에 대해 논의할 때 과거와 같은 한계 속에 더이상 머물 수 없다.

보통선거는 만병통치약은 아니다. 그것은 노동자계급과 문화세력들에게 정치적 행동의 유일한 방법이 아니지만, 내가 설명하고 있는 이같은 이유들 때문에 오늘날의 유럽에서 사회주의 세력들은 보통선거를 통해서 정부에 들어가고 권력을 장악할 수 있으며, 이들이 정기적인 선거에서 인민의 신뢰를 유지할수 있다면 사회에서 지도적 위치에 계속 있게 될 것이다.

사회주의적 비판과 다양한 형태의 민주적 투쟁

우리의 목적을 달성하기 위해서는 지배적인 부르조아 이데올로기에 대항하여 정치적, 사회적, 문화적 및 이데올로기적 투쟁을 정력적으로 전개해야 한다. 다시 말해 이를 위해서는 우리가 지금까지 논의한 모든 행동을 발전시켜서, 국가의 이데올로기적 장치들을 통치계급에 대항하도록 전화시키고, 지금까지 통치계급의 지배를 보장해주었던 국가의 강제적 장치의 이해 및 지지를 부분적으로나마 점차적으로 획득할 필요가 있다. 이것은 경제적, 사회적, 정치적 및 문화적 생활의 민주화를 위해서, 그리고 국가조직과 국가장치의 민주화를 위해서 노력하는 것을 뜻한다.

이 혁명사업을 통해서, 우리는 사회주의를 위해 싸우고 있는 세력들에게 지적 및 도덕적 가치들을 되돌려주어야 한다. 이 가치들은 국가독점자본주의 체제가 현재 위선적으로 자신과 동일시하려고 노력하고 있는 것인데, 부르조아지는 자신이 혁명적 계급이었던 지난 시대에는 이 가치들을 체현할 수 있었지만 이제는 더이상 체현할 수 없다.

민주주의와 정치적 자유주의라는 가치를 진정으로 소중하게 여기는 사람들과, 이를 오로지 국가독점자본의 소유권의 보존과 그 경제적 특권의 유지만을 의미하는 것으로 이해하는 사람들 양자 사이에 단절을 이룩하는 것, 즉 진정한 구별을 성취하는 것은 필요이자 의무다. 민주주의와 자유가 현재 시행되고 있는 경제체제를 문제시하지 않는 한에서만, 후자는 민주주의자이자 자유주의자다. 그러나 사정이 이와 달라지면, 그들은 파시스트가 되어 자신의 아이들을 살해하고 고문하고 박해할 수 있는 냉혈한이 된다.

때때로 이 두 범주 사이의 경계는 불분명하고 서로 혼동되어 있는 듯이 보인다. 오늘날의 시대에 유럽의 정치체제를 뒷받침한 중도파나 중도좌파의 정책은 바로 이러한 혼동에 기반을 두고 있었다.

오늘날 진정한 민주주의자나 자유주의자를 독점자본주의 체제의 철저한 옹호자와 구별하는 척도는, 주민 다수가 투표함을 통하여 사회주의 세력에게 통치를 위임하는 경우에 이 세력이 자신의 강령을 집행하고 적용할 수 있는 권리를 그가 인정하느냐 아니면 거절하느냐 하는 것이며, 또 공산주의자들이 민주적 장에서 아무런 제한 없이 활동할 수 있는 권리를 인정하느냐 않느냐 하는 것이다.

이와 마찬가지로, 이 시대의 경험을 소화하고 있으며 마땅히 존중되어야 할 민주주의를 존중하는 유럽 공산당들을 특징짓는 점은, 다양한 방면에서 선의를 갖고 가해지는 비판에 대한 그들의 태도와, 정치적 주장과 이데올로기 투쟁에서 이들이 보여주는 민주적 스타일과, 뿐만 아니라 기존 사회주의 체제의 결함에 대한 이들 자신의 비판적 태도와, 그리고 무엇보다도 어떤 의미에서는 기존 사회주의 체제의 전체주의적 형태들의 결함에 대한——이런 결함 때문에 이 체제를 파시스트 체제와 결코 혼동하지는 않지만——이들의 비판적 태도와, 민주주의와 개인의 인권과 관료주의 등에 관한 과소평가에 대한 비판적 태도다. 이러한 비판적 태도는 이들 나라들과 적대하는 사람들의 비판적 태도와는 근본적으로 다른 것인데, 왜냐하면 전자는 그 나라들의 정치체제상의 결함 때문이 아니고 오히려 그 나라들에서는 자본주의적 사적 소유가 폐지되고 진보를 위한 새로운 기회들이 피착취계급들에게 개방되어 있기 때문이다. 그렇지만 우리의 비판적 태도는 진정한 민주주의자나 자유주의자의 태도와 많은 측면에서 일치할 것이다.

차별성에 대한 우리의 이같은 태도는 명백히 다음과 같은 것을 의미한다. 즉 우리는 모든 인간이 정치적 및 사회적으로 그들의 경제적 입장에 따라 범주화된다고 생각하지 않으며, 또 이것은 역사적 유물론과도, 그리고 계급이란 그들의 사회적 위치, 즉 생산수단에 대한 그들의 관계에 의해서 규정된다는 일반적 진리와도 모순되지 않는다고 생각한다. 오늘날같은 이행기에, 많은 기독교인들이 진보적 운동에 참가하여 기독교의 혁명적 원천을 지지하고 있는 것과 마찬가지로, 무신론자든 아니든 일련의 대다수 인민은 부르조아지가 "자유, 평등, 박애"라는 구호를 들고 혁명적 계급이었던 시대에 발생한 사상에 입각하여 기독교인들과 유사한 진화과정을 겪고 있다. 만일 우리가 이런 현상을 이해하지 못한다면, 객관적으로는 사회주의 진영에 속하지 않는 사람들을 사회주의에 적대하는 진영에게 자동적으로 넘겨주는 위험을 안게 된다.

공산주의자들의 실제적이거나 가상적인 오류들에 대한 비판, 즉 기존 사회주의 체제의 부정적 측면들에 대한 비판이 본질적으로 반혁명적이거나 반소비에트적인 것은 아니다. 여기서 내가 논의하고 있는 것은 중상모략이 아니라 진지한 비판에 관한 것이다. 확실히 사회주의 나라들에 대한 비판이 객관적인 것이 되려면 그것은 반드시 각 나라들의 상이한 객관적 상황을 구분해야만 한다. 이런 비판을 할 때, 각국의 역사, 전통, 발전, 문화를 고려하는 것이 필수적이다. 우리는 인도차이나와 북한 또는 쿠바에 적용되는 것과 같은 종류의 기준을 오늘날의 소련이나 체코 등에 적용할 수 없다. 그러나 결국 오로지 진지한 비판만이 사회주의를 강화할 수 있고 사회주의의 발전에 기여할 수 있다.

기존 사회주의 정권들 자체에서, 그리고 특히 일정한 수준의 경제 발전을 이룩한 사회주의 나라들에서도, 이러한 비판은 표현될 수 있는 내적 통로들을 가지고 있어야 하며, 참을 수 없는 것이 될 그런 방법들에 의해서 억압되지 않아야 한다는 점 또한 분명히 필수적이다.

사회주의가 세계경제체제 속으로 확장되고 또 그 자체를 세계경제체제로 변화시키기 위해서는——이것은 결코 어느 한 가지 모델, 한 나라 또는 한 국가집단에 대한 예속, 각국의 독립성과 독창성의 상실, 심지어 이런저런 국가들간의 이해관계의 차이의 소멸 등을 의미하는 것이 아니다——반드시 민주적이고 자유주의적인 가치들과, 이견을 지닌 소수파에 대한 존중과 더불어 인권의 옹호를 스스로 회복해야만 한다.

이와 동시에 또 동일한 맥락에서, 보통선거를 규칙으로 간주하는 것, 즉 사회의 정부가 잣대로 삼아야 할 기준으로 간주하는 것이, 인민대중의 역할을 단지 x년 간격으로 그들의 대표자를 뽑기 위해 투표하는 것으로만 격하시키는 것을 의미하지는 않는다. 대중은 반드시 자신들이 선출한 대표자들이 임무를 충실하게 수행하지 못할 때 그들을 해임하고 새로운 대표자들을 재선출할 수 있는 권리를 가지고 있어야 한다. 대중은 경제적, 사회적 및 문화적 영역에서 모든 차원의 권력에 개입할 수 있는 기회와 가능성을 가지고 있어야 한다. 그리고 이것은 다양한 형태의 민주적 자주관리와 인민통제의 가치를 강조하는 것이다.

나아가 인민대중과 정치세력은 언론, 집회, 결사 등의 고전적 자유를 훨씬 넘어서서 정치생활에 개입할 수 있는 그밖의 다른 권리들도 완전하게 보유해야 한다. 예를 들면 시위와 정치적 파업은 진정한 민주사회에서는 포기될 수 없는 민주적 권리다. 철저하게 민주적인 사회에서 추방되어야 할 유일한 것은, 정치행동의 한 도구로서의 테러리즘 및 물리적 폭력과 그리고 개인이나 집단에 대한 비방 및 중상의 활용이다.

특정한 상황 속에서, 심지어 민주적 제도가 존재할 때에도, 선출된 정부가 그 나라에서 대다수 인민의 이익을 해치고 소수의 특권을 옹호하는 방식으로 행동한다면, 정치적 파업은 부당한 조치들에 반대하는 항의와 압력의 수단으로서 민주적 권리인 것이다.

역사, 구조변동, 진보적 사회계층들의 성장으로 말미암아, 일부 선진자본주의 나라들에서 프롤레타리아트의 정치적 총파업이라는 수단은 과거 한 때와는 달리, 이제 더이상 적합하지 않은 상황이 되고 말았다. 정치적 파업의 경우, 프롤레타리아트는 이제는 더욱 폭넓은 사회계층들을, 우리 스페인인들이——영토적 관점이 아니라 사회적 관점에서——**국민적 파업**이라고 부르는 것에 끌어들여야 한다. 파업의 준비는, 국가장치와의 물리적 대결을 지향하는 것이 아니라, 투표함에 대한 기대할만한 의존을 통해서 민주적인 해결을 지향하는 것에 초점이 맞추어져야 한다. 이같은 투표함에 대한 의존은 특정한 환경에서는 심각한 정치적 및 사회적 위기를 해소하는 데에 필수적인 것임이 입증될 것이다. 바로 이 때문에 이런 종류의 파업의 목표를 민주적 기반 위에 세울 수 있는 능력이 요구된다. 이에 따라 이 목표들은 반드시 폭넓은 사회적 내용, 다시 말해 가장 광범위한 부문들의 이해관계 및 사상을 통일시키는 내용이 되어야 한다는 결론이 나온다.

정치적 파업은 자본과 노동의 관계에서 흔히 나타나는 특수한 요구들을 관철하려는 파업들과는 매우 다른 것이다. 이 노자간의 파업은 일개 산업부문 혹은 개별기업에 국한되는 것으로서, 일반적으로 제한적 성격을 지니고 있다. 정치적 파업은, 정부가 자신의 통치과정에서 사회전체의 이해관계 및 정서로부터 위험스러울 정도로 이탈할 때, 인민이 의존할 수 있는 최후의 수단이다. 바로 이같은 이유 때문에, 그것은 진정 예외적인 방책이고, 진보정당들은 오로지 항상 막대한 책임감을 갖고서 그것을 활용해야 한다.

정당 및 새로운 정치구성체의 역할

선진국들에서 사회주의로 나아가는 길에 관한 새로운 사상은 공산당의 역할과 기능이라는 측면에서 상당한 다양성을 허용하고 있다. 공산당이 진정으로 창조적인 맑스주의적 태도를 구현하고 있는 한, 그 당은 계속 전위당이 될 것이다. 그러나 공산당은 이제 더이상 자신을 노동자계급, 근로인민, 문화세력의 유일한 대변자로 간주하지 않고 있다. 공산당은 이론에서는 물론 실천에서도, 사회주의적 경향을 지닌 다른 정당들도 특정 부문의 근로주민의 대변자라는 것을 인정한다. 설사 이들의 이론적 및 철학적 입장과 내부구조가 공산당과 다르다 할지라도 물론 그렇다. 공산당은 특수한 문제들에 대한 각기 다른 정책들 및 해결책들 사이의 경쟁이 정상적이고 고무적이라고 간주하며, 상황에 따라서는 다른 정당이 특정한 정세를 분석하는 데 자신보다 더 정확할 수 있다는 것을 주저없이 인정하고 있다. 맑스주의적 방법은 우리 자신의 배타적 자산이 아니다. 맑스주의가 보편적인 문화적 상속물의 일부이기 때문에, 때때로 심지어 자신이 무슨 일을 하고 있는지 깨닫지도 못한 채로 맑스주의를 적용하는 정당들도 존재한다. 이들이 계속 전위적 역할을 수행하려 한다면, 이 공산당들은 반드시 **구체적 현실에 대한 구체적 분석**을 엄밀하게 수행해야 하는데, 이것은 때때로 주된 흐름에 합류하기를 삼가는 것은 물론, 이 흐름에 거슬러나아가는 것을 뜻한다. 이제는 전위의 역할은 명칭이나 강령에서 파생되어 나오는 특권이 아니다. 사실 그것은 지금까지도 결코 그렇지 않았다. 뿐만 아니라 그것은 우리가 스승의

은전에 의하거나 높은 곳으로부터의 일종의 권위부여에 의해서 기탁받은 섭리적 사명같은 것도 아니다. 그것은 나날이, 매시간, 또 때때로, 다시 말하건대 주된 흐름에 역행함으로써 얻어지는 자리다. 우리가 전위로서의 우리의 역할을 이런 식으로 현실로 바꾸어놓든가, 아니면 때때로 우리의 무력함을 위로하는 데 기여할 그런 이데올로기적 환상으로 이 역할이 격하되고 말든가 둘 중 하나다.

새로운 사상이 의미하는 바는, 당은 군대가 아니라는 것이다. 물론 통치계급의 폭력이라는 역사적 상황이 다른 대안을 남기지 않는다면, 당은 군대가 될 가능성이 있지만. 민주주의 상태에 있는 당은 다음과 같은 남녀로 이루어지는 하나의 정치세력이다. 이들은 나날이 더 큰 책임감을 가지고 점차로 의식적이 되며, 자유롭게 의견을 표명하고 논의하고 주장하지만 당의 강령을 자신들의 공통목표라고 간주하는 데 동의하는 사람들이다. 또 이들은 당 자체를 근로인민이 자신의 해방을 위해 가지고 있는 가장 귀중한 도구로, 또 조직을 효과적인 정치행동의 주된 구성요소로, 그리고 행동통일과 규율을——일단 당대회에서 혹은 하나의 당대회가 열리고 다음 당대회를 앞두고 있는 시기에는 지도 조직체에서 다수파가 결정을 내린 후에는 ——필수불가결한 무기로 간주하는 사람들이다.

당에 소속된 남녀는 합리적으로 사고하며 또 창조한다. 이들은 결코 수동적인 분자들이 아니다. 그러나 이들은 행동이 필요한 시기에 이르면 집단적 판단기준이 개인적 판단기준보다 우월하다고 인식한다.

당은 집단적인 정치적 과제 이외의 영역에서는 각 구성원들이 자신의 선호, 지적이거나 심미적인 성향, 그리고 자신의 사적 관계들에 영향을 미치는 모든 것에 관한 한 자신의 운명의 주인이라는 점을 인정한다. 또 당은 이론, 문화, 예술의 영역에서 그리고 인문과학을 비롯한 모든 과학의 연구분야에서 다양한 학교들이 당 내부에 존재할 수 있다는 것과, 이 학교들은 당의 문화기관들과 출판물에서 제한없는 대결의 가능성을 가지고 있다는 것을 인정하고 있다. 이러한 당은 혁명전략과 정치전술의 문제를 제외하고는 판단을 내리지 않는다.

당은 대중의 당이자 당료들의 당이고, 동시에 당원들의 당이자 전사들의 당이기도 하다.

당은 국가와 사회에서 지배세력이 된다는 목표나 혹은 국가와 사회에 대해 자신의 이데올로기를 공식적으로 부과한다는 목표도 설정하지 않는다. 당의 사명은 노동세력과 문화세력이 정치적 및 사회적 헤게모니를 쟁취하도록 보장하는 데 기여하는 것이다. 이런 목표를 갖고서, 당은 권력을 자신을 위한 독점물로서 쟁취하려고 애쓰는 것이 아니라, 이러한 세력을 대변하는 다양한 정치집단들이 자신의 실제적 비중에 따라 진보, 사회주의, 그리고 민주주의를 위한 경쟁에 참가하고 상호협력하는 것을 포괄하는 그런 권력을 갈망한다.

분명히 이것은 당의 역할에 관한 일정한 고전적 개념들의 정정을 의미한다. 이런 정정은 구조적 변동들과 관련되어 있는데, 이같은 변동은 생산력 발전과 사회주의를 지지하는 세력들간의 새로운 잠재적 상호관계와 더불어, 요컨대 새로운 현실과 더불어 사회에서 발생한 것이다.

이런 상황에서 지난 시기에 우리 공산주의자들이 사회 내의 근로인민의 헤게모니의 도구라고 당에 귀속시켰던 역할은, 오늘날 이론적 의미에서는 소위 **새로운 정치구성체**라는 것으로 귀착될 것이다.

새로운 정치구성체라는 사상은 사회 내의 노동세력 및 문화세력의 블럭의 헤게모니라는 사상과 결부되어 있다. 분명 모든 사회세력은 자신의 역할을 수행하기 위해 정치적 도구를 필요로 한다. 우리 자신은 우리 자신의 당에 대해 애정을 가지고 있지만, 당만이 유일한 정치적 도구는 아니라고 생각한다. 또 다른 정당들도 배타적으로 유일한 정치적 도구는 아니라고 생각한다. 이들 모두의 연합(conjunction)이 정치적 도구가 될 것이 확실하다. 이런 연합은 공통의 특징들과 상이한 특징들을 지닐 것이다. 이 공통의 특징들이란 사회주의적이든 민주적이든 최소강령일 수도 있고, 또 현재 사회의 각종 문제들에 대한 해결책을 창출하고 연구하는 공동기관일 수도 있고, 정치적 조정을 담당하고 이런 문제들을 심사하는 공동기관일 수도 있으며, 공통의 목적을 달성하기 위한 국가권력 차원을 비롯한 각급 차원에서의 공동행동일 수도 있다.

상이한 특징들이란 아마도 다음과 같은 것들일 것이다. 첫째는 새로운 구성체를 구성하는 각 정당 및 사회조직들 각각의 고유한 이론이나 철학, 둘째는 새로운 사회구성체의 조직의 독립성과 그 자체의 고유한 정치활동 및 지도기관들의 독립성, 세째는 그 자체의 고유한 입장을 창출하고 새로운 구성체 안팎에서 이 입장을 지지할 수 있는 완전한 자유, 네째는 극복할 수 없는 이견이 발생하는 경우에 새로운 구성체를 이탈할 수 있는 자유가 그것이다.

다시 말해서 이러한 새로운 정치구성체는 정당들과 다양한 사회조직들의 동맹체(confederation)와 유사한 그 무엇이 될 것이며, 이 정치구성체는 합의에 입각해서 행동하고 정당들 및 조직들 각각의 개별성과 독립성을 존중할 것이다.

이것은 초정당(super-party)이 되지는 않을 것이다. 왜냐하면 각 구성조직이 궁극적으로는 자신의 고유한 행동의 자유를 보유하고 있기 때문이다. 또 그것은 단순히 선거에 관련된 일시적 연합도 아니다. 그것은 공통의 이상을 실현하기 위해 그것이 계속 존재하기를 바라는 갈망에 의해 고무될 것이기 때문이다.

이런 새로운 정치구성체는 우리측의 의지적 행동에 의해서 등장할 수 있는 것이 아니라, 사회주의로 가는 공동의 민주적 길에 대한 자각을 높이고, 독점자본주의와의 협력 입장을 포기하고, 선의의 경쟁이 적대적 경쟁을 대체하는 신뢰풍토의 창출과 상호적인 결집을 이룩하는 일련의 전과정을 통해서, 그리고 점차 높은 차원의 협력 및 공동투쟁의 형태를 통해서 등장할 수 있다. 달리 말하면 그것은 일격에 즉시 이루어질 수 있는 어떤 것이 아니다.

유로코뮤니즘과 사회민주주의

나는 지금까지 논의한 모든 것이 동료들과 정직한 적들에게 중요한 다음과 같은 사실을 확인하는 데 기여할 것이라고 생각한다. 다시 말해 "유로코뮤니즘적" 현상은 일부 스페인 내외의 반동가들이 말하는 것처럼 "모스크바측의 전술책동"이 아니라는 점이다. 그것은 관련 당사자들의 경험과 구체적 현실로부터 탄생하여 이제 형성되고 있는 자율적인 전략적 개념이다. 우리를 편견없이 판단하는 사람이라면 누구나 이런 전략이 "소련의 영향력을 확장할" 목적으로 창출되지 않았으며, 또 유럽대륙의 군사적 세력관계를 뒤엎기 위해 만들어진 것도 아니라는 점을 인정할 수밖에 없을 것이다. 이같은 영역에서 그것은 블럭정책을 극복하고, 사회주의를 지향하는 유럽 각국과 나아가 전체 유럽의 독립성을 확보하는 것을 목표로 하고 있다. 또 그것의 목표는 유럽이 평화유지, 국제협력, 특히 제3세계와의 평등하고도 민주적인 국제관계의 수립에서 한층 발언권을 강화하는 그런 상황을 창출하는 것이다. 아마도 바로 이런 이유 때문에 흔히 "유로코뮤니즘"이라고 알려져 있는 것은 한쪽에서는 저주의 대상일 것이며, 반면 다른 쪽에서는 적대적인 블럭으로 간주되는 경향이 있다. 다시 말해 그것은, 공산주의란 소련정책의 도구임에 틀림없다고 생각하는 사람들과, 유럽을 미국 제국의 확장에 불과하다고 보는 사람들 모두로부터 거부되고 있다.

내가 규정하고자 하는 공산주의적 경향들이 일본에 의해서 입증되고 있는 것처럼 어떤 선진자본주의 나라들에 대해서나 본질적으로 타당할지라도, 만일 "유럽"이라는 접두사가 허용될 수 있다면, 그것은 우리가 유럽대륙의 어느 한 나라의 현실에 입각하여 이를 출발점으로 삼고 있기에 각국의 사회주의 세력들은 유럽 차원에서의 일정한 공동전략과 절연할 수 없다는 것 때문이다. 이런 경향이 유지되고 승리를 달성하기 위해서는 반드시 유럽적 규모로 통합조정된 행동을 필요로 한다. 바로 이것이야말로 자기 발로 서 있는 통일 유럽, 즉 유럽의 자원을 활용하며 현재 지역화 국면을 경과중인 전세계 세력균형에서 자신의 고유한 역할을 수행할 수 있는 그런 통일유럽을 창출하는 데 결정적으로 기여할 것이다.

한편 이데올로기적 영역에서 "유로코뮤니즘"은 사회민주주의와, 적어도 현재까지 드러나 있는 사회민주주의와 아무런 혼동도 있을 수 없다. 흔히 "유로코뮤니즘"이라고 부르는 것은 자본주의 사회를 관리하는 것이 아니라, 변혁하는 것을 제안하고 있다. 또 그것은 국가독점자본주의 체제에 편입되어 있는 그 체제의 통치의 한 변종이 아니라, 그 체제에 대한 사회주의적 대안이 되는 것을 제안하고 있다. 다시 말해 유로코뮤니즘은 세계혁명과정을 발전시키는 것을 제안하고 있는데, 이 과정은 인류가 자본주의적 발전 모델에 따라 지금까지 걸어온 막다른 골목으로부터 탈출하기 위해서는 객관적인 사회적 필연이다.

동시에 "유로코뮤니즘적" 전략목표는 사회주의 및 사회민주주주의 정당들, 진보적 기독교 세력들, 그리고 독점 유형의 소유에 대한 추종자가 아닌 모든 민주적 집단들을 하나로 수렴시키는 것이다. 사회발전이 고정적인 것이 아니라 유동적이며 변동하는 과정으로서 간주된다면, 이러한 목표는 결코 모순적이지 않다.

공산주의자들과 사회주의자들이 분리된 데는 역사적 원인들이 분명히 존재하지만, 이 원인들을 철저하게 분석하는 것은 필자가 시도하려는 영역을 벗어나 있다. 우리 공산주의자들은 우리 자신이 관련되어 있는 한 우리의 역사에 대해 완전한 책임을 지며, 이 역사의 정확한 평가와 그것의 오류 및 결함에 대해 그것을 부인하거나 자화자찬의 신화로 바꾸지 않고 비판적 정신 속에서 고찰하고자 한다.

사회주의 및 사회민주주의 정당들이 자신들로서는 다소 개방적인 비슷한 과정을 계속하고 있다면 —— 종종 다양한 종류의 정당들이 적어도 초기에는 역사적 분석에 의하기보다는 오히려 전략 및 전술을 수정함으로써 자아비판을 수행한다는 점에 비추어본다면 —— 과학적 사회주의와 민주주의를 기초로 1920년[1]의 분열을 치유하고 합의에 도달하지 못할 이유가 없다. 이런 종류의 과정이 프랑스에서 "좌파연합"을 이끌어낸 발전의 기초라고 나는 생각한다.

적어도 스페인에 관한 한, 기독교운동에서는 이런 합의를 한층 용이하게 하는 데 도움이 될 수 있는 자아비판 혹은 아기오르나멘토(혁신) 과정의 발전이 발견된다.

결론적으로 말하자면, 유럽의 공산당들과 사회주의 및 사회민주주의 정당들이 각국 차원과 전유럽적 차원에서, 이미 일부 나라들에서 나타나 있듯이, 그리고 수년 전에 시작된 맑스주의자들과 기독교인들간의 대화와 유사하게, 비록 특정한 결과로의 타결은 때때로 어렵고 기나긴 과정일지라도 대화를 전개할 필요성이 점차 절실해지고 있다.

우리의 발전의 상황

권력블럭들로 이루어진 오늘날의 세계에서 서구의 다른 나라들과

1) 스페인 공산당의 탄생연도. (영역자)

마찬가지로, 스페인은 명확히 규정된 정치적, 경제적 및 군사적 지역권에 위치해 있다. 우리는 이같은 현실을 무시하려는 의도는 전혀 없다. 이와 관련해서 우리의 입장은 어떤 것인가?

우리의 입장은 이 현실과 단절하고 다른 지역권, 즉 소련을 중심으로 집단화되어 있는 이런저런 형태의 지역권으로 넘어가기 위한 것이 아니다. 우리는 우리의 목표가 소련과 미국으로부터 독립된 하나의 유럽, 즉 사회주의를 지향하는 인민의 유럽이며, 그 속에서 우리나라는 자신의 고유한 개체성을 보유하게 될 것이라고 이미 밝혔다.

서구에서 정립되어 있으며 대의정치제도——의회, 정치적 및 철학적 다원주의, 권력분립 이론, 지방분권, 인권 등——에 기반을 두고 있는 정치체제에 관해서 말하자면, 이 체제는 본질적으로 타당할 뿐 아니라 자본주의적 경제적 토대보다는 오히려 사회주의적 경제적 토대와 더불어 훨씬 더 효과적일 것이다. 서구 각국의 경우, 이 체제를 훨씬 더 민주적으로 만들고, 권력을 인민에게 좀더 근접시키는 것이 문제다.

경제적 환경은 훨씬 더 복잡하다. 추측할 수 있듯이, 제국주의는 노동세력 및 문화세력들이 지도력을 장악한 민주권력을 전복시키고자 애쓰고 있다. 이런 압력에 직면하여, 첫째로 가장 넓은 의미에서의 유럽 좌파의 연대에 의존할 필요가 있으며, 또 여론에 의한 압력에뿐만 아니라 좌파가 집권하고 있는 나라들의 정부정책에도 의존할 필요가 있다. 이러한 연대는 상호적일 것이며 다양한 여러 측면의 과정에 통합되어 있겠지만, 사회적 및 경제적 구조들의 변혁에 관한 한 응집력을 가지고 있어야 한다. 따라서 공산주의자는 물론 유럽 좌파가 공동전략을 전개해야 할 필요성이 제기되는 것이다.

둘째로 그것은 제3세계와의 협력, 특히 반제국주의적 및 민족적 정책을 추구하고 있으며, 또 제3세계 발전에 도움이 될 국제관계의 민주화에 헌신하고 있는 나라들과의 협력에 의존해야만 한다.

세째로 유럽과 아시아의 사회주의 나라들과 경제관계를 강화해야 한다.

이 모든 것은 우리나라의 경제관계 체계의 변혁을 의미하지는 않는다. 일국의 전통적인 경제관계 체계는 심각한 손상이 가해지지 않는 한, 그렇게 쉽게 변하지 않는다. 스페인은 이 나라가 물자를 팔고사는 역사적으로 형성된 시장을 계속 유지하려고 노력해야 하지만, 그러면서도 가능한 한 자국의 이해에 맞게 이 시장을 확대하고 다변화하는 데 힘써야 할 것이다.

우리의 경제적 독립의 발전을 지원하는 것은 분명히 필요하다. 그러나 이러한 독립이 항상 상대적인 것이 될 것임을 우리는 알고 있다. 우리는 과거 프랑코주의 하에서 시도되었다가 결국 실패로 끝난 불가능한 자급자족경제(autarky)에 우리를 폐쇄시킬 수는 없다. 우리는 생산력의 국제화 과정에 놓여 있고 외국자본과 다국적기업의 투자라는 현실에 직면해 있다. 민주적이고 사회주의적인 스페인은 이러한 현실을 감안해야만 하고, 이 부문들에서 국민의 이익에 걸맞는 나라발전을 촉진하기 위해서 이 현실을 활용하도록 노력해야 할 것이다.

이것이 의미하는 바는, 이 나라에서 외국자본의 투자와 다국적기업의 활동은 억제되지 않을 것이며 따라서 스페인 내에 있는 외국자본은 이윤을 추출하게 되리라는 것이다. 사회주의의 원칙들 및 역사적 경험이라는 시각에서 보자면, 이것은 바로 사회주의가 다년간 수립되어 있는 나라들――일정기간 동안에는 자본주의 나라들과의 경제관계가 실제로 정지된 적이 있던 나라들――에서 이미 실시되었거나 현재 실시되고 있는 조치들의 반복에 지나지 않을 것이다.

소련의 경우, 한때 레닌은 심지어 소비에트권력을 안정화시키고 낙후된 지역들을 발전시키기 위해서 외국기업들에게 일시적 영토할양을 허가하는 것에 찬성한 적도 있다. 물론 이것은 극단적인 비상조치였던 것이 사실이다. 중국에서 영국제국주의는 홍콩을 계속 점령하고 있는데, 이것은 중국이 영국을 축출할 힘이 부족해서가 아니라 홍콩이 실제로 중국경제의 안전판이기 때문이다.

현재 소련에는 자본주의 나라들의 많은 은행들이 설립되어 있으며, 시베리아 가스의 공동개발 및 활용을 조직화하기 위해 일본기업들과 계약을 체결하고 있고, 피아트의 현지법인이 설립되고 있으며 이와 유사한 협정들이 프랑스를 비롯한 여러 다른 나라들의 기업들과 체결되어 있다. 이와 똑같은 많은 것들이 다른 사회주의 나라들에서도 이루어지고 있다. 그리고 자본주의 서방에서 공황이 계속 심화된다면, 그 기업들은 사회주의 나라들과의 협정을 체결하기 위해 전보다 훨씬 격렬하게 경쟁할 것이다. 그리하여 자본가들은 이윤을 획득하지만, 동시에 사회주의 나라들의 경제발전을 지원하게 되는데, 바로 이에 대한 댓가가 그 이윤인 것이다.

코메콘(동구상호원조기구)은 유럽공동시장과 상호이익이 되는 협정을 체결하고자 노력하고 있다. 루마니아와 유고슬라비아 등의 사회주의 나라들은 이런저런 형태로 유럽공동시장과 연관을 맺고자 애쓰고 있다. 폴란드는 액수가 적기는 하지만 미국의 원조를 받고 있다.

사정이 이러할진대, 스페인의 사회주의적 민주주의는 **스페인의 경제발전을 지원하는** 외국인투자 및 다국적기업에 대해 문호개방정책을 계속 취해야 할 것은 분명한 일이다. 이 경우 보존되어야 하는 것은 국가이익, 외국인투자의 국민적 계획으로의 통합, 그리고 직접적이든 간접적이든 국내문제에 대한 모든 형태의 개입의 금지 등이며, 특히 이런 개입에 대해서는 가장 혹독한 경제적 제재가 당연히 취해질 것이다.

어쨌든 비록 제국주의가 이제 유일한 세계체제는 아니지만 여전히 **세계시장**이 존재하며, 이 시장은 **상품교환이라는 객관적 법칙들**——요컨대 결국 **자본주의적인** 법칙들——에 의해 지배되고 있다는 객관적 현실을 출발점으로 삼는 것이 필수적이다.

자본주의 나라들의 정치 및 경제 지도자들이 두 개의 세계시장 즉 자본주의 시장과 사회주의 시장에 대해 논의하던 때가 있었다. 오늘날 이런 시장이 여하튼 존재한다 할지라도, 이런 종류의 논의는 거의 나오지 않는 실정이다. 시장의 법칙들은, 정치적 연대의 필요성 때문에 부득이 부정되는 일정한 예외가 있긴 하지만, 사회주의 나라들간의 무역관계를 지배하고 있으며, 이 나라들은 기술적 우월성과 유리한 신용 때문에 자본주의 나라들과의 교역에 우선권을 부여한다. 다시 말해, 비록 사회주의 나라들이 수년 동안 가치법칙이 자기 나라에서 통용된다는 것과 이에 관해 이론화하는 것을 거부했을지라도, 사회주의 나라들의 가격형성에서 세계시장이 기계적으로 영향을 미치지는 않더라도 매우 직접적인 영향력을 행사하고 있는 한, 사회주의 나라들은 자본주의 시장과 밀접한 관계를 맺고 있으며 그리고 가능한 한 더욱 밀접한 관계를 맺으려 할 것이다.

지금까지 자본주의 서방의 공황은 사회주의 나라들에게 직접적으로 반영되고 있음이 사실이다. 아마도 세계시장과 맺고 있는 관계가 당분간은 제한적일 중국, 북한, 그리고 한두 나라를 제외한다면, 사회주의 나라들에도 인플레이션 현상이 실제로 존재한다. 설사 이 나라들이 인정하지 않을지라도, 인플레이션은 서방보다 완화된 형태이긴 하지만 서방에서와 마찬가지로 진행되고 있다. 그리고 유럽공동시장에 공공연하게 위기가 존재한다면, 코메콘에도 심각한 모순들이 존재한다는 증거가 있다. 그리하여 경제는 냉혹한 법칙을 갖고서 모든 정치적 결정의 근저에 놓여 있는 것이다.

이런 이유 때문에, 현실주의적 경제정책은, 스페인에 관한 한, 경제적 환경의 특징들을 무시할 수 없다. 우리는 아주 오랫동안 외국자본에게 이윤이라는 형태로 조공을 바쳐야만 할 것이다. 여기에서 중요한 것은 그렇게 하더라도 우리의 정치적 독립을 보존하는 것이며, 또 인민의 민주적 의지에 역행하여 경제적 위세를 사용하려고 하지 않는 사람들에게 우선권을 부여하는 것이다. 이와 병행하여, 우리는 민주정부에 대한 직접적인 압력뿐만 아니라 흔히 그렇듯이 정당을 매수하거나 또는 대중통신매체를 통해 간접적으로 행사되는 압력들도 이해해야만 한다.

스페인이 군사적으로 명백히 중요한 지역에 위치해 있기 때문에 발생하는 문제들에 관해서 말하자면, 이 군사적 영역에서는 정책이 탄력적이어야만 한다. 그것은 현재의 세계의 세력균형을 뒤엎거나 또는 미국의 영향에서 소련의 영향으로 전환한다는 문제가 아니다.

군비축소의 필요성에 대한 자각이 절박하지 않는 한, 군사적 세력균형은 당분간 평화의 유일한 보증자가 될 수도 있다. 군사적 세력균형이 현재의 평화를 매우 불확실한 것처럼 보이게 할지라도, 상황이 실제로 존재하는 방식은 바로 이런 것이다. 바로 이런 상황을 출발점으로 삼고, 또한 비동맹 및 블럭정책의 극복이라는 목표를 갖고서, 민주적인 스페인이 설정해야 할 하나의 과제는, 첫단계에서는 현재의 세력균형의 양극적 성격을 극복하고 이것을 다극적 세력균형으로 변화시키도록 지원하는 것이다. 이런 이유 때문에, 우리는 방위를 미국 및 소련으로부터 독립해서 유럽 차원에서 조직화하는 국면에 반대하지는 않지만, 다만 이런 조직이 스페인군의 국민적 성격을 파괴하지 말아야 한다는 것을 전제조건으로 한다. 다시 말해 그것은 외국군대들을 통합했던 시저의 로마군단이나, 강제적이든 자발적이든 독일과 제휴한 나라들의 군대를 독일 참모진이 지휘했던 히틀러의 유럽군을 모방하는 문제가 아니다. 그것은 각 군의 국민적 성격을 유지하는 조직의 문제이자 명확하게 규정된 목표들을 지니는 조직의 문제다. 이 목표 가운데 첫째는 세계평화의 유지, 즉 타국에 대한 침략행동에 착수하지 않고, 연합체에 소속된 나라든 그 외부에 있는 나라든간에 어떤 국가의 내정에도 간섭하지 않으며,

또 어떤 구실로도 그 나라들의 영토에 침입하지 않는 것이어야 한다.

현재의 상황에서 이런 유형의 유럽적 방위조직은 이와 동시에 미국과 소련 양국에 의해 보장받는 것일 수도 있는데, 더구나 미국과 소련은 자국의 막대한 핵의 위력 덕분에 자국의 방위를 보장하기 위해 기지나 외국영토의 점령을 필요로 하지 않기 때문이다.

5. 유로코뮤니즘의 역사적 뿌리

"유로코뮤니즘"의 선구로서의 유럽 인민전선

"유로코뮤니즘적" 경향에 속하는 정당들은 민주주의, 다당제, 의회 및 대의제 장치, 보통선거를 통해 정기적으로 행사되는 인민주권, 국가나 당으로부터 독립적인 노동조합, 저항의 자유, 인권, 종교적 자유, 문화적, 과학적 및 예술적 창조의 자유, 그리고 모든 차원과 영역의 사회활동에 대한 광범위한 인민적 참여 형태의 발전 등을 통해 사회주의로 전진할 필요성에 대해 동의한다. 이와 더불어 이 정당들은, 어떠한 형태로든, 있을 수 있는 그 어떠한 국제적 지도중심과의 관계에서나 사회주의 국가들과의 관계에서 완전한 독립성을 주장한다. 그러면서도 이를 이유로 국제주의자이기를 포기하지도 않는다. 그들은, 식민주의와 신식민주의에 대해 반대하고 국제관계를 더욱 민주화시키기 위해 투쟁하고 있는 제3세계 나라들과의 연대에 상당한 관심을 기울이고 있다.

이 정당들은 협력과 평화공존, 군사블럭 정책의 지양, 국적을 불문한 모든 해외주둔기지의 철수, 핵무기 금지 및 군축, 타국의 내정에 대한 불간섭, 모든 민족의 자결권 행사 등을 추구하고 있다.

이러한 공산주의 정당들은——때에 따라 정도의 차이는 있지만——자신들을 다른 정당들로부터 구분짓는 이데올로기적 및 정치적 장치들을 발전시켜왔다. 이 차이는 하룻밤 만에 발생한 것인가, 아니면 과거에 그 뿌리를 두고 있는 기나긴 과정의 결과인가?

이 문제에 대한 대답은 꽤 중요한데, 왜냐하면 그 대답이 무엇이냐에 따라 우리의 현재적 제관계에 내용성과 신뢰성이 더해지기도 하고 깎여지기도 하기 때문이다. 그리고 실제로 이러한 종류의 변화는 항상 기나긴 잠복기를 갖는 것이 사실이다.

정말이지 이러한 차이가 이미 논란의 여지가 없는 방식으로 하룻밤 사이에 발생했다고——그것이 어떠한 정치적 형태를 띠고 출현했든간에——믿는 것은 어리석은 짓일 것이다. 어떤 사람들은 이 차이가 소련공산당 제20차 대회 이후부터 가시화되기 시작하여 1968년 체코슬로바키아 침공 이후 갑자기 심화되었다고 생각한다. 다른 사람들——예를 들어 일본인——은 아마 중소간의 차이가 명백해지기 시작한 시기에 그런 결정적 순간이 왔다고 생각할 것이다.

이미 50년대에 영국 공산주의자들은 사회주의로의 이행이 민주주의라는 조건 속에서 이루질 것이라고 예상하는 강령을 만들어냈다. 이 최초의 움직임은 평화적이고 의회주의적인 사회주의로의 이행의 가능성을 확립한 소련공산당 20차 대회와 관련하여 새로운 지평이 열렸던 시기에 앞서 이루어졌다. 이러한 상황은 폴릿(Harry Pollit)이나 골란(John Gollan)과 같은 사람들이 품고 있던 생각들이 표출될 수는 유리한 여건을 조성해주었다.

1956년에는 그들 자신의 입장에서 몇몇 이탈리아인들이, 그중에서도 특히 톨리아티가, 소련공산당 제 20차 대회에서 흐루시초프가 비난했던 현상의 원인, 그리고 헝가리에서와 같은 사태들에 대해 보다 깊이 파고들었다.

톨리아티는, 문제는 정치체제에 있다는 핵심에 닿을 수 있었다. 비록 이 체제에 대한 비판은 (적어도 공개적으로는) 발전되지 못했으나, 사회주의로의 이탈리아적 길은 그때부터 점차 명백하게 대두하기 시작했다.

서구의 공산주의 지도자들 중에서는 아마도 톨리아티가 소련에서 가장 오랫동안 살았고 따라서 소련에 대해 가장 잘 알고 있는 사람이었을 것이다. 그는 사실상 공산주의 인터내셔널의 결정을 떠맡고 있던 소그룹에서 수년에 걸쳐 일했다. 때문에 그는 다양한 분파간의 갈등을 경험했으며, 그것들이 어떤 방식으로 해결되는가도 목격했다. 아마도 그는 그 체제의 함정과 덫으로부터 빠져나오기 위해 누차에 걸쳐 그의 온갖 기술을 다 이용해야 했을 것이다. 인민전선, 특히 스페인 인민전선의 경험, 그리고 살레르노(Salerno)의 전환,[1] 새로운 이탈리아 공화국의 건설, 트리에스테(Trieste)를 둘러싼 영토분쟁——여기서 그는 매우 단호한 독립적 민족적 입장을 취했다——등의 경험을 통해 그는 다양한 종류의 가치있는 체험을 했다. 이로 인해, 그리고 이에 더하여 그의 광범위한 문화적 배경과 냉철하고 명석한 지적 능력으로 인해 그는 다른 지도자들보다 많은 소양을 갖추게 되었다. 이탈리아공산당 제8차 대회 이래 자주노선이 등장하게 되는데, 톨리아티는 이를 1960년 세계대회에서 개괄적으로 설명했으며, 그의 정치적 유언으로 간주되는 저 유명한 얄타메모에서 다시 한번 천명했다. 이후 이 자주노선은 롱고(Luigi Longo)의 지도 하에 공고화되었으며, 베를링게르(Berlinger)의 "역사적 타협"이라는 개념에서 그 절정에 이르렀다.

이미 그 이전에도 유고슬라비아의 경험은 자율성과 이데올로기적

1) 공산당이 주도적 역할을 하여 1944년 4월 살레르노에서 이태리 최초의 민족통일 정부가 형성된 것. (영역자)

창조성이라는 경향을 추동하는 데 기여했었다. 1948년 스페인 공산당을 포함한 많은 공산당들은 소련에 대한 무조건적 지지의 전통에 따라, 그리고 이 경우에는 코민포름을 구성하는 주요한 정당 집단의 보증을 받으면서, 마치 한 무리의 양떼와도 같이 티토 동지 및 여타 유고슬라비아 지도자들에 대해 퍼부어진 비난에 동조했다. 무조건적 지지는 그 정도에까지 이르렀고, 따라서 흐루시초프가 용감하게도 공개적으로 그 전체계를 해체시키려 하게 되자, 우리는 그동안 우리가 엄청나게 기만당하고 부도덕하게 조종되어왔다는 것을 깨닫게 되었으며, 이로 인해 소련 공산당에 대한 우리의 태도에서 신화적이고 거의 종교적이기까지 한 요소들의 간재가 완전히 분쇄되었다.

노동자 자주관리는 아마도 처음에는 약간은 방어적인 성격의 이데올로기적 발견이었을 것이다. 즉 이는 코민포름에 속한 사회주의 나라들에 의해 수행된 경제적 및 정치적 전쟁에 직면하여, 모든 인민으로 하여금 유고슬라비아 사회주의의 건설과 방어에 대한 책임을 공유하는 데 참여하도록 하기 위한 것이었다. 그러나 그것이 가능성을 보이게 되자, 이는 사회주의의 경제적 및 정치적 민주주의에서 대단히 중요한 구성부분으로 등장하게 되었다. 즉 그것은 연구할 필요가 있는 것, 또 효율적인 한, 모든 사회주의혁명의 경험 속에 포함시킬 필요가 있는 것이 되었으며, 그리하여 지금까지의 관료주의적 중앙집중주의에 대한 자기방어의 한 형태로 등장하게 되었다.

이 문제들에 보다 깊이 천착해들어가보면——그리고 그것들 중 어떤 것이 아직 그렇게 되지 못했다면 연구자들이나 사회학자들이 그렇게 하고자 할텐데——2차대전 이전까지 소급되는 일종의 이분법, 즉 한편으로는 공산당들이 문제를 제기하는 특정한 일반적인 방식——우리 사고들 중 많은 부분들 속에도 체화되어 있는, 스탈린주의라 할 수 있는 것 속에 내재하는——과, 다른 한편으로는 실천 속에서 애써 현실을 포착하려 하면서 이런 문제제기 방식과 충돌하기도 했던——때로는 표면상으로 가시화되지는 않았지만——또다른 방식 사이의 이분법을 보게 될 것이다.

우리의 논적들은 종종 이러한 이분법의 출현을 과소평가하고——이는 그렇게 하는 것이 그들의 목적에 부합하기 때문이었다——그것을 특수한 과도기적 상황으로 인해 발생하는 전술의 문제로 간주해왔다. 그러나 진정 공산당이 무엇인가를 아는 사람이라면, 어떤 과도기적 전술도 결코 본질 그 자체와 관련된 구상들을 포기하게 할 수 없다는 것을 충분히 알고 있을 것이다.

예를 들어 1935년에 공식적으로 인정된 인민전선 노선이 과연 어느 정도나 프랑스 혹은 스페인 공산당과 같은 특정 정당의 독자적인 창조물이라고 할 수 있는지, 또 소련에 대한 파시스트의 침략에 대항할 필요성에 제약되어 있던 소련의 그것에 대한 공헌은 과연 어느 정도였는지에 대해 철저히 연구하는 것——비록 나는 그럴 시간이나 그에 필요한 자료를 가지고 있지는 못하지만——은 흥미로울 것이다. 아마 공식 역사가들은 쓸데없이 공치사하는 경향을 반영하여, 인민전선에 대한 목가적인 풍경을 그려낼 것이다. 그러나 오늘날 우리는, 예컨대 그당시 프랑스 공산주의자와 코민테른은 인민전선에 대해 상당히 다르게 생각하고 있었다는 것을 잘 알고 있다. (인민전선이 파리에서 승리하였을 때, 그 정부에 참여하기를 바라던) 토레즈(Maurice Thorez)와 (이에 반대한) 코민테른 사이의 대립——비록 우리가 이로 인해 야기된 논의들에 대해 정확히 알지 못하며, 또 이 문제가 공산주의 인터내셔널의 권위에 의해 해결되었다 하더라도——은, 정확하게 평가한다면 결코 부차적인 중요성을 지니는 차이가 아니었다. 그것은 단지 내각의 지분을 갖느냐 갖지 않느냐의 문제가 아니었다. 그것은 근본적인 문제였으며, 인민전선의 내용과 범위에 관련된 것이었다. 공산당원들을 제외한 인민전선이 정부에 참여하는 것과 공산당원들이 포함된 인민전선이 정부에 참여하는 것은 완전히 다른 것이다. 이것은 다른 조건 하에서, 즉 전쟁이라는 틀 속에서 스페인에서 확증되었다.

인민전선이 공산주의자와 더불어 정부에 참여하였다면 프랑스의 반파시스트 투쟁이 더욱 철저하게 수행되었을 것이라는 추측은 과히 경솔한 것은 아니다. 공산주의자들은 정부에 참여하지 않았기 때문에, 인민전선에서 아주 작은 역할밖에 수행할 수 없었다. 그들의 제안들이 갖는 영향력은 정부에 참여했을 경우에 가질 영향력에 비해 더 작을 수밖에 없었다. 스페인 공화국과 관련된 블룸(Léon Blum)의 좌우로의 동요, 즉 그의 비일관성——가능한 한 온건하게 표현한다면——도 꼭 그렇게 나타나지는 않았을 것이다. 토레즈가 바라던 대로 공산주의자들이 정부에 참여했더라면, 프랑스 안에서도 더 강력한 반파시스트 노선이 추구되었을 것이며, 스페인 공화국에 대한 더욱 적극적이고 효과적인 이해도 가능했을 것이고, 히틀러주의의 위협에 직면한 프랑스 대외정책도 더욱 단호한 태도를 취할 수 있었을 것이다. 나는 정부참여 여부에 대해 토론하는 와중에서 문제들이 이러한 시각에서 고찰되고 제기되었는지에 대해 아는 바가 없다. 그렇지만 토레즈가 승리하였다면, 이것은 당연한 결과였을 것이라고 생각한다. 반면 정부에 참여하지 않는다는 것은 일관된 반파시스트 정책을 추진할 능력을 갖추지 못한 위약한 정부를 외부에서 지원한다는 것——단순한 선거연합에서처럼——을 의미했고, 그럴 경우 온갖 종류의 지그재그와 속임수가 허용되고 우연한 상황에 따라 우왕좌왕하기도 하는 국제적인 장기판 위에서 게임이 행해지게 되며, 추축국과의 전면적 대치라는 단호한 길은 회피되게 되어 있었다.

이미 사건이 벌어진 후에, 토레즈가 자신의 길을 걸었다면 어떤 일이 발생했을 것인가에 대해 생각하는 것은 별로 소용없는 짓이다.

그러나 그랬을 경우 프랑스 인민전선은 실제 그랬던 것과는 다른 모습이었을 것이며, 보다 단호한 반파시스트 정책을 추구할 수 있는 인민전선의 능력은 유럽의 상황, 그리고 아마도 스페인의 상황에도 영향을 미쳤으리라고 예상할 수 있다.

이러한 차이는 공산주의 인터내셔널의 중앙집중주의 및 그 규율로 인해 내부논쟁에서는 쉽게 해결되었다. 그러나 그러한 차이들이 발생했다는 사실은 인민전선정책이 파시스트의 침략 위험에 직면하고 있던 소련의 방어정책과 관련된 소련의 창안물——소비에트의 적들이 주장해왔듯이——인 것만은 아니라는 것을 확증해준다. 또 이 정책 속에는 두 가지의 창조적인 접근방법이 조우하고 있으며, 그 중 하나는 특수한 민족적 현실에 의해 규정된 주변부에서 생겨난 것으로서 다른 하나 소련의 대외정책적 고려와는 구별되는 것이라는 점을 확증해주고 있다.

내가 언급한 이분법을 설명해주는 또다른 예가 있다. 폴릿의 경우가 그것이다. 영국공산당 당수였던 그는, 반파시스트 전쟁은 독일이 폴란드를 침공한 날부터 시작되었다고 생각했다. 그것은 그당시 소련공산당과 공산주의 인터내셔널의 지배적인 견해가 아니었다. 그 계열의 공식적 견해는 그것이 제국주의 전쟁의 문제라는 것이었다. 폴릿은 한동안 영국공산당 총서기로서의 지위를 떠나지 않을 수 없었다. 이후 히틀러가 소련을 공격했을 때, 스탈린은 전쟁의 반파시스트적 성격을 선언했으며, 언젠가 한번은 그 전쟁이 처음부터 그러한 성격을 가졌다고 인정하기까지 했다. 폴릿은 자신의 자리로 돌아갔다. 즉 그가 옳았다는 것이 암묵적으로 인정되었다. 내가 그의 경우를 들추어낸 이유는 그것이 때때로 나타났던 모순의 존재를 반영하고 있기 때문이다. 물론 그 모순은 유럽 나라들의 현실 및 그 지역의 특수한 문제들과 긴밀하게 접촉하고 있던 유럽 정당의 주도권과 소비에트 국가의 입장이 전적으로 지배적이었던 "중심"이라는 개념, 이 양자 사이의 분열에 정확히 일치하는 것은 아니었다.

스페인의 경험 : 트로츠키의 경우

스페인의 경우는 아마도 더 시사적일 것이다. 이는 우리나라가 군주정의 몰락과 더불어 경험한 국내 혁명과정이 그 자체의 추진력을 가지고 있었으며, 또 이 추진력은 외부로부터 내려진 결정으로 설명되기 곤란한 것이기 때문이다.

공화국이 선포되었을 때, 그당시 소규모였을 뿐더러 전투적인 만큼 편협하고 종파주의적이기도 했던 공산당은 거리로 뛰쳐나가 소비에트를, 그리고 부르조아 국가의 해체를 요구했다. 이것이 **계급 대 계급** 전술의 시기였다. 이는 여러가지 측면에서 오늘날의 좌익의 입장을 연상시키는데, 스페인의 경우에 해당되는 것이긴 하지만 현재의 좌익들──극도로 작고 정체가 의심스러운 집단들을 제외한다면──중 그 누구도 당시의 우리만큼 좌익적이지는 않다.

사실 그러한 편협하고 좌익적인 노선은 군주정에 대한 반란을 꾀하던 쁘띠부르조아 세력과의 협력이라면 무엇이든 비난했던 공산주의 인터내셔널의 명령과 결정으로부터 유래한 것이었다.

그러나 현실세계 그 자체가 그러한 생각이 얼마나 잘못된 것인지를 보여주었으며, 당과 인민대중이 긴밀한 접촉을 유지할 수 있었던 곳에서 일하고 있던 당 지도자 집단──세비야의 호세 디아즈(José Diaz), 미제(Mije), 델리카도(Delicado), 바르네토(Barneto), 그리고 바스크국의 돌로레스 이바루리(Dolores Ibárruri)와 같은 지도자들──은 스스로 질문을 제기하기 시작했다. 그리고 바로 이들이 대중을 향한 당의 전환을 주도한 새로운 집단의 기초를 형성한 사람들이었다. 당의 전환에서 그처럼 커다란 역할을 수행했던 이 지도자들은 그들의 입장이 공산주의 인터내셔널 방침의 변화와 정확히 일치했고, 그리하여 그것의 지지를 획득하는 데 성공했다는 점에서 운이 좋은 편이었다. 그러나 그들은 1933년의 선거에서 인민전선으로 가는 기나긴 여정의 첫 발을 내디뎠다. 말라가(Malaga) 좌익세력과의 협정이 그것이었는데, 이는 공화국 최초의 공산주의자 하원의원인 볼리바(Bolíva) 박사를 인민연합 후보로 선출될 수 있게 했다.

그후 인민전선이 형성되었을 때, 그리고 소비에트와 공산주의 인터내셔널에서 반트로츠키주의 투쟁이 최고조에 달해 있을 때, 공산당은 스페인 트로츠키주의자들의 인민전선 참여를 받아들였으며 카탈로니아의 군사정부에서는 잠시 그들과 협력하기도 했다.

당시 스페인에서의 정치발전에 대한 요구들은 공산당으로 하여금 그 요구를 소비에트 공산당과 공산주의 인터내셔널에서의 종파투쟁으로부터 유래한 갈등보다 더 강렬하게 인식하게 했다. 나는 아직 당원이 아니었고 그 지도부의 한 사람은 더더욱 아니었기 때문에, 그러한 맥락에서 어떠한 교섭이 이루어졌는지에 대해서 알지 못한다. 그러나 서유럽 자본주의 나라들의 대중정당들로 하여금 사회주의와 자주성에 대한 특수한 관념에 이르도록 이끈 발전과정의 선례를 추적하는 데서, 나에게는 이것들이 그 선례, 코민테른이 여전히 하나의 국제적 "당"일 때조차 이 나라들에게 특징적인 특수한 민족적 문제들의 비중을 보여주는 한에서 일정한 중요성을 지니는 그러한 선례로 보인다.

물론 트로츠키주의에 대해서는 많은 논의가 있었으며, 지금도 스페인전쟁과 이 주제는 또다시 토론되고 있다. 반공산주의 선전이 그 자신의 목적을 위해 여기에 참여하고 있다는 것은 의심의 여지가 없는 일이다. 그러나 이러한 사실에 눈이 멀어 "파시즘의 첩자"로 부당하게 비난받았던 개인과 집단의 복권을──비록 늦었을지언정──거부해서는 안된다.

한때 우리 공산주의자들이, 트로츠키와 트로츠키주의는 파시즘의 첩자임을 철저히 확신했던 시기가 있었다. 모스크바 재판과 그곳에서 행해진 놀라운 고백이, 공산주의자들뿐만 아니라, 그런 고백을 끌어내는 데 사용된 고문장치에 대해서는 상상조차 할 수 없었던 우리와 같은 공정한 관찰자들에 대해서도 엄청난 충격을 안겨주었다는 사실은 아무도 부정할 수 없다. 사실상, 역사와 소련공산당 제20차 대회는 당시에 트로츠키주의자들이 고발했던 많은 잔학행위를 확인해주었다. 그러나 그들의 말과 스탈린 및 그 동료들의 말 중에 어느것을 진실이라고 믿을 것인가를 결정하는 것은, 말하자면 신앙의 문제였으며, 그당시에 우리는 소련 지도자들을 믿기로 선택했다. 소련은 최초의 프롤레타리아 국가였고, 그것의 계속적인 생존은 우리 공산주의자들에게 무엇보다 우선시되는 것이었다. 그 단계에서는 소련에 대한 공격처럼 보이는 모든 것은 객관적으로 적에게 봉사하는 것으로 보였다.

그러한 기반 위에서, 트로츠키는 독일의 첩자이며 미제국주의의 비호를 받고 있다는 신화가 등장하여 공고화될 수 있었다. 그 결과 당시 우리 젊은이들은 10월혁명과 그후의 내전에 대한 공식적 설명——트로츠키의 역할에 대해서는 침묵한 채 지나가버리는——을 곧이곧대로 믿게 되었다.

20차 대회 이후, 트로츠키의 입장을 객관적으로 다루면서 많은 경우에 이를 지지했으며, 트로츠키의 인품에 대해서도 그 긍정적인 측면을 숨기지 않고 자신의 견해를 서술하고 있는 레닌의 저작이 소련에서 출간되었다. 이는 이제 역사교과서에서도 트로츠키의 역할이 보다 객관적으로 취급되리라는 것을 예고해주는 듯했다. 그러나 그러한 취급은 구체화되지 않았다. 공식적인 역사교과서들이 연달아 출간되기는 했으나, 진실에 대해서는 아무런 암시도 비치지 않은 채 역사적 실제와 일치하지 않는, 사실에 대한 편협한 조작이 계속되었다. 그 결과 10월혁명과 그에 관련된 문제들은 넌더리가 날 정도로 달콤한 동화의 형태로 계속해서 제시되었으며, 이것은 노동자계급운동과 혁명운동을 연구하는 사람들이 그 풍부하고 모순적인 역사를 알지 못하도록 방해하고, 그들을 정치적으로나 이데올로기적으로 무장시키기는커녕 오히려 무장해제시켜버렸다.

지금이야말로 혁명에서 트로츠키의 역할을 객관적으로 소개하고 이것을 하나의 경향으로서의 트로츠키주의에 대한 비판과 부합시켜야 할 시기다. 레닌은 혁명 이전과 "중앙파 트로츠키" 시기, 그리고 혁명 기간 중에 이 전(前) 인민위원이 취했던 몇몇 입장들에 대해 자신의 의견을 개진하는 가운데 이미 그렇게 했다.

트로츠키에 대한 이러한 소개는 그가 혁명운동과 러시아 당 내부의 정치적 경향 중의 하나를 대표하고 있으며, 단순히 나치첩자로 취급될 수 없다는 사실에서부터 출발해야 한다. 오늘날 이를 인정하기를 주저할 이유가 어디 있겠는가? 오히려 진실은 계급투쟁의 복잡함을 이해하는 데, 그리고 젊은 세대들에게 그 복잡함을 선명하게 보여주는 데 도움이 될 것이다.

그럼에도 불구하고 1936~39년의 스페인혁명에 대한 트로츠키의 견해는 대단히 잘못된 것임을 지적하지 않을 수 없다. 트로츠키는 스페인에서 발생하고 있던 것들을 모두 러시아 모델과 비교하면서, 그 모델을 충실히 따르지 않는다는 이유로 그 자신의 지지자들마저 비판했다. 그러나 스페인혁명은 1917년 러시아혁명으로부터 상당히 벗어난 특징들을 보여주었다. 이 특징들에 대해서는 차후에 언급할 것이다.

잠시 논점을 벗어나 트로츠키주의에 대해 이런 이야기들을 하는 김에, 현재 몇몇 집단 내에서 계속 왈가왈부되고 있는 또다른 문제, 즉 닌(Andreu Nin)에 대한 문제를 언급해보고자 한다. 닌은 1937년 5월 바르셀로나에서의 소규모 반란 이후 행방을 감춰버렸다. 일설에 의하면 그는 모종의 "준(準)경찰대"(parallel police force)에 의해 살해되었다고 했으며, 또다른 설에 의하면 그는 적의 진영으로 도주해버렸다고 했다. 스페인 전쟁 이후에 알려지게 된 모든 것, 혹은 알려진 것으로부터 추론할 수 있는 모든 사실들에 의하면, 닌은 적진으로 도주하고자 했던 것이 아니라 살해되었음이 분명하다.

내 위치상 나는, 공산당과 그 지도부는 그 사건에 대해 실질적인 책임이 없으며, 어떤 공산주의자가 개인적으로 그것에 개입했다고 하더라도 —— 나는 실제로 누군가가 그렇게 했는지 여부에 대해서는 아는 것이 없다 —— 그것은 그 자신의 판단 하에 이루어진 것이지 당의 결정에 따른 것은 아니었다고 말할 수 있다. 그당시에 나는 이미 정치국의 업무에 참여하고 있었는데, 이 문제가 제기될 때마다 사람들 앞에 제시되었던, 그리고 그 모두가 인정했던 해명이란 그가 적 진영으로 도주했다는 것이었다. 그후 나는 사담을 나누는 가운데, 나보다 연배가 높고 그당시에 나보다 더 중요한 역할을 수행했던, 그리고 아마도 내가 모르는 일들을 잘 알고 있으리라 생각되던 동지들에게 그 사건에 대해 물어보았다. 그러나 그들 모두가 자신이 알고 있는 유일한 설명은 "도주"뿐이라고 말했다. 나는 그들이 나에게 자신이 알고 있는 사실대로 얘기했다고 확신한다.

어떻게 하여 1937년에 나온 이 설명이 유포될 수 있었으며, 믿을만한 것처럼 보일 수 있었는가? 오늘날 그당시 정치활동에 적극적으로 참여하지 않았던 모든 사람들은 이에 경악하고 있다. 단지 그들은 그것을 트로츠키주의자들에 대한 박해 및 스탈린 정책의 수용과 연관시킬 수 있을 뿐이다. 그러나 그것은 여러 이유들 중의 하나일 뿐이며, 왜 그러한 설명이 그렇게 쉽게 믿어지게 되었는지에 대해 완벽하게 설명해 주지는 않는다. 그 이상의 그 무엇, 이와 관련된 매우 중요한 그 무엇이 있었다. 1937년 5월에 소규모 무장반란이 있었으며, POUM[2]과 몇몇 아나키스트 집단이 공화국 정부에 대항하여 여기에 참여했다. 이 공화국 정부는 사회주의자인 까발레로(Largo Caballero)를 수상으로 하여 5명의 사회주의자, 4명의 아나키스트, 4명의 공화주의자, 1명의 카탈로니아인, 1명의 바스크인, 그리고 2명의 공산주의자 장관들로 구성되어 있었다. 당시 우리는 한참 파시즘과 전쟁중이었다. 이 반란은 파시스트 세력에 대한 전선의 균열이라는 의미를 지녔는데, 이는 몇몇 전방부대가 쿠데타를 일으키기 위해 철수해야 했고 다른 부대들이 다시 이를 메꾸기 위해 불러들여져야 했기 때문이다.

엄청나게 어려운 지경에 있는 전쟁 와중에, 그 동기야 어떠하든——가능한 한 가장 좋게 평가한다고 하더라도 그들은 완전히 미쳐 있었다——반란은 공화국에 대한 중대한 배반행위였으며, 따라서 재판정의 일벌백계는 법적으로나 도덕적으로 정당화될 수 있었다. 그리고 바로 그런 맥락에서 닌이 파시스트들에게로 도망쳤다는 설명은 설득력을 지니게 되었다. 즉 이는 트로츠키주의자들에 대한 강한 반감 때문이 아니라 그것이 전쟁중에는 중대한 배신행위라는 바로 그 사실 때문이었으며, 이것이 POUM이 프랑코주의에 의해 조종되고 있다는 이미지를 그럴듯하게 보이게 했다. 그럼에도 불구하고 사실상 공화국 재판소는 후에 정치 지도자들과 전선을 이탈해 총구를 인민정부로 돌린 군인들에게 징역형만을 언도했다. 이것은 닌의 살해가 정당화될 수 없는 혐오스러운 행위이긴 했으나, 반란이라는 배경 하에서, 즉 혁명적인 반파시스트 전쟁의 와중에서는 정당화될 수 없었던 중대한 배신행위를 배경으로 하여 저질러진 행위였다는 것을 의미하는 것이다.

---

2) 통일맑스주의자 노동당(The Workers' Party of Marxist Unification.) 닌은 그 주요 지도자 중의 한 사람이었다. (영역자)

스페인의 경험 : 인민전선

이 책에서 스페인 전쟁과 인민전선의 경험에 대해 논의하면서 내가 중요시하는 것은, 이것이 국제적 경향의 일반적 노선과 우연히 일치했을 수는 있을지라도 본질적으로는 스페인 현실의 산물이었다는 것, 즉 그것은 특수한 상황에 적용되고 있는 맑스주의적 분석 방법의 일례임에 틀림없다는 것을 보여주는 것이다. 설령 당시의 국제적 경향이 다른 것이었다고 하더라도, 현실적인 상황은 스페인 사건들의 변증법 그 자체를 통해 마찬가지로 우리를 인민전선으로 인도했을 것이다.

아주 특정한 동기들이 인민전선 전략의 채택에 작용했다. 1934년 10월의 운동[3]에 대한 억압의 종결, 정치범에 대한 사면과 석방의 획득, 계엄법 폐지, 공화당 정부의 합법성 회복, 파시즘에 대한 투쟁 등에 대한 요구가 바로 그것이다.

이것들이야말로 사면을 거부하면서 억압을 계속하고 있던 우익세력을 선거의 장에서 패퇴시키기 위해 인민전선이라는 이름으로 형성되었던 선거연합의 핵심적인 당면목표였다. 인민전선의 강령에 기록된 사회적 요구들은 별로 뚜렷하지 못하고 아주 제한적인 것이었으며, 오늘날에는 민주적 우익정당에게조차도 온건하게 보일 수 있는 것이었다.

바로 이러한 이유들(사면, 억압의 종결, 파시스트의 위협)이 카발레로와 좌익사회주의자들——그들은 1931~33년의 공화당과 사회주의자의 연정에서 협력한 이후에는 부르조아 공화당과의 협정이라는 사고를 아주 혐오했다——로 하여금 공화당이 당연히 참여하게 되어 있는 인민

3) 1934년에 스페인에서는 파시즘의 실제적인 위협이 있었는데, 이에 대해 노동자들은 아스투리아스의 파업과 무장봉기로 대응했다. (영역자)

전선을, 망설이면서도 결국에는 받아들이도록 만든 것이다. 전쟁이 시작되고 마드리드가 임박한 위험에 처하게 되어 어쩔수없이 이를 필수불가결한 것으로 받아들이게 될 때까지, 공화주의자와의 협력에 대한 카발레로와 좌익사회주의자들의 이러한 반대는, 의심할 여지 없이 노동자정당들의 인민전선정부에 대한 불참이라는 상황을 가져오는 데 결정적인 영향을 미쳤다.

오늘날 우리는 당연히 다음과 같은 질문을 제기할 수 있다. 즉 노동자계급정당들의 참여 거부는 잘못된 것이 아닌가; 인민전선정부 구성 당시부터 참여하였더라면, 그 정부가 보다 정력적으로 활동하면서 군사폭동을 회피하게 할 수 있지 않았겠는가; 혹은 그것이 발생했다고 하더라도 인민을 즉각적으로 무장시켰다면, 마드리드, 발렌시아, 바르셀로나, 그리고 바스크국 등에서 그랬듯이 스페인 전지역에서 폭동을 미연에 방지할 수 있지 않았겠는가; 또 우리는 그런 방법으로 3년에 걸친 내전과 40여년간의 독재 역시 피할 수 있지 않았겠는가.

프랑스와 스페인 양국에서 노동자계급이 인민전선정부에 직접적으로 참여했다면, 아마 스페인과 유럽의 운명은 달라졌을 것이다. 물론 이러한 생각들은 결코 현재의 상황을 변화시킬 수 없으며, 단지 역사적 맥락에서만 언급될 가치가 있는 것이다.

그러나 여담으로 빠지지 말고 본론으로 돌아가보자. 오늘날 스페인 전쟁과 그로부터 발생한 문제들을 대부분 단순히 소련 대외정책의 표현으로 간주하는 일군의 저술가들과 역사가들은, 특수하게 스페인적인 모든 것, 그러한 경험의 모든 독창적인 요소들을 과소평가하며, 오히려 새로운 것이라고는 아무것도 도입하지 못했을 뿐더러 사실상 그 당시에 가장 관료주의적이며 독재적인 몇몇 특징만을 도입하기조차 했던 몇 안되는 아나키스트들의 경험에서 혁명적 창조력을 찾고자 한다. 이 모든 것에 반대하여, 나는 그당시의 가장 독특한 특징들이라고 할 수 있는 것들을 강조하고자 한다.

공산주의자와 민족주의자에 대해, 성전(聖戰)과 공산주의에 대해 프랑코의 선전이 만들어낸 신화, 스페인 사회의 일부 지역에서 여전히 통용되고 있는 신화를 넘어, 당시 발생했던 그 모든 내부문제나 분열, 그리고 갈등들에도 불구하고——이는 그렇게 많은 다양한 이해들이 관련되어 있고 감당해야 할 그렇게 많은 외부압력이 가해지고 있는 전쟁 시기에는 그리 놀랄만한 일이 아니었다——다소 불완전하게나마 공화국 지역에서 경험했던 것은 다원주의와 민주주의에 대한 하나의 실험이었고, 이 다원주의와 민주주의는 전통적인 스테레오타입이나 이후 다른 혁명들이 채택했던 형태들과는 전혀 다른 것이었다.

거기에는 합법적 정부, 의회, 카탈로니아와 바스크국의 민족자치기구(갈리시아는 첫날부터 점령당했으며, 이 상태가 그대로 지속되었다), 정당, 노동조합, 다양한 종류의 청년조직, 자유언론(전쟁이라는 상황을 고려하면 정말 상당히 자유로운 것이었다), 표현과 결사의 자유 및 집회의 자유 등이 존재했다. 다시 말해 모든 측면에서 상당한 실행가능성을 지닌 직접민주주의의 형태가 존재했었다. 당면과업에 있어서 전쟁과 혁명의 압도적 중요성에 대한 약간의 공허한 논쟁이 있기도 했으나——나는 혁명 그 자체를 수행하기 위해서라도 압도적으로 중요하고 필수적인 것은 전쟁에서 승리하는 것이었으며, 그것이야말로 패배에 의해 냉혹하게 증명된 사실이라고 여전히 믿고 있다. 패배는 곧 반혁명의 승리였으니까——분명한 것은 다원주의와 민주주의의 체계가 일반적으로 그러한 유형의 체계에 가장 불리한 조건에서도, 즉 내전과 혁명이라는 조건에서도 유지되었다는 사실이다.

당시의 신문들을 꼼꼼이 보고 상이한 정치집단과 노동조합 집단들이 벌였던 논쟁을 읽은 사람이라면, 누구나 한 입장 혹은 다른 한 입장에 동조할 수 있을 것이며 아니면 그 모두를 비난할 수도 있을 것이다.

그러나 그 사람도 당시에 존재했던 엄청나게 많은 자유와 효율적인 다원주의를 분명히 인정하지 않을 수 없을 것이다. 정부와 정당, 노동조합 등을 비판하는 것이 가능했으며, 실제로 인민은 그렇게 했다. 전쟁이 어떻게 수행되어야 하는가에 대한 상이한 견해들의 공공연한 대립까지도 존재하고 있었다.

그와 같은 위기상황에서도 그만한 자유가 허용되었다는 것은 정말 놀라운 것이다. 물론 자유가 참호의 반대편에 있던 사람들을 지지하는 사람들에게는 허용되지 않았다는 것은 사실이다. 그러나 나는 우리가 내전의 와중에 있을 때는 그 누구도 그것을 비판할 수 없다고 생각한다.

사실 고위 공직에 있던 사람들은 전쟁을 수행하는 데서 거의 아무런 일도 하지 않았다. 그러나 아자나(Azaña)가 행동파 혹은 클레망소(Clemenceau)와 같은 사람이 아니라 사상가나 책상물림이었다면, 그것은 누구의 잘못인가? 그럼에도 불구하고 이전에는 우익의 편에 서있었던 로호(Rojo) 장군과 같은 인물, 그에 대한 모든 평가들에도 불구하고 사실은 온건한 사람이었던 네그린(Negrín) 같은 사회주의자 등은 가장 두드러진 역할을 수행했으며, 이와 비슷한 예들은 수없이 많다.

민주주의적 형태가 유지되었던 것은 스페인의 상황이 너무 급진화되지 않는 것이 더 유리할 수도 있다고 판단한 소련의 대외정책상의 요구 때문이었다고 설명하고자 하는 사람들이 있다. 그러나 이것은 편파적인 시각이다. 경제적으로나 사회적으로 급진화가 과도하게 진전되기란 어려운 일이었다. 물론 어떤 측면에서는 그것이 소아병적인 극단으로 나아가기도 했다. 여기서 나는 소수의 조직들이 그 자신의 판단 하에 강제적으로 소생산과 소농의 사회화를 수행했던 것을 지적하고 있는 것이다. 우리 공산주의자들은, 이러한 과도한 조치들은 반사회적이고 비경제적인 것이며, 전쟁에서 승리하기 위해 인민을 광범위하게 동원하는 것에도 배치되는 것이라고 반대했다. 이는, 전쟁을 더욱 효과적으로 수행하기 위해 결정적인 경제적 지렛대가 중앙당국의 수중에 놓여 있는 한, 핵심적인 것은 경제를 해체시키지 않는 것, 그리고 도시와 농촌의 소소유자들(그들의 이해는 전체 인민의 이해와 일치한다)의 광범위한 부분들을 결합시키고 그들에게 공화국의 대의를 고취시키는 것이었기 때문이다. 그러나 나는 여기서 일종의 역사적 비판을 서술하거나 이런 저런 조직들과의 투쟁을 수행하지는 않을 것이다. 이것은 이 책에서 내가 의도하는 바가 아니다.

그당시에 이미 우리 공산주의자들은 의회주의적 민주공화국과 각 소수민족의 대표기구를 유지하고 있었는데, 이는 좌익들로부터 많은 비판을 불러일으켰다. 이미 그당시에 우리는 대의제 민주주의의 이러한 형태들과 소수민족기구 및 지방정부기구 역시 유지하며, 공장이나 기업에서 직접민주주의의 형태들을 발전시키고, 모든 수준의 사업진행에서 근로인민에게 직접적인 발언권을 줌으로써 사회주의로 나아갈 수 있는 새로운 형태의 민주주의를 위한 기초를 놓을 수 있다고 생각했다.

스탈린, 몰로토프, 보로실로프가 공동서명한 편지가 있는데, 여기서 그들은 다음과 같이 말하고 있다.

까발레로 동지에게

우리의 전권대표 로젠베르그 동지가 당신의 형제적 인사를 전해왔다. 그는 또 당신이 승리의 확실성에 몹시 고무되어 있다고 말했다. 우리는 당신의 형제애에 우정어린 감사를 보내며, 당신과 더불어 우리 역시 스페인 인민의 승리를 확신하고 있다는 말을 전하고자 한다.

우리는 국제적 파시스트 세력에 봉사하고 있는 군사-파시스트 도당에 반대하여 모든 근로인민의 투쟁, 전스페인의 민주주의투쟁을 주도하고 있는 스페인 정부에 가능한 한 도움을 주는 것이 우리의 임무라고 생각해왔으며, 지금도 그렇게 생각하고 있다.

스페인혁명은 러시아혁명이 걸어온 길과 많은 측면에서 다른 새로운 길을 개척하고 있다. 이는 사회적, 역사적 및 지리적 영역에서의 조건의 차이, 러시아혁명이 부딪혔던 것과는 다른 국제적 상황의 요구 등에 의해 결정되었다. 스페인에서는 의회주의적 길이 러시아에서 그랬던 것보다 훨씬 더 효율적인 혁명의 발전을 위한 과정이 될 가능성이 크다.

그러나 모든 것을 고려해볼 때 우리는 우리의 경험 특히 우리의 내전경험은, 스페인의 혁명적 투쟁의 특수한 조건에 올바르게 적용된다면, 스페인에 대해서도 일정한 가치를 지닐 수 있다고 믿고 있다. 이를 염두에 두면서, 또 로젠베르그 동지가 적절한 시기에 우리에게 전해준 당신들의 계속적인 요구들을 고려하여, 우리는 다수의 군사전문가들을 당신들에게 파견하는 데 합의했으며, 당신들이 그들을 스페인장교들에게 도움을 줄 수 있도록 배치하거든 군사영역에서 조언해주라고 명령을 내렸다.

우리는 소비에트 전문가들에게 오늘날 스페인 인민과 소련의 인민 사이에 고취되고 있는 연대를 충분히 숙지하고, 스페인에서는 그들이 외국인이므로 조언자로서의 역할을, 그리고 조언자 역할만을 충실히 이행하지 않으면 아무런 실질적 도움도 되지 않을 것이라는 사실을 잊지 말도록 하라는 엄중한 경고를 해두었다.

우리는 당신들이 우리의 군인 동지들을 바로 그러한 방식으로 활용하고 있으리라 믿고 있다.

우리는, 동지적 입장에서, 당신들이 우리 군인 동지들에게 부여한 임무를 그들이 어느 정도나 수행할 수 있는가에 대해 말해주기를 요청하는 바이다. 물론 이는 당신들이 그들의 사업을 긍정적으로 간주해야만 그들이 계속 스페인에 머무는 것이 타당할 것이기 때문이다.

우리는 로젠베르그에 대한 당신들의 의견, 즉 스페인 정부가 그를 만족스럽게 생각하고 있는지 혹은 그를 다른 대표로 교체하는 것이 더 좋을 것인지를 우리에게 직접적으로 솔직하게 알려주기를 요청한다.

다음은 당신들이 신중히 검토해보았으면 하여 우리가 제출하는 4가지의 우정어린 충고다.

1. 스페인과 같은 농업국에서 막대한 비중을 차지하고 있는 농민들에게 주의를 기울이는 것이 좋을 것이다. 농민들의 이해를 충족시킬 농업 및 금융 법령을 공표하는 것이 바람직할 것 같다. 또 농민들을 군대로 끌어들이고 파시스트 군대의 후방에 농민들로 구성된 게릴라 부대를 형성하는 것이 바람직할 것이다. 농민들을 위한 법령은 이 점에 있어 도움이 될 수 있을 것이다.

2. 도시의 쁘띠부르조아지 및 중간부르조아지를 몰수의 기도로부터 보호하고 가능한 한 거래의 자유를 보장해줌으로써, 그들을 정부편으로 획득하거나, 그렇지 못할 경우 그들이 정부에 대해 우호적 중립의 자세를 취할 수 있도록 하는 것이 좋을 것이다.

3. 공화파 정당들의 대표가 냉대받아서는 안되며, 반대로 정부와 공동행동을 할 수 있도록 견인되어야 하며 정부에 더 가까워지고 결합될 수 있어야 한다. 특히 아자나와 그 그룹이 동요를 극복하도록 가능한 모든 도움을 다 주어 그들의 정부에 대한 지지를 확고히 하는 것이 필요하다. 이는 스페인의 적들이 스페인을 공산주의 공화국으로 간주하지 못하도록 하며, 그리하여 스페인 공화국으로서는 가장 심각한 위험이 될 수도 있는 적들의 공공연한 개입을 방지하기 위해 필요한 것이다.

4. 스페인 공화국은 스페인에 있는 외국인, 즉 반란자들을 지지하지 않는 나라들의 시민의 재산과 정당한 이해를 침해하는 사람을 엄벌할 것이라고 언론을 통해 주장할 기회를 갖게 될 것이며, 그렇게 해야 할 것이다.

형제적 인사를 전하며

스탈린, 몰로토프, 보로실로프

1936년 12월 21일, no. 7, 812.

이러한 생각들을 특수한 상황으로 인해 고안된 소비에트 정당의 전술적 움직임으로 간주하는 사람들――그후 발생한 일이나 우리가 나중에 알게 된 일들에 비추어보면 그들의 생각이 전혀 타당치 않다고만 할 수도 없다――도 있으나, 우리 중에 많은 사람들은 소련공산당 제12차 대회에서 다소 포괄적으로 확인되었고 민주주의를 통한 사회주의로의 전진이라는 우리의 생각과도 일치했던 그러한 길의 가능성을 진지하게 받아들였던 것이 사실이다.

전쟁의 와중에 공산당은 총선을 실시하여 시민들이 의회로 보낼 대표들을 선출하도록 하자고 제안했으나, 다른 정당들이, 새로운 의회를 구성하기 위한 선거는 전쟁 이전에 선출된 의회에 구현되어 있는 **합법성**의 원칙을 파괴할 것이라는 점을 주된 이유로 하여 이 제안을 거부했다는 것을 기억하는 사람은 거의 없다. 이는 몇몇 사람들이 묘사하고자 했던 것과는 반대로 우리 공산주의자들이 **형식적** 자유보다는 민주적 의회의 실질적 존재에 더 많은 관심을 가지고 있었다는 것을 의미한다. 직접민주주의의 다른 수준들에서도 이와 똑같은 일들이 일어났다. 우리 공산주의자들은, 공장위원회의 구성을 불행하게도 노동조합 관료들에 의한 위로부터의 지명에 맡겨두고 있던 지배적 태도에 반대하여 항상 위원회의 민주적 선거를 위해 싸웠다.

전쟁중이나 그 이후에 우리 공산주의자들은 우리의 **온건함**으로 인해 비판받았다. 즉 쁘띠부르조아 및 부르조아 정당들이 정부에 참여할 수 있는, 혹은 적어도 정치생활에서는 아무런 제한 없이 참여할 수 있는 권리를 지지했다는 이유로, 소소유자와 중간소유자들의 권리를 인정할 것을 주장했다는 이유로, 우리가 그렇게 할 수 있는 곳에서는 어디서든 종교활동을 복고시켰다는 이유로, 정당 및 조직들에 의해 설립된, 공식 경찰조직과 더불어 병존할 복수의 경찰조직을 반대했다는 이유로, 정의가 적절한 법적 형태 내에서 재판관에 의해 모든 사람들에게 적용되어야 한다는 것을 주장했다는 이유로 비판받았다. 가끔 우리 대오 안에서 이러한 기준으로부터의 일탈이 나타나면, 우리는 주저없이 이에 대해서 싸웠으며 결국 이를 극복했다. 이와 마찬가지로 처음부터 우리는 소규모 민병대보다는, 통일된 명령체계를 지니고 정부에 복종하는 단일한 전국적 군대를 지지했다. 즉 우리는 전문 군인들의 능력을 광범위하게 활용할 수 있게 하는 원칙을 지지했다. 그러므로 맑스주의자로서의 아무런 소양도 없는 그들 중의 다수가 우리 대오에 합류했다면, 이는 그들이 우리 당에서 어떤 존경할만한 측면과 조직의 정신, 그리고 다른 데서는 그렇게 명확하지 않은 민주국가의 개념을 보았기 때문이다.

우리가 인민 사이에서 지니게 된 힘은, 공화국이 자신을 방어하기 위해 사용하는 무기가 거의 전적으로 소비에트였다는 사실로부터 온 것이 아니었다. 그후 다른 나라들이 우리의 경우보다 더 훌륭하고 더 효과적인 소비에트 군대로 자신들을 방어했으나, 그것 때문에 공산주의자들이 더 강력해지지는 않았다. 그러한 힘은 일부의 눈에는 온건한 것으로 보일 수는 일관된 정책으로부터 나왔으며, 그것은 우리 주변에 가장 광범위하게 퍼져있는 정서를 다른 정책들보다 더 훌륭히 파악하고 있었다. 이는 또 우리의 정치적 지향에서의 온건함이 최고사령부——이는 분명히 공산주의적이지 않았다——로 하여금, 가장 과감한 공격에서든 가장 희생이 크고 힘겨운 방어에서든 그 어떠한 상황에서도 항상 싸울 준비가 되어 있는 것으로 알려져 있는 공산주의자가 이끄는 부대에 임무를 맡기도록 만들었던 전선에서의 희생정신과 규율로 뒷받침되었기 때문이다.

전쟁중에 공산당원들은 많은 지위들을 차지했는데, 그것도 때때로 우리에게 가해진 비판 중의 하나였다. 그러나 이 비판이 잊고 있는 것은, 공산당원들은 그러한 지위들을 실제 전투과정에서의 승진을 통하여, 군대에서 차지했다는 사실이다. 정부에는 기껏해야 두 명의 공산주의자 장관이 있었을 뿐이며, 사회주의자, 아나키스트, 공화주의자들이 더 많은 지위를 차지하고 있었다. 한때는 단 한 사람의 공산주의자(농업상에 임명된 빈센테 우리베〔Vincente Uribe〕밖에 없기도 했다. 또 우리 공산주의자들은 다른 정당들보다 훨씬 적은 차관직을 차지하고 있었다. 그리고 내가 잘못 알고 있지 않다면, 외무성과 해외구매위원회에는 전혀 장관을 내지 못했다.

또하나 현재 무시되고 있는 사실은 정부와 서구 열강의 관계를 증진시키기 위해서라면, 그리하여 소비에트에 대한 거의 전적인 의존을 중지시킬 수 있다면, 공산당은 당장에라도 그 장관지분을 포기하고 외부에서 정부를 지지할 준비가 되어 있었다는 점이다. 게다가 이미 내려진 이러한 결정이 수행되지 않았다면, 그것은 우리의 몇몇 동맹세력들이, 그것이 공화국 전사들의 사기에 해로운 영향을 미칠 것이라고 생각했기 때문이었다는 사실도 무시되고 있다.

이렇게 공산당은 인민의 대의를 다른 무엇보다 최우선적인 고려사항으로 여기고 있었다. 여기저기서 이러한 행동규칙에 대한 지역적 및 개인적 위반이 일어나기도 했으나, 그것들은 매번 발견되는 즉시 정정되었다.

1939년 마드리드에서 까사도(Segismundo Casado)의 쿠데타[4]가 일어났을 때에도, 처음에 당은 "명예로운 평화"라는 가면으로 위장한 적에게 항복하려는 기도——나중에 경험이, 아니 차라리 수많은 사람의 죽음이 불가능하다 것을 보여준——에 대해 저항한 다음, 그후에는 군대와

4) 스페인 내전의 마지막 국면에 까사도 대령이 지도하는 스페인의 정치 군사 지도자 집단이 마드리드를 중심으로 쿠데타를 일으켰다. 그들은 그 쿠데타의 목적이 "명예로운 평화"를 통해 전쟁을 종결시키는 데 있다고 했으나, 이는 실제로는 무조건적인 항복에 가까운 것으로 드러났다. (영역자)

비참하게 죽어간 매우 다양한 조직에 속한 수만 명의 지도자들을 구할 수 있도록 최소한 조직적 퇴각이라도 하기 위해 까사도 도당과의 합의에 도달하려고 노력했다.

내가 이 모든 것을 들춰내는 이유는 특정한 일반이론적 입장이 실제의 실천과 일치하지 않을지라도, 또 우리의 초기의 이데올로기적 태도가 가지고 있던 내용의 많은 특징들이 오늘날 우리가 말하는 것과 모순되는 것처럼 보인다고 하더라도, 구체적 실천에 대한 우리의 진지한 분석과 그 실천에 대한 이론적 정교화——아직 윤곽도 제대로 잡혀있지 않지만——는 현재 우리 입장의 뿌리가 이미 거기 존재하고 있었음을 확인시켜준다는 것을 보여주기 위해서다.

불행하게도 전통적으로 이론은 스페인 노동자계급 운동의 강점이 아니었다. 한때 베스테리오(Besterio)나 아라퀴스타인(Araquistein)과 같은 사람들이 아무런 정당화도 없이——어쩌면 "장님 나라에서는 애꾸눈이 임금"이라는 이유로——맑스주의 "이론가"로 행세할 수 있었다는 사실이야말로 그 증거가 된다. 우리 대열에 역사를 구명할 수 있는 이론진을 가지고 있는 오늘날에도, 보이지 않는 조건에 의해 야기된 혼돈, 당면임무의 힘겨운 짐, 날조되거나 왜곡되고 주관적으로 조작된 정보의 혼란을 뚫고나가는 어려움 등으로 인해, 그러한 모든 실천으로부터 일반이론적인 결론을 끌어내는 작업을 진지하게 수행하는 것은 여전히 어려운 일이다.

요약하자면, 인민전선 시기의 우리 정책은 심오한 이론적 작업이나 분석의 결과라기보다는 혁명적 직관에 의한 것이긴 했으나, 민주주의와 다당제, 그리고 의회와 반대의 자유를 통한 사회주의로의 전진이라는 개념을 맹아적 형태로 포함하고 있었다. 이런저런 방향에서 발생한 과도함——그것은 실제로 발생했다——, 정상적인 민주적 상황에서는 생각조차 할 수 없는 과도함이 발생했다면, 그 이유는 우익에 의해 개시된 내전, 수세대에 걸친 억압과 착취로 인해 생긴 깊은 상처를 터뜨렸던 내전의 열정에서 찾아져야 할 것이다. 결국 우리는 우리나라를 위해 옹호하고 있는 민주적 사회주의에 대한 주장을 오늘날의 현실에 대한 맑스주의적 분석뿐만 아니라 우리 자신의 복잡한 경험으로부터 이끌어내고 있는 것이다.

2차대전 이후의 유럽 공산당

현재 우리의 정치노선의 특징들이 우리의 과거의 정치적 입장에 기초하고 있는 한——나는 여기서 스페인의 경우에 대해 언급하고 있는 것이다——, 2차대전 이후 서구 공산당들의 경험을 검토해본 사람이라면, 그 정당들이 민주주의적 실천에 부합하는 활동을 해왔으며 잠시도 거기서 벗어난 적이 없다는 것을 알게 될 것이다. 1945년에 공산주의자들은 영국과 서독을 제외한 모든 서구 나라에서 정부에 참여했는데, 이는 단지 소련과 서구 열강 사이의 반히틀러 연합이 존재했기 때문만이 아니다. 물론 그것이 도움이 되기는 했지만 말이다. 그것은 또 유럽에서 히틀러주의에 대한 저항 과정에서 공산주의자들이 자유를 위해 투쟁해야 할 때는 언제라도 최전방에 섰으며, 그리하여 각국의 승리를 위한 길을 여는 데 주도적 역할을 했던 세력 중에서도 두드러진 지위를 차지했기 때문이기도 했다.

1945~47년의 시기는 우리 대륙에서 가장 거대한 민주주의 확장의 시기였으나, 1947년의 냉전의 개시는 새로운 세력관계를 만들어냈다. 즉 미국의 비호 하에 사회민주주의 세력과 부르조아지 간의 반공산주의 연합이 등장했다. 이에 따라 공산주의자들은 정부에서 물러나 야당이 되었으며, 서구의 어떤 나라에서도 그들은 자신이 상실하고 있는 정부

내의 지위를 무력으로 고수하려고 시도하지 않았다.

이러한 태도는 얄타에서 강대국들에 의해 확립된 세력권 분할과 일치하는 것이었다고 할 수 있다. 그러나 분명한 것은 그당시 그리스에서는 내전이 격렬하게 전개되고 있었으며, 공산주의자들은 미국의 지원을 받는 기존의 정부 당국에 맞서 무기를 들고 싸우고 있었다는 점이다. 게다가 확실히 그리스는 얄타에서 서방 진영에 남는 것으로 하기로 했던 것 같다. 이탈리아와 프랑스 같은 나라의 공산주의자들도 매우 강력했으며, 당이 그들에게 저항과정에서 묻어놓았던 무기를 다시 들도록 요구했다면 그들은 그것을 들고 싸웠을 것이다. 결국은 패배했을지 몰라도, 그들은 상당한 투쟁력을 보여주었을 것이다. 그럼에도 불구하고 그들은 민주주의적 규율을 따르고자 하였다. 그들은 통일과 민주주의를 지향하는 전략—— 그당시에는 공상적인 것으로 보였을 수도 있는—— 을 계속 발전시켰으며, 기나긴 경험의 과정 속에서 민주주의에 기반하여 사회주의로 나아가는 자기 자신의 길을 만들어냈다. 대부분의 사람들에게는 서구 공산주의자들이 걸어온 전 경로—— 가장 훌륭한 증거들을 제공할 수 있을 만큼 장구하고 일관적이었던 길—— 가 아니라 그중의 어떤 한 국면들이나 다른 형제당들의 활동을 근거로 서구 공산당들을 판단하는 것이 더욱 편리할 수도 있을 것이다.

새로운 길을 헤쳐나가는 과정에서 가장 달성하기 어려웠던 것은 소련과의 관계에서 자율성을 획득하는 것이었다. 공산주의자들을 소련과 결합시켰던 전통적인 연결고리는 공산주의 인터내셔널의 해체에도 불구하고 전쟁 이후에도 계속 유지되었는데, 이는 무엇보다도 나치즘 패퇴에 있어서 소련이 행했던 현저하고도 결정적인 역할로 인해 소련의 지위가 전세계적으로 엄청나게 향상되었기 때문이었다.

냉전은 공산주의자뿐만 아니라 단순히 진보적이었던 많은 사람들에게도, 사회주의적 성과를 총칼로써 파괴하고자 하는 제국주의자들의 시도로 보였다. 덜레스(Foster Dulles)와 그 일파의 이론은 이를 확증해주었다. 더구나 미국이 압도적인 핵우위를 점했을 때는, 공산주의자들 중 그 누구도 쉽사리 자신을 최초의 사회주의 혁명 국가와 결합시키는 깊은 감정적 유대관계를 깨뜨리는 일에 엄두도 낼 수 없었다.

그럼에도 불구하고 몇몇 정당들, 특히 두말할 것도 없이 스페인공산당에 있어서 1943년 공산주의 인터내셔널의 해체는 그들이 소련공산당과 맺고 있던 관계들의 유형을 혼란시킨 것이었다. 코민테른의 해체 이후에는 어떤 전략이나 중대한 결정을 사전에 소련공산당과 상의한 적이 전혀 없었다. 몇몇 경우에, 그것도 우연히 다른 목적을 위한 여행과 일치했기 때문에(소련에서 이민생활을 하고 있던 스페인 사람들의 경우), 우리가 소련공산당에게 사후에 알린 적이 있기는 하지만.

코민포름의 실질적 발족은 우리를 놀라게 만들었으며, 우리로서는, 공개적으로 표현하지는 않았으나 결코 기뻐할만한 일이 아니었다. 그러한 사태진전이 갖는 의미는 무엇이었는가? 우리와는 아무런 상의도 없었던 그 웅대한 기구는 어떠한 역할을 제멋대로 행사하고자 했는가?

소련공산당과의 관계에서 실제적으로 발생한 변화를 잘 드러내주는 사실은 유고슬라비아가 코민포름으로부터 탄핵받기 1개월 전에 우리 대표 중 한 사람이 베오그라드에서 티토 동지와 토론을 하고 있었다는 것이다. 우리는 한 번도 이에 대해서 모스크바와 상의해야겠다고 생각한 적이 없었으며, 이후 발생할 충돌에 대해서도 전혀 생각지 않았다.

그럼에도 불구하고 그러한 변화는 유고슬라비아에 대한 코민포름의 비난——더구나 그 비난은 다른 정당들에게는 아무런 정보도 주지 않고 그들과 상의하는 일도 없이 거부해야 하거나 수용해야 할(이를 거부하는 사람은 결국에는 축출될 것이므로) **기정사실**로서 제시되면서 일어났다——을 지지했다는 용서할 수 없는 실수를 저지르지 못하도록 할 만큼 거대한 것은 아니었다. 그 시기에는 축출도 당연한 것으로 받아들여졌으며, 나는 어떠한 정당도 그러한 모험을 감행하리라고는 믿지 않았다. 여하튼 코민포름의 창설을 주도했던 사람들은 이와 더불어 대부분의 공산당들을 단역배우의 역할로 전락하게 만드는 특별한 종류의 국제주의 또한 확립했다. 즉 그들은 오늘날 "사회주의적 국제주의"로 불리는 그 무엇을 생각나게 하는 그런 류의 국제주의를 확립했는데, 이는 일군의 사회주의 나라들——그들 모두는 아니다——간의 관계에 특권적 지위를 부여하고 있었으며, 공식적 부인에도 불구하고 기본적으로 여하한 댓가를 치루어서라도 국제적 중심을 존속시키기 위해 만들어진 것이었다.

간단히 말하자면 공산주의 인터내셔널 해체의 첫 시기는 우리에게 분업을 의미하는 것이었다; "우리는 스페인 국내문제에 주의를 기울이고 거기서 남들이 왈가왈부할 수 없는 지배권을 갖는 반면, 소비에트의 동지들은 경험과 정보, 그리고 더 큰 세계적인 책임을 가지고 있으므로 세계적 문제에 주의를 기울인다는 것"을 의미했다. 머지않아 우리는 스페인 문제에 만족스럽게 대처하고 그것을 해결하기 위해서는 우리 역시 사회주의 세계를 포함한 세계적 문제에 주의를 기울여야 한다는 것을 깨닫게 되었다.

우리 스페인공산당이 독립성을 획득했던 절정기는 1968년의 체코점령 시기였다. 그 작전의 준비는 소련공산당 제20차 대회에서 폭로되었던 유명한 1936년 재판과 유사한 방식으로 수행되었는데, 이는 또한 1946년 유고슬라비아에 대한 비난에서 사용되었던 방식과도 비슷했다. 다시 말해 뻔뻔스러운 성명이 발표되었으며——이 경우에는 체코슬로바키아가 자본주의의 나락으로 떨어지게 될 낭떠러지에 서 있다는 것이었다——그 성명을 시발로 진실과는 몇 광년이나 동떨어진 이야기가 조작되었다. 이것은 결코 우리가 곧이곧대로 받아들이도록 기대될 수 없는 것이었다. 체코슬로바키아는 낙타의 허리를 부러뜨린 한 오라기의 지푸라기였으며, 이를 계기로 우리 당은 "아니오"라고 말하게 되었다. 그러한 종류의 "국제주의"는 적어도 우리에게는 이미 끝장이 나버렸다. 우리가 "낡아빠진 국제주의"라 부를 수 있는 그러한 것은 우리에게는 종결되어야 하는 바로 그것이다. 진정한 사회주의는 다른 것이며, 다른 것이어야만 한다.

이러한 방식의 서술이 —— 모든 사람이 사방에서 이러한 방식으로 이미 말하고 있으므로 —— 오해와 비난의 여지를 안고 있다는 것은 나도 알고 있으나, 이렇게 하지 않을 수 없다. 우리가 왜 진실에 익숙해져서는 안되는가? 모든 사람이 그로부터 이익을 얻을 수 있을 것이며, 게다가 우리는 진정하고 건강한 국제주의의 기초를 마련해야 한다.

또 내가 이러한 방식으로 서술하는 이유는, 현재 우리 당이 지지하고 발전시키고 있는 생각들이 길고 복잡한 역사적 과정을 통하여, 그리고 맑스주의를 변화하는 조건에 적용시킴으로써 도달된 것이라는 사실을 확증하기 위해서다. 결국 우리의 민주주의적 입장의 진실성을 의심하는 사람들은 우리가 걸어온 길을 검토할 때 생기는 곤란함들을 회피하고자 하거나, 그것을 검토하지 않음으로써 편협한 당파적 동기로부터 나오는 기득권을 유지하게 되는 사람들이라는 결론을 내리기 위해서 나는 그렇게 하고 있는 것이다.

역사에서 폭력의 역할

우리 공산주의자들이, 한때 우리가 금과옥조로 여겼던 테제와 정식들을 정정했다는 것은 사실이다. 사실 기나긴 반파시즘 투쟁은 민주주의의 진정한 가치, 그것의 진리성, 그리고 이에 덧붙여 그것의 영원한 가치를 더욱 명확히 알게 해주었다. 우리가 이른바 **형식적 자유**에 대한 과소평가를 극복했다는 것, 그것을 극복한 지 이미 오래되었다는 것도 사실이다. 제국주의의 극악무도한 범죄, 모든 분야에서의 그것의 명백한 타락은 우리로 하여금 자유와 민주주의를 더욱 소중한 것으로 여기게 만들었다. 동시에 우리는 탄생의 과정에 있는 사회주의에서의 민주주의의 취약성도 아무런 눈가리개 없이 목도해왔다. 그리하여 민주주의에 대한 왜곡과 침해를 더욱 엄격하게 비판하게 되었는데, 이전에 우리는 그럴만한 이유를 들어 이를 참아줄만한 것으로 보이게 했으며, 이를 통해 계급의 적 앞에서 뻔뻔스럽게 이를 정당화하기조차 했었다.

그러나 우리는 맑스주의의 혁명적 사상, 계급투쟁의 사상, 그리고 역사적 유물론과 변증법적 유물론을 포기하지 않을 것이며, 또 제국주의를 끝장낼 전세계적 혁명과정——한두 나라의 패배가 아니라 한 사회체제의 패배, 즉 역사의 도움으로 제국주의라는 수단을 통해 높은 생활수준을 만끽하면서 나머지 다른 나라들 위에 군림하는 나라를 포함한 모든 나라들에게 점차 해로운 것으로 되고 있는 그러한 사회체제의 패배로서 이해되는 과정——에 대한 개념을 포기하지는 않을 것이다. 그와 같은 정의롭지 못한 체제에 대한 승리는 모든 나라들에 의해, 그들 스스로의 투쟁을 통해 뒷받침되어야 한다.

내가 이렇게 주장하는 이유는 우리 입장의 변화를 지켜본 사람들 중에서 우리가 전통적인 사회민주주의적 입장으로 회귀하고 있는 것이 아닌가라는 의문을 제기하는 사람이 있기 때문이다. 그와 같은 다소 은근한 비난은 우리 운동 내부에서도 없지 않다.

우리는 사회민주주의로 회귀하지 않는다! 그 이유는 우선 만약 지배계급이 민주적 길을 차단한다면, 그리고 혁명적 길이 가능해질 상황이 발전한다면, 우리는 혁명적 방법에 의해 권력을 획득한다는 구상을 포기하지 않을 것이기 때문이다. 스페인의 현상황의 특징적 모습들을 보면서 그 복합성을 알고 있는 우리 공산주의자들은, 무력을 사용하지 않고도 독재에서 민주주의로의 이행이 가능하다고 주장할 뿐만 아니라 이 주장에 대해서 전적인 책임감을 느끼고 있다. 그것은 쉽사리 반복되지 않는 역사적 상황 중의 하나다. 또 이러한 이유로 인해 우리는 자유를 유지하고 확대시킬——선거함을 통해, 그리고 대의제 기관 내에서 투쟁을 수행하고자 하는 반대파에게 자유를 허용하면서——새로운 모델의 사회주의로 향하는 길이 민주주의를 통해 펼쳐질 수 있다는 것을 확신하고 있다.

그러나 역사의 산파로서의 폭력의 역할이라는 문제는 이론적 문제로서 다루어져야 하며, 맑스주의에 의해 발명된 것이 아니라 전쟁과 부르조아 혁명의 실제적 경험으로부터, 그리고 계급투쟁의 전과정으로부터 맑스주의가 흡수해들인 문제로서 상당히 자세하게 다루어져야 한다.

우리 서구 자본주의 나라의 공산당들이 민주적 사회주의를 지지할 때, 혹시 우리는 그러한 경험과 우리 스승들의 이론적 논의를 부정하고 있는 것인가? 우리는 전통적 사회민주주의자들과 우리를 동일시하고 있는 것인가?

분명히 그렇지 않다. 폭력은 부르조아 체제를 탄생시켰다. 1640년의 영국혁명이 없었다면, 미국혁명이 없었다면, 1789년 프랑스대혁명이 없었다면, 그리고 부르조아 법률을 모든 곳으로 전파한 나폴레옹 전쟁이 사회적 관계들에 도입했던 변화가 없었다면, 그토록 거대한 역사적 진보를 이루었던 봉건사회로부터 자본주의 사회로의 도약은 생각할 수 없는 것이다. 부르조아 혁명의 고전적인 예는 두말할 것도 없이 프랑스대혁명이며, 이는 구사회체제를 완전히 파괴하고 오랜 기간에 걸쳐 그 사상을 다른 나라들에 어떠한 방식으로든 스며들게 했다. 역사가 루데(George Rudé)는 1789년의 영향에 대해 다음과 같이 서술하고 있다.

> 프랑스혁명의 최종적 결과는, 1815년 혁명기 및 나폴레옹 시대가 끝날 무렵에는 그 사회 및 정치 제도들이 심대한 영향을 받지 않은

나라가 러시아와 터키의 서쪽, 그리고 피레네 산맥 북쪽에서는 하나도 없을 만큼 유럽의 구체제(Old Régime)를 완전히 변형시키는 것이었다. 이러한 결과와 그 이전의 사건들로부터 어떤 역사가들은, 프랑스혁명은 특수하고 개별적인 현상이 아니라 단지 거대한 격동——그들이 '서구혁명'이나 '대서양혁명' 혹은 '세계혁명' 등 다양하게 이름붙이는——의 한 '국면'일 뿐이라는 결론을 내리고 있다. (*Revolutionary Europe 1783-1815*, London, 1964, pp. 178-80).

루데 자신은 이러한 이름들이 프랑스혁명에 적용되는 것을 좋아하지 않았다. 그러나 그 혁명은 의심의 여지 없이 혁명의 조건이 상당 정도 무르익었던 나라들에서 부르조아 혁명의 시기를 점화시켰으며, 가장 확실한 영향력과 가장 거대한 반향을 지녔던 혁명이었다. 1848년 무렵까지 프랑스대혁명은 부르조아지가 자신의 사상과 목적을 가지고 수행했던 다양한 혁명들에 자양분을 공급했다. 그러나 1848년 무렵, 프롤레타리아트라는 새로운 계급이 그 자신의 혁명적 주장과 더불어 무대에 등장하게 되자, 그 이후로 혁명적 폭력은 일반적으로 부르조아지에게 최악의 범죄로 바뀌게 되었다. 예를 들어 토크빌은 프랑스의 부르조아 대혁명이 논리적인 것이다는 것을 깨닫고, 오늘날의 몇몇 개량주의자에게 사고의 재료를 공급했을지도 모르는 다음과 같은 결론을 내렸다: "가장 억압적인 법률들을 아무런 불평없이, 마치 아무런 불만도 느끼지 않는 것처럼 지지했던 어떤 사람들은 그 중압이 경감되자마자 그것을 폭력적으로 내던지기 시작하는 경우가 비일비재했다……권력이 최상에 달했던 시기의 봉건제는 프랑스인들에게 그것이 사멸 직전에 그랬던 것과 같은 증오를 불러일으키지 않았다. 루이 16세 치하의 가장 사소한 독단행위도 루이 14세의 그 모든 전제보다도 참기 어려운 것처럼 보였던 것이다(Alexis de Tocqueville, *L'Ancien Régime*(영역본), Oxford,

1937, p. 186). 그러나 바로 이 토크빌이 1848년 1월 27일의 한 연설에서는 다음과 같이 말하고 있다.

> 현재는 평온한 것으로 보이는——이 점은 나도 인정한다——그들 노동자계급 내에서 무엇이 진행되고 있는지 보라. 엄밀히 말해 그들은 이전에 그랬던 것만큼 정치적 열정에 의해 선동되지 않고 있음이 분명한다. 그러나 당신들은 그들의 열정이 정치적 열정에서 사회적인 열정으로 전환되는 것을 눈치채지 못했는가? 당신들은 특정 법률이나 특정 내각, 그리고 특정 정부가 아니라 사회 그 자체를, 오늘날 그것이 근거하고 있는 기초를 파괴함으로써 전복시키고자 하는 사상이 그들의 여론의 한가운데서 조금씩 확산되고 있는 중임을 모르고 있는가? 지금까지 세상에서 일반적으로 행해지고 있는 부의 분배가 불공정하며 소유는 불공정한 전제에 기반하고 있다는 주장이 그들 사이에서 점점 강도높게 제기되는 것을 당신들은 알고 있지 않은가? 당신들은 이러한 종류의 사상들이 대중 사이에 더욱 깊숙이 스며든다면, 이로 인해 가장 무서운 혁명이 조만간 발생할 것이라고 생각하지 않는가?

"가장 무서운 혁명"은 1871년 프러시아에 의해 포위된 파리의 폐허에서 그 모습을 드러냈다. 이것이 근로인민의 최초의 권력인 코뮨이었다. 그러나 그것에 대항하여, 총칼로 그것을 깨부수기 위해 그때까지 화해할 수 없는 앙숙이었던 적들——프러시아 융커와 프랑스 부르조아지——이 하나로 뭉쳤다.

그럼에도 불구하고 코뮨은 깊이 뿌리를 내렸다. 비록 불안정하고 단명으로 끝나버린 것이긴 했지만, 여하튼 프롤레타리아 혁명이 역사에 등장한 것이다. 피착취계급은 하나의 교훈을 배웠다. 즉 피착취계급의 혁명적 폭력은 특정한 조건에서는 신성한 권리이므로, 그 계급들은 그것을 통해 자신을 해방하고 억압적 폭력을 종결시킬 수 있다; 혁명적 계급이었을 때의 부르조아지가 봉건사회를 폐절시키기 위해 폭력을 사용했던 것과 마찬가지로, 프롤레타리아트도 자본주의를 종결시키고 사회주의로 이행하기 위해 그것을 이용해야 한다는 점이 그것이다.

과학적 사회주의의 창시자들인 맑스와 엥겔스는 혁명에 대한 사상을 혁명적 폭력에 대한 사상과 연결시켰는데, 그들이 처한 역사적 조건에서는 그렇게 하는 것이 올바른 것이었다. 혁명적 폭력의 사용이 없었다면 10월 사회주의 대혁명은 일어나지 못했을 것이며, 프랑스대혁명이 그당시 부르조아지의 승리를 상징했던 것과 같은, 혹은 그것 이상의 세계 사회주의의 승리를 그 혁명——그 변화과정이야 어떠하든——은 보여주지 못했을 것이다.

그 이후의 혁명들, 여러 나라들의 탈식민지화와 정치적 및 경제적 해방, 파시즘의 패배와 민주주의의 유지 등에 길을 열어준 것은 러시아 근로인민의 희생, 10월봉기와 내전, 그리고 반히틀러주의 전쟁에서의 소비에트 인민의 역할이었다. 물론 다른 인민도 투쟁했으며, 그들은 승리할만한 자격을 갖추고 있었다. 그러나 10월 사회주의 대혁명이 먼저 발생하지 않았더라면, 그러한 승리가 가능했겠는가? 또 혁명적 폭력 없이도 그것이 획득될 수 있었겠는가?

뿐만 아니라 다른 무엇보다도 이것이 하나의 선구적 예로서 존재하지 않았더라면, 우리가 민주적 길을 따라 자유를 확대하고 확장시키는 새로운 모델의 사회주의로 전진하고자 하는 현재의 목표를 세울 수 있었겠는가?

제2인터내셔널 의장이었으며, 그 자격으로 러시아혁명을 비판한 방드벨드(Emil Vandervelde)는 서구 노동자계급의 사회적 및 정치적 획득물 중 상당 부분은 러시아혁명의 승리가 서구의 부르조아지에게 미쳤던 충격 때문이었다고 서술했다(불행하게도 나는 그 책을 가지고 있지는 않으나, 그 요지는 분명히 기억하고 있다).

이런 이유 때문에 현재의 조건에서는 "프롤레타리아 국제주의의 시금석은 소련에 대한 태도다"라는 생각——그리고 이와 더불어 지금은 무용지물로 되었으나 이 원칙이 의미하는 그 모든 것——을 인정하지 않는 우리도, 전세계적으로 발전하고 있는 모든 진보적 변화를 10월 사회주의 대혁명과 연결시키지 않을 수 없으며, 또 그것을 인류를 사회주의로 이끄는 혁명적 전환의 출발점으로 간주하지 않을 수 없다.

혁명적 폭력의 국면은 자본주의 체제의 저항을 분쇄하기 위해 필수불가결한 것이며, 이는 부르조아지가 봉건체제를 파괴하는 데서 그것이 필수불가결했던 것과 마찬가지다. 카우츠키가 아직 맑스주의자였을 때, 그리고 그의 견해가 혁명적인 노동자계급운동에 영향력을 지니고 있을 때, 그는 다음과 같이 사회민주주의자들을 조롱했다. "그들은 우리가 나아가고 있는 사회혁명을, 원대하기는 하나 거의 인지할 수 없는 완만한 사회적 조건의 전환, 증기기관에 의해 발생하는 것과 같은 전환으로 보고 있다"(『권력으로의 길』).

러시아 공산주의자들은 1917년에 권력을 장악하는 것 외에는 다른 선택의 여지가 없었다

1917년 무렵 맑스주의 진영은 맑스와 엥겔스의 분석을 좇아, 혁명은 선진 자본주의 나라에서 먼저 발생하리라는 견해를 갖고 있었음이 분명하다.

맑스와 엥겔스는 근대적 프롤레타리아트가 대부분 서구 나라들 및 미국에서 하나의 계급으로 존재했던 시기에 살았으며, 그 시기에 그들의 연구를 진행시켰다. 오랫동안 식민지와 식민주의적 착취가 존재하긴 했으나, 근대적 체제로서의 제국주의는 아직 형성되지 않았었다. 사회주의 혁명의 승리가 위에서 말한 나라들이 아닌 다른 나라에서 먼저 발생하리라고는 생각하기는 힘들었다. 그러한 전제를 기초로 하여, "공공권력이 생산수단의 자본주의적 소유를 사회주의적 소유로 전환할 수 있는 경제적 조건은 자본주의적 생산체제가 높은 발전수준에 도달한 곳에서만 마련된다"(『권력으로의 길』)는 것이 일반적으로 인정되던 시기가 있었다.

그러나 생산수준이 어느 정도까지 도달해야 자본주의 발전이 충분히 이루어졌다고 생각할 수 있는가? 또 물질적 토대가 그 최적의 지점에 있을 때와 프롤레타리아트에 의한 권력장악은 수학적으로 일치해야 하는가? 역사는 그렇게 이상적인 방식으로 사건들을 만들어내는가? 아니면 반대로 몇몇 현학적인 맑스주의자들이 역사적 예외라고 간주한 것——1917년의 권력장악——은 오히려 우연적인 요소, 상황의 특수한 결합, 역사에서 때때로 발생하는 불가지한 요소 등과 일치하는 것 아닌가?

맑스와 엥겔스의 몇몇 저작들을 보면, 그들이 이 문제를 바라보는 방식은 그들의 추종자들보다 훨씬 덜 기계적임을 알 수 있다. 『공산당선언』에서 그들은 다음과 같이 서술하고 있다.

> 공산주의자들은 우선적으로 독일에 주의를 기울이고 있는데, 그것은 이 나라가 17세기의 영국이나 18세기 프랑스의 프롤레타리아트보다 훨씬 더 발달한 프롤레타리아트를 가지고 있는 동시에, 더욱 진보한 유럽문명의 조건에서 수행될 것이 틀림없는 부르조아 혁명의 전야에 있기 때문이며, 또 독일의 부르조아 혁명은 그에 즉각적으로 뒤따르는 프롤레타리아 혁명의 서막에 다름아닐 것이기 때문이다. (Marx/Engels, *Selected Works*, London, 1968, p.63).

내가 1848년의 독일 자본주의 발전에 대한 정확한 정보를 가지고 있는 것은 아니지만, 여전히 농민이나 쁘띠부르조아지 계층들의 지지 없이도 프롤레타리아 혁명을 기대할 수 있을 만큼 그 발전수준이 높지 않았다는 것은 명백하다. 사실 맑스와 엥겔스도 그들에게 기대를 걸고 있었다.

맑스와 엥겔스는 분명히 1848년 무렵의 부르조아 혁명이 프롤레타리아 혁명으로 신속히 전환할 가능성에 대해 잘못 판단하고 있었다. 상층 부르조아지와 구체제의 잔존세력 사이에 이루어졌던 합의로 인해, 그러한 혁명들의 와중에서 —— 특히 프랑스에서 —— 자신의 사회주의 깃발을 바리케이트 위로 치켜올렸던 노동자들은 패배하였다.

그러나 그당시에 공업적으로 가장 발전했으며 생산수단의 실질적 발전이 있었던 나라들(아무런 혁명도 발생하지 않았던 영국을 제외한) 에서조차도 사실상 사회주의 혁명은 역사적 예외로 판명되지 않았던가? 그당시에 프롤레타리아트는 대륙의 어떠한 나라에서도 인구의 다수를 이루고 있지 못했다.

그럼에도 불구하고 맑스와 엥겔스는, 비록 분명한 이유로 나중에 레닌이 연구했던 것과 같이 제국주의 체제를 분석할 수는 없었지만, 사회주의 혁명을 자본주의 발전의 특정 수준에 의해 필연적인 방식으로 미리 결정되는 법칙의 엄격한 실현으로 간주하지는 않았다.

카우츠키는 『권력으로의 길』에서 엥겔스와 베벨에 대해서 다음과 같이 서술하고 있다.

> 엥겔스와 베벨은 ……1789년에서 1871년까지의 거의 1세기 전체의 경험에 근거하여 가까운 장래에 혁명이 발생할 것이라는 희망을 여전히 품고 있었으며, 이것은 그들[프롤레타리아트]만의 배타적인 임무가 아니라 쁘띠부르조아지와 프롤레타리아트의 임무이며 다만 후자의 중요성이

점차 증대하고 있기 때문에 그들이 혁명을 지도하게 될 것이라고 생각했다.

몇 년 후 혁명이 실제보다 더 가까이 있는 것으로 간주했던 이전의 자신의 논의에 대해 많은 비판을 가하고 나서도 엥겔스는 여전히 혁명이 "역사의 시간표"에 자신을 끼워맞추지 않고도 살아남을 수 있으리라 생각했다. 이와 관련하여 카우츠키는 다음과 같이 서술하고 있다.

> 엥겔스는 1891년에도 여전히 **대전쟁은 혁명을 수반할 것**이며 우리로 하여금 미성숙한 상태에서 권력을 장악하도록 만들 것이기 때문에, 그것은 우리에게 불행한 일이 될 것이라고 생각했다. 그는 프롤타리아트가 전쟁에 의해 야기된 혁명의 위험을 감수하는 것보다 기존의 정치제도를 이용함으로써 더 긍정적인 진보를 달성할 수 있을 것이라고 생각했다.

카우츠키는 그가 엥겔스의 말이라고 인용하고 있는 이 견해의 출처에 대해 언급하지 않았으며, 이제와서 내가 그것을 찾아볼 수도 없다. 그러나 1891년에 엥겔스가 실제로 물질적인 측면에서 혁명이 더욱 성숙될 시기를 기다리는 것이 나을 것이라고 생각했을지라도, 그의 판단은 ——카우츠키에 따르면——전쟁이 **혁명을 수반하리라는 것**, 그리고 **상황이 미성숙한 것일지라도** 프롤레타리아트는 권력을 장악해야 한다는 것이었다.

사회주의로 이행하기 위해서는 자본주의적 생산의 **높은 수준의 발전**이 필수적이라는 견해를 가장 적극적으로 피력했던 이론가 중 한 사람인 카우츠키가, 그에 의하면 "상황이 변했던" 시기(1909년)의 엥겔스의 이런 견해에 대해 다음과 같이 서술하고 있는 것은 불가사의한 일이다.

> 프롤레타리아트는 보다 담담하게 전쟁을 맞이할 수 있을 만큼 충분히 발전되었다. 또 프롤레타리아트는 이미 기존 정치제도가 줄 수 있는 모든 힘을 그로부터 얻어냈으므로, 그것이 미성숙한 혁명이 되지는 않을 것이다……

그러나 러시아 프롤레타리아트가 제국주의 전쟁과 차르 정권의 몰락이라는 조건에서 권력을 장악한 이후인 1918년에, 카우츠키는 바로 그렇게 행동했다는 이유로 볼셰비키를 비판함으로써 자기 자신과 엥겔스를 부정하였다.

다시 말해 1917년에 레닌이, 러시아의 자본주의 발전이라는 조건과 전쟁으로 인해 야기된 폐허가 사회주의를 달성하는 데서 엄청난 약점——레닌과 볼셰비키도 인정했던——으로 작용하고 있었음에도 불구하고 혁명과 권력장악을 위해 노동자계급을 봉기시켰을 때, 그는 이미 엥겔스가 예견했던 그러한 상황과 위험 속에서도 혁명을 거부하지 않고 그렇게 했던 것이다.

우리는 그러한 조건에서 획득된 사회주의의 문제점들과 그것이 수반하는 객관적인 위험에 대해 논할 수는 있을지라도, 러시아 공산주의자와 노동자계급으로서는 권력을 장악하고 유럽 혁명의 도움을 받으면서 새로운 사회의 기초를 놓고자 노력하는 외에 달리 선택의 여지가 없었다는 사실을 부인할 수 없다.

이론적 문제에서 카우츠키에 의존하기도 했던 사회민주주의자들은 그들의 입장에서 볼셰비키에 반대할 권리가 없다. 그들 자신은 제국주의 전쟁 동안 부르조아지의 편에 섰으며, 사회주의 이념과 인터내셔널의 이념을 배신했다. 또 부르조아지와 더불어 10월혁명을 반대하는 대열에서서 계속해서 동일한 보조를 취했다. 그러므로 우리 공산주의자들이 사회주의 10월 대혁명을 그 누구도 착취하거나 착취되지 않는 새로운 세계사회, 즉 평등하고 형제애로 가득찬 사회로 이끄는 시발점이라고 주장하는 한, 오늘날의 사회주의자들이 사회민주주의자들의 과거를 용인하거나 그것을 받아들이기는 쉽지 않을 것이다. 그들이 진정으로 사회주의자이기를 바란다면.

6. 프롤레타리아 독재

이 책의 결론을 내리기 위해서, 대다수 서구 공산당들이 어떤 방식으로든 벗어나고 있는 개념인 **프롤레타리아 독재**라는 주제를 다루는 것이 적당할 것이다.

독재라는 용어는, 프랑코 독재를 포함한 가장 혐오스러운 파시스트적 반동적 독재들이 등장하고 스탈린주의의 죄악상—— 즉 프롤레타리아 독재의 타락으로 인해 발생한 현상—— 과 이런저런 종류의 전체주의의 해악이 밝혀지고 있는 금세기를 지나면서, 본질적으로 증오스러운 것이 되었다. 이 모든 것 때문에 이 용어의 정치적 사용을 포기하는 것도 충분히 정당화되고 있다. 그러나 우리가 이것을 그대로 방치한다면, 우리의 적들이 우리를 믿을 수 없는 피상적인 전술적 조작을 한다거나 혹은 단지 사회민주주의적 입장으로 복귀했을 뿐이라고 비난하는 것이 정당화될 것이다.

분명 이 개념을 폐기한 근거들은 훨씬 진지하고 포괄적인 것이지만, 내가 아는 한 그것들은 선언되었을 뿐이지 결코 엄밀한 맑스주의적 관점에서 충분히 설명되지 않았다는 점이 일반적으로 인정되어야 한다.

내가 이 주제를 다루고자 하면서 나는 그 중대함에 비하면 자신의 재능이 너무나 왜소함을 느꼈다는 것을 고백하지 않을 수 없다. 나는 결코 스스로를 이론가로 간주하지 않는다. 나는 자신을 겸손한 맑스주의 정치 노동자라고 생각한다. 바로 맑스주의 정치 노동자로서, 나는 더 유익할 뿐만 아니라 더 정확하기도 하다고 간주하는 정치적 관점을 전개하면서 그것에 원칙상의 기초, 즉 맑스주의적 기초를 부여하지 않는 것에 대해 스스로 행복감이나 만족감을 느낄 수 없다. 이처럼 상대적으로 미개척된 분야에서 나는 스스로 오류를 범할지도 모르는 모험을 감행하고 있다는 것을 알고 있다. 뿐만 아니라 이같은 나의 노력이 혼란을 확산시키고, 또 나의 사상적 지침을 곡해함으로써 나 자신에 대한 개인적 비난이 아니라, 몇몇 사람들이 신성한 것으로 간주하는 대상이자 그들 자신의 완고성(immobility) —— 우리 진영에도 "완고파들"이 존재하기에 —— 을 정당화시키는 수단인 도그마를 견지하지 않는 모든 입장들에 대한 비난을 낳을 수도 있는 그런 모험을 감행하고 있다는 것을 나는 알고 있다.

맑스주의를 발전시키고 사회주의를 혁신하려는 투쟁을 전개하기 위하여, 나보다 더 훌륭한 지식과 더욱 진지한 접근태도로 연구하고 있는 사람들이 나의 오류를 발견할 수도 있을 것이다. 이같은 오류에 관한 한, 나는 그들이 이러한 노선에 따라 나 자신을 비판하는 것에 대해 열린 태도를 갖고 있으며, 이러한 비판 가운데 많은 것들이 정당하리라는 점을 지금 바로 여기서 최대한 겸손하게 인정하고자 한다. 내가 이같은 과제를 수행하는 데는 비록 스페인공산당 전략의 견고한 기초를 놓고자 하는 소망이 들어 있기는 하지만, 이 과제는 전적으로 나 자신의 판단과 개인적인 책임 하에 이루어지는 것이다.

공산주의 지도자들 중에서 이러한 문제를 가장 깊이 있게 다루기 시작했던 지도자임에 틀림없는 톨리아티는, 사회주의로의 민주적 길을 창출해내는 과제는 그 자체의 역사적 독창성으로 인해 실천적인 정치활동과 더불어 이론적인 연구영역에서의 진지한 노력을 필요로 한다는 점을 그의 왕성한 활동기에 강조했다.

내가 이 글을 시작하면서 단언해두고자 하는 점은, 비록 맑스와 엥겔스가 제한적인 몇몇 경우에만 프롤레타리아 독재라는 표현을 공개적으로 사용하기는 했지만, 카우츠키가 자신의 소책자 『프롤레타리아 독재』에서 "맑스가 1875년의 한 편지에서 단 한 번 사용했던 '프롤레타리아 독재'라는 사소한 단어"라고 비꼬는 말투로 논하고 있듯이, 이 개념을 편집상의 우연이나 별로 중요하지 않은 우연적인 정식에 불과하다고 치부하는 사람들의 개량주의적 견해에 나는 결코 공감할 수 없다는 점이다.

카우츠키 자신도 이보다 몇 년 전에 그의 책 『권력으로의 길』에서 맑스와 엥겔스에 대해 언급하면서 완전히 반대되는 견해를 다음과 같이 제시한 적이 있다.

> ……엥겔스가 죽기 직전인 1891에도 그것을 위해 싸웠던 프롤레타리아 독재라는 표현, 즉 프롤레타리아트가 권력을 행사하는 유일한 형태로서의 그들의 배타적인 헤게모니라는 이 표현을 그들이 창조했다는 것은 너무나 분명한 것이다.

궁극적으로는 카우츠키도 포함되는 몇몇 사람들이 주장했듯이, 레닌은 자신의 전체 사상을 구성하기 위하여 이 "사소한 단어"를 이용했을 뿐이라고 주장하는 것은 맑스와 엥겔스의 사상을 부정하는 것이다.

맑스와 엥겔스의 국가론

루이 알튀세르는 맑스주의 국가론에 대해 언급하면서 이 이론을 "서술적"이라고 부르면서, 이같은 용어를 씀으로써 문제는 이론을 시작하는 것이며 이 시작은 그 이론에서 "본질적인 것을 우리에게 제공"하지만 더욱 진전된 발전을 요구하는 것이라는 점을 우리에게 이해시키고자 했다. 나의 생각으로는 이것이 사실이며, 맑스와 엥겔스의 사유과정에서도 이는 마찬가지였다. 비록 그들의 발전의 첫 단계에서부터 많은 본질적인 것이 존재했으나, 그들은 일련의 연속된 단계들을 거쳐서 자신의 이론에 대한 규정을 지속적으로 진전시켰다. 그러나 이렇게 할 수밖에 없던 원인은 또한, 오늘날의 자본주의 국가에 의해 수행되는 기능들의 규모 및 증대되는 복잡성이 국가의 구조에 도입시키고 있는 변형 때문이기도 하다.

맑스의 저작을 이론적으로 철저히 검토하지 않더라도, 국가를 도덕적 이념의 실재로 표현하고 프러시아 군주정을 이상화한 헤겔에 대해 비판을 가했던 그의 최초의 저작에서 맑스는, 한편으로는 정치적 민주주의를 지지하고 다른 한편으로는 국가와 시민사회의 관계, 즉 국가 일반의 역할이 지닌 핵심적 특징들을 이미 다루고 있다는 점이 지적될 수 있다.

맑스는 『헤겔 법철학 비판 서문』(1843년)에서 다음과 같이 서술하고 있다.

> 군주제에서는 전체가, 즉 인민이 군주제의 특수한 존재양식 중의 하나인 정치적 체제(political constitution) 아래 포섭되어 있다. 민주제에서는 정체(constitution) 자체가 오직 하나의 규정으로서, 즉 인민의 자기규정

으로서만 등장한다. 군주제에서는 정체의 인민이 존재하지만, 민주제에서는 인민의 정체가 존재한다. 민주제는 모든 정체의 해결된 수수께끼다. (Marx/Engels, *Collected Works*, vol. 3, London, 1975, p. 29)

스페인에서는 마치 **구체제**, 즉 전(前) 부르조아 체제의 군주제 아래서 살고 있는 것처럼 행동하는 몇몇 정치인들이, 하사된 정체가 민주주의에 대한 인민의 갈망을 충족시킬 것이라고 생각하는 듯이 보이는 이 시기에, 맑스가 이미 한세기 반 전에 제시한 이같은 군주제 형태와 민주제 형태 사이의 구분은 대단히 중요한 것이다.

뒤이어 전개할 주장과 관련하여 우리가 염두에 두어야 할 점은, 맑스가 같은 저작에서 **진정한 민주주의**에서는 정치체제가 **순전히 정치적**이기를 멈춘다는 사상을 전개했다는 점, 그리고 이 사상은 나의 견해로는 계급없는 사회에서의 국가의 소멸에 관한 훗날의 그의 주장에 비추어서, 또 「공산당 선언」에서 프롤레타리아트를 지배계급의 지위로 끌어올리는 것과 민주주의 투쟁에서 승리하는 것을 동일시한 그의 주장에 비추어서 해석되어야 한다는 점이다. 또한 우리는 이 사상을, "**프롤레타리아 혁명은 다른 무엇보다 우선 민주적 국가를 설립하고 그 내부에 직접적으로든 간접적으로든 프롤레타리아트의 정치권력을 설립하게 될 것**"이라고 말한 엥겔스의 사상과 관련시킬 수도 있을 것이다.

맑스와 엥겔스가 다른 시기에 "부르조아 민주주의"에 대해 신랄한 비판을 가했다는 사실과, 그리고 그들이 민주주의에 대해 말하는 가운데 이같은 비판을 강조하고 또 그 자신들이 적어도 『선언』에 이르기까지는 깊이 있는 설명을 가하지는 않았더라도 근로인민의 권력과 민주주의를 동일시했던 것을 스스로 폐기했다는 사실은, 내가 보기에는 다른 무엇보다 1848년 혁명 이래로 부르조아지가 민주주의라는 개념으로부터 혁명적 인민대중의 창조물로서 그것이 지녔던 모든 내용을 박탈하고자 애썼으며, 그것을 프롤레타리아트의 염원에 반하여 사용하거나 심지어 구체제의 유물과의 타협을 위한 구실로 사용하기 시작했다는 상황에서 기인한 것이라고 생각된다. 다시 말해서 부르조아지가 이렇게 행위한 시기는, 역사적으로 프롤레타리아트가 스스로 독자적인 계급을 형성하여 부르조아적 후견으로부터 벗어나 자유로워지기 시작한 시기, 프롤레타리아 정당의 형성으로 인해 특히 소유, 국가권력의 내용과 관련하여 계급구분에 대한 강조가 필요했고 착취를 방어하고 정당화하려는 부르조아 이데올로기 및 부르조아지의 "민주주의적" 조작에 대한 비타협적인 전면투쟁에 대한 강조가 필수적이었던 그런 시기였다.

어쨌든 맑스는 이미 『헤겔 국가철학 비판』에서 국가의 실질적 내용을 다음과 같이 아주 명확하게 밝혔다.

> 소유 등, 요컨대 법률 및 국가의 전체 내용은 북아메리카에서나 프러시아에서나 완전히 똑같다. 그러므로 공화제란 이곳의 군주제와 마찬가지로 하나의 형식일 뿐이다. (ibid., p. 31)

그는 『유태인 문제』에서도 국가의 본질에 대해 역설하는 가운데 다음과 같은 서술을 하고 있다.

> 국가는 제한으로부터 자신을 해방시킬 수 있으나 인간은 이러한 제한으로부터 실제적으로 해방될 수 없다는 사실로부터, 그리고 국가는 자유국가로 될 수 있으나 인간은 자유로운 인간으로 될 수 없다는 사실로부터, 정치적 해방의 한계가 단번에 명백히 드러난다. (ibid., p. 152)

또 1844년에 맑스와 엥겔스는 『신성가족』에서 근대 민주주의 국가에 대해 다음과 같이 선언했다. 이 국가는,

노예해방, 부르조아 사회, 산업사회, 전반적 경쟁 사회, 자신의 목적을 자유롭게 추구하는 사적 이해관계의 사회, 무정부사회, 그 자신으로부터 소외된 자연적 정신적 개인주의 사회에 기반을 두고 있다.

그러나 국가는 어떤 국가든 한 계급의 다른 계급에 대한 지배의 도구라는 사상, 사회를 변혁하기 위해서는 프롤레타리아트가 국가권력을 장악해야 한다는 사상, 근로인민의 해방의 결과로 국가가 사라지고 사멸하며 이와 더불어 계급도 소멸한다는 기본적 사상은 바로 『공산당 선언』(1848년)에서 최초로 가장 명백하게 표현되었다.

> 우리는 위에서 노동자계급에 의한 혁명의 첫단계는 **프롤레타리아트를 지배계급의 지위로 끌어올리고 민주주의 투쟁에서 승리하는 것**임을 살펴보았다……[강조-까리요].
>
> 물론 이것이 효과적으로 실행되자면 처음에는 소유권에 대한, 그리고 부르조아적 생산에 대한 전제적인 침해라는 수단에 의존해야만 할 것이다.
>
> 그 발전과정에서 계급구분이 사라지고 모든 생산이 전국적인 거대한 결사체의 수중에 집중될 때, 공공권력은 그 정치적 성격을 상실하게 될 것이다. 소위 정치권력이란 다른 계급을 착취하기 위한 한 계급의 조직된 힘일 뿐이다. (Marx/Engels, *Selected Works*, London, 1968, pp. 52-53)

이미 『공산당 선언』은 공산주의자들에게, 그리고 진정으로 민주주의적 수단에 의해 현재의 자본주의 사회를 전환시키고자 하는 모든 사회주의자들에게 오늘날에도 그 큰 틀에서는 여전히 유의미한 맑스주의 국가론의 핵심을 요약하고 있다.

민주적인 나라에서도 국가는 결국 한 계급의 헤게모니를 위한 수단이며, 사회에서 그 계급의 지배적 역할을 위한 수단이다. 최대의 자유가 존재하는 나라들에서도 국가는 다른 계급을 억압하기 위한 한 계급의 조직된 힘이다.

우리 스페인인들이 오랫동안 정면으로 맞서온 파시즘의 경험은 국가의 가장 극단적이고 가장 견디기 어렵고 가장 억압적인 측면을 보여주고 있다. 파시즘 하에서는 독단적인 통치가 끝없이 펼쳐진다. 범죄, 고문, 반대자에 대한 물리적 절멸, 엄밀한 의미에서의 지배계급이 아닌 모든 계급과 사회집단의 적극적 역할에 대한 전적인 부정, 부패와 약탈, 문화에 대한 경멸과 문화의 타락, 윤리적 및 도덕적 통치의 완전한 부재――이 모든 것들이 일상생활에서 작동하는 법률이다. 파시즘은 때로는 사회에 남아 있는 반(半)봉건적 잔존세력과 동맹을 맺기도 하는 독점자본의 가장 극악한 계급지배 형태다.

파시즘에 대항하여 투쟁하는 동안 우리 공산주의자들은 다른 사람들과 마찬가지로, 민주적 자유는 부르조아 사회에서 부과된 그 모든 한계나 제한에도 불구하고 과소평가되어서는 안될 진정한 가치를 지닌다는 점을 확인했다.

암울한 경험을 겪은 후에야, 우리는 특히 우리 자신과 "부르조아 민주주의" 사이에 선을 긋고 부르조아 민주주의에 대항하여 근로인민의 계급적 입장 및 계급 이데올로기를 주장하는 강박관념에 사로잡혀 있을 당시에 우리가 믿었던 대로 민주주의가 부르조아지의 역사적 창조물인 것은 아니라는 사실을 더욱 잘 이해하게 되었다는 것이 아마도 사실일 것이다.

파시즘에 대한 투쟁의 경험으로 인해 우리는 "스탈린주의"로 알려진 소비에트 체제의 타락과 그 모든 결과들에 대해 더욱 비판적으로 반응하게 되었으며, 소위 "사회주의적 전체주의"에 대해 고찰함에 있어서도 많은 것을 유보하게 되었다는 것도 지적되어야 한다.

사실 다양한 형태의 민주주의는 민주주의적인 부르조아지의 존재보다 앞선 것이며, 계급사회, 국가, 사회주의 등을 초월하여 생존할 것이다. 뿐만 아니라 공산주의에서도 사회의 관리에 대한 모든 사람들의 적극적인 참여를 의미하는 것으로 이해되는 민주주의는 여전히 불가결한 보물일 것이며, 오히려 공산주의의 가장 완벽하고 철저한 실현을 달성하게 할 것이다.

부르조아 혁명과 그 가장 고전적인 사례인 프랑스혁명은 그 강령에 민주적 요구들을 포함해야만 했는데, 왜냐하면 인민의, 노동하는 계급들의, 그리고 사회의 최하층민의 지지 없이는 그 혁명이 봉건지배를 파괴하는 데 필요한 힘을 지닐 수 없었기 때문이다. 자유라는 동기가 없었다면, 인민은 부르조아지를 권력에 끌어올리기 위한 투쟁에 나서지 않았을 것이다. 이것은 부르조아지 자신도 그 사회적 발전을 위해, 그리고 일정 기간 동안은 자신의 지배를 유지하기 위해 이같은 몇몇 자유를 필요로 했다는 사실과 모순되지 않는다.

민주주의적 자유는 인민 가운데 가장 진보적인 세력들이 이같은 부르조아 혁명에 대해 기여한 위대한 공헌이었다는 사실을 우리는 부인할 수 없다. 또한 이 시대의 역사 전체에 걸쳐 자유를 위해서 투쟁하고 매우 빈번히 그들의 목숨을 바쳤던 사람들은 노동자계급을 선두로 한 인민이었다는 것도 결코 우연이 아니다.

더구나 맑스와 엥겔스가 『선언』을 비롯한 여러 저작들에서 **프롤레타리아트를 지배계급으로 끌어올리는 것과 민주주의 투쟁에서 승리하는 것을** 동일시했다면, 이것 역시 우연적인 일이거나 그들의 부주의의 결과가 아니다.

뒤에서 다시 이 문제로 돌아오겠지만, 여기서는 가장 민주주의적인 부르조아 사회에서도 국가는 사실상 "한 계급의 조직된 힘이라는 것"을 강조하고자 한다. 서구의 국가를 예로 들어보자. 물론 미국은 두말할 필요도 없다! 우리는 무엇을 보게 될까? 노동자계급과 진보적 세력들이 그들의 권리를 주장하고 새로운 사회적, 경제적 및 정치적 획득물을 요구할 때, 그들은 무엇에 맞서게 되는가? 그들을 막고 있는 것은 어떠한 댓가를 치루더라도 지배계급의 특권과 자본주의적 소유권의 체계를 보존하기 위해 만들어진 법령과 법률, 즉 변화를 일으키려고 노력하는 사람들을 투옥하거나 그들에게 유죄선고를 할 수 있게 하는 법령과 법률이다. 궁극적으로 그들은 질서의 세력에 맞서게 되는데, 이 세력은 어떠한 저항의 시도도 분쇄하기 위해 가장 치밀한 장비로 항상 무장하고 있으며 고도로 훈련되어 있다.

뿐만 아니라 국가권력은 핵심적인 자유를 제한하거나 축소시킬 수 있는 강력한 수단을 직접적으로든 간접적으로든 갖추고 있다. 예를 들면 정부가 보통선거의 실제적 결과를 변경시키기 위해서 선거구들을 제멋대로 재분할할 때, 이것은 그 나라의 행정지도가 인쇄된 종이만을 왜곡하는 것으로 보일 수도 있지만 사실은 대의기구에서 민주적 대표를 획득할 수 있는 광범위한 인민의 권리를 난폭하게 제한하고 있는 것이다. 라디오와 텔레비전이 위로부터 내려온 정보와 선전을 곧바로 가정으로 침투시킬 때, 이것은 현상적으로는 폭력행위가 아니지만 실제로는 수백만 인민의 머리에 일종의 뇌수술을 가하는 것이며, 그들이 자유롭게 사고하고 그들의 의식을 자유롭게 형성할 가능성을 절단하는 것이다.

국가채권의 배당이라는 것도 —— 이와 관련하여 폭력을 떠올릴 사람이 누가 있겠는가? —— 다른 사람들을 위해 일부 사람들을 강탈하는 방식이며, 때로는 독점자본이라는 소집단에게 특권적 지위를 누리게 하기 위해서 주민의 일정한 부분에게 파산과 재난을 퍼뜨리는 방식이다. 실제로 이같은 결정적 사태에 맞서는 투쟁은, 노동자계급의 일련의 투쟁에서뿐만 아니라 농민이나 소생산자에 영향을 미치는 다른 투쟁들에서 볼 수 있듯이, 유혈적 폭력행동을 동반하는 경우도 없지 않다.

가장 민주적인 자본주의 국가에서도 모든 것은 지배계급의 이해를 뒷받침하도록 배열되어 있다. 게다가 오늘날의 시기에는 다국적기업과 제국주의 세력이 타국의 민주주의운동과 해방운동에 반대하고, 단지 민족주권을 지키려고 애쓰고 있을 뿐인 정부에 반대하여 간교하고 은밀하게 개입하고 있다. 그들은 그 무기고에서 아주 다양한 범죄 및 부정행위의 수단이 발견되기 마련인 비밀부서들을 운영하고 있다. CIA에 관해 폭로되고 있는 것이 사소한 수준을 제외한 그 조직의 실제적인 활동을 반영하고 있는지는 의심스럽지만, 폭로된 부분만으로도 현대 국가장치가 빠져들 수 있는 폭력의 정도를 깨닫도록 하기에는 충분하다.

미제국주의에 의한 베트남 침략전쟁이나 인도차이나의 다른 인민에 대한 전쟁은 두말할 것도 없다! 이들 경우에서 우리는 자국의 피억압계급에 대해서뿐만 아니라, 식민지제국들이 최근까지 그랬듯이 모든 인민을 노예화하고 착취하기 위하여 폭력을 사용할 권리를 제멋대로 남용하고 있는 자본주의 국가의 전형에 대면하게 된다.

국가 일반에 대한 맑스와 엥겔스의 파악이 지금도 여전히 전적으로 정확하다는 것은 분명하다.

더욱이 국가권력을 장악하지 않고서는, 노동자계급이 자신의 노동으로 살아가는 모든 사람들의 지원 속에서 독점자본을 제압하고 사회의 지도세력의 지위로 부상하지 않고서는, 사회의 변혁은 결코 생각할 수도 없다.

문제는, 전통적인 민주적 제도의 내용을 변화시키되, 정치적 민주주의를 확산시키고 더 공고하게 수립시킬 새로운 형태로 이 전통적 제도를 보완하면서도, 민주주의의 규칙들의 파괴 없이도 이것이 가능한가를 결정하는 것이다. 우리 스페인 공산주의자들과 발전된 자본주의 나라의 다른 정당들은 이것이 가능하다고 주장한다. 이러한 형태의 근로인민의 헤게모니의 사례는 아직 단 하나도 없다는 주장은 아무런 과학적 가치도 갖지 못한다. 이것은 사물은 항상 동일하다는 교조적이고 보수적인 관념, 즉 많은 경우에 역사에 의해 거짓임이 드러난 사상과 일치하는 것이다. 사물은 항상 동일할 필요가 없으며, 특수한 역사적 조건에서는 그랬을지라도 결국에는 사물은 분명히 언제나 동일하지는 않다.

왜 프롤레타리아 독재라는 개념인가

그러면 우리는 프롤레타리아 독재라는 사상으로 무엇을 하고자 하는가? 이 개념, 즉 맑스가 비데마이어에게 보낸 편지(1852년 3월 5일)에서 그의 핵심적인 발견들 중의 하나라고 강조했던 이 개념은 왜 등장했는가? 제기되는 문제는 본질적으로, 발전된 자본주의 나라에서 근로인민이 프롤레타리아 독재에 의존하지 않고도, 즉 패배한 계급과 그 지지자들의 정치적 권리를 억압하는 다소 장기적인 이행기가 없이도 그들의 헤게모니를 확립할 수 있는가라는 점이다.

내가 보기에 명백한 것은, 맑스와 엥겔스의 시대에는, 가장 발전된 나라들에서도 프롤레타리아트의 의식적 부분, 즉 혁명적 위기에 권력을 자신들의 (또 대부분의 국가에서는 프롤레타리아트 그 자체의) 수중에 장악할 수 있는 프롤레타리아트는 인구의 소수에 불과했고, 따라서 이 소수는 무장된 폭력으로 권력을 장악하고 폭력에 의해, 즉 독재에 의해 그 권력을 계속 유지하며 사회의 이행을 시작할 수 있었을 뿐이라는 것이다.

러시아 공산주의자들은 1917년에 이와 동일한 상황에 직면했었는데, 당시 이 나라의 프롤레타리아트는, 비록 상당히 응집되어 있었고 세계에서 가장 의식적이며 가장 혁명적이었지만, 그 나라의 아주 작은 소수, 즉 압도적 다수가 농민인 "쁘띠부르조아지의 대양에 떨어진 물한 방울"에 지나지 않았다.

이같은 상황에서 프롤레타리아 독재라는 개념은 프롤레타리아 헤게모니, 즉 프롤레타리아트의 사회적 지배와 완전한 동의어가 아니었다. 독재라는 개념은 프롤레타리아트의 헤게모니, 즉 사회적 지배를 공고화하기 위한 불가피한 수단이었다. 맑스와 엥겔스, 그리고 레닌은 이같은 현실을 인식하고 있었다.

그러나 오늘날 유럽 및 자본주의 세계의 발전된 나라들에서는 근로 인민이 사회의 압도적 다수를 차지하고 있다. 또 엄청난 이데올로기적 중요성과 거대한 숫자를 지닌 문화세력이 노동자계급의 입장에 더욱 가까이 다가서고 있다. 명백히 이러한 상황은 맑스, 엥겔스, 레닌이 프롤레타리아 독재가 필수적이라고 생각했던 상황과는 아주 다르다.

맑스와 엥겔스가 프롤레타리아 독재에 관해 언급한 것은 파리코뮨 이후였다. 당시 그들은 이 특수한 경험에 기초하고 있었으며, 또 부르조아 계급이 자신의 독재를 확립하고 조금도 주저함이 없이 테러를 사용했던 부르조아 혁명의 교훈도 분명히 염두에 두고 있었다.

엥겔스는 코뮨에 대해 언급하는 가운데, 프롤레타리아 독재의 개념 규정을 본질적으로 구성하고 있는 것들에 관해 다음과 같이 서술하고 있다.

> 혁명은 권위주의적인 것 중에서도 가장 권위주의적인 것임이 확실하다. 그것은 한 집단이 다른 집단에 대해 총칼과 대포라는 그야말로 권위주의적 수단에 의해 자신의 의지를 관철시키는 행위다. 승리한 정당이 그들의 싸움이 헛된 것으로 되지 않기 바란다면, 그 정당은 자신의 무기가 반동세력에게 불러일으킬 공포라는 수단을 통해 이 지배를 유지해야만 한다. 만일 파리코뮨이 부르조아지에 대해 무장한 인민의 이러한 권위를 사용하지 않았다면, 단 하루라도 버틸 수 있었겠는가? 반대로

우리는 코뮨이 이 권위를 충분히 거리낌없이 사용하지 못했다고 질책해야만 하는 것이 아닌가? ("On Authority", in Marx/Engels, *Selected Works*, vol. 1, London, 1950, p. 578).

또 맑스도 그의 논문 「정치적 무관심주의」에서 마찬가지로 코뮨에 대해서 언급하면서 다음과 같이 말했다.

만일 노동자들이……부르조아지의 저항을 분쇄하기 위해서 부르조아 독재를 프롤레타리아 독재로 대체한다면……그들은 혁명적이고 과도적인 형태를 국가에 부여하게 될 것이다.

오늘날에는 사회에서 근로인민의 헤게모니를 확립하고 정치권력을 획득하기 위해 다른 길과 다른 형태가 존재한다고 우리 공산주의자들이 믿는다고 해서, 우리가 이같은 역사적 유산과 단절하는 것은 아니다.

오늘날에도 우리가 레닌과 카우츠키의 논쟁, 즉 『프롤레타리아 독재』와 『프롤레타리아 혁명과 배신자 카우츠키』를 읽는다면, 우리는 주저없이 레닌의 입장을 지지할 것이다.

카우츠키의 책을 그것이 씌어진 맥락과 분리시켜 고찰한다면, 그 안에는 합리적으로 보일 수 있는 추상적이고 일반적인 주장들이 있다는 것은 부인할 수 없다. 이 주장들은 프롤레타리아트에게 민주주의가 지닌 가치와 사회주의 경제의 창출을 위한 자본주의적 발전의 중요성과 관련된 것들이다. 그러나 당시의 특수한 상황을 고려한다면——카우츠키의 『프롤레타리아 독재』는 1918년에, 추축국의 개입이 한창 진행되고 내전이 러시아를 엄습하고 있던 시기에, 1차대전과 다양한 군주제들의 붕괴와 대륙을 뒤흔든 반란과 봉기 등으로 인해 유럽 전체에 위기가 발생하고 있는 와중에, 비엔나에서 출간되었다——그 책은 무엇보다도, 전쟁

동안 각국의 부르조아지들 진영으로 넘어갔고 또 혁명적 물결에 직면했을 때도 계속 그들의 편에 섰던 사회민주주의자들의 배신을 정당화하려는 교묘한 시도임이 드러날 것이다. 게다가 그 책은 1909년에 "국가에서나 산업에서나, 그리고 독일에서나 영국에서나, 프롤레타리아트는 현시기에 이미 권력을 획득할 힘을 가지고 있으며, 물론 경제적 조건은 그들이 자본주의적 생산을 사회주의적 생산으로 대체하기 위해서 그 권력을 이용하도록 허용할 것" (「권력으로의 길」) 이라고 주장한 바로 그 사람에 의해 씌어진 것이었다. 이 주장에 이어 "전세계적인 전쟁이 위협적으로 다가오고 있다. 그리고 전쟁은 곧 혁명이다……또 그것은 미숙한 혁명이지는 않을 것……"이라고 덧붙인 사람도 바로 그 카우츠키였다. 레닌이 그를 배신자로 간주한 데는 타당하고도 충분한 이유가 있었다! 만일 카우츠키가 일관되어 있었다면 그는, 자기들의 역할에 따라서 분명히 혁명을 수행하고 있었으며 발전된 유럽의 노동자계급의 지지를 기대하고 있었던 러시아 공산주의들에 대항해서 그들을 비난할 것이 아니라, 유럽의 사회민주주의자에 대해서 그렇게 했어야 하지 않겠는가?

1917년의 러시아에서는 프롤레타리아 독재와 민주주의 사이의 선택이라는 문제가 제기되지 않았다. 선택은, 베르사이유 세력들에 의한 코뮨의 진압을 소풍놀이인양 여기는 야만적인 대량학살을 통해 전제적인 군사독재로 복귀할 것이냐, 아니면 프롤레타리아 독재냐 였다. 권력은 제헌의회의 수중에 없었으며, 군인들은 볼셰비키가 그랬던 것만큼 혹은 그보다 더 수월하게 이를 해산시킬 수도 있었다. 권력은 한편으로는 소비에트에 의해, 그리고 다른 한편으로는 차르의 장군들에 의해 장악되어 있었다. 바로 이것이 선택의 범위였으며, 둘 중 하나를 선택하는 것이 필연적이었다.

그럼에도 불구하고 카우츠키는 이러한 현실에 대해 눈감고, 마치 다른 별나라에 있는 사람처럼 민주주의와 독재의 모순을 제기했다. 그에게는 볼셰비키와 다른 집단의 대결이 단지 의회에서의 창던지기 시합 정도로나 보였을 것이다. 그에게는, 러시아에서는 무자비한 전쟁이나 삶과 죽음의 투쟁이 존재하지 않는 것처럼, 그리고 다른 집단들이 반혁명세력들 및 추축국과 연계되어 있고 또 이들은 자신들이 세운 지방정부에 참가해서 이 지역들에서 공산주의자들에 대한 탄압작전을 벌이고 있던 사실들——이 모든 것들은 그 나라가 기아와 폐허로 빠져들고 있던 와중에 발생했다——이 보이지 않는 것처럼 보였을 것이다.

카우츠키는 마치 러시아에 민주주의가 존재하기라도 하는양, 또한 공산주의자들은 케렌스키에 의해 던져넣어졌던 감옥에서 나오자 마자 무기를 들고 페트로그라드 노동자들의 선두에 서서 코르닐로프 장군을 패퇴시켰음에도 불구하고 그는 마치 1917년 7월에 케렌스키의 "민주적" 정부를 최종 순간에 구할 수 있었던 공산주의자들이 그렇게 하지 않은 양, "왜 민주주의가 사회주의에 도달하기 위한 비효율적인 수단이어야 하는가?"라고 반문했다.

카우츠키는 많은 경우에 그 자신과 모순된다. 그는 "사회주의를 달성하려는 의지가 그것을 확립하기 위한 첫번째 전제조건"이라고 주장하고 있다. 그러나 그는 이에 덧붙여 "의지는 대규모 산업체에 의해 창출된다"고 말한다. 또 "이러한 의지는 대규모 기업이 고도로 발전된 지역의 대중 속에서 최초로 발생할 것"이라거나 혹은 "사회주의는 농촌이 아니라 도시에서부터, 산업에서부터 시작될 것"이라고 주장한다. 사회주의를 성취하려는 의지를 대중 사이에서 창출할 수 있는 노동자당에 관해서는 한 마디도 없다. 이 모든 문구들은 아주 멋있고, 매우 과학적으로 보인다.

그러나 카우츠키는 역사가 때로는 마차를 말 앞에 세워놓기도 한다는 점을 잊고 있다. 즉 그는 제국주의가 단일한 체제이기는 해도 그 내부에 엄청난 모순을 갖고 있기 때문에, 혁명이 그 약한 고리를 끊을 수 있다는 점을 망각하고 있다. 더구나 러시아에서는 사태가 책에서 예상된 것과는 다소 다르게 전개되었다. 즉 프롤레타리아트는 먼저 권력을 획득한 다음 대규모 산업체를 건설했다. 중국에서도 사실 노동자계급의 전위에 의해 지도된 농촌이 도시를 포위하고 정복했다. 유고슬라비아와 쿠바에서도, 그 모든 차이에도 불구하고 이와 유사한 사태가 발생했으며, 베트남에서도 마찬가지였다.

사회주의는 농업이 압도적인 나라들에서 먼저 승리했는데, 이는 혁명적 전위가 계급모순을 제국주의에 특수한 온갖 종류의 모순들과 결합시킬 수 있었기 때문이다. 이를 역사적 예외로 간주하는 사람도 있을 것이다. 사회주의가 선진국들에서 먼저 승리했다면, 그 성과는 더 뚜렷하고 더 매력적이며 전인류에게 더 신속하게 영향을 미쳤을 것이라는 점은 분명한 사실이다. 만일 그랬다면 다른 점들을 피할 수 있었을지는 결코 확실하지 않지만, 아마도 실제로 일어났던 부적절함, 왜곡, 그리고 심지어는 타락을 겪지 않을 수 있었을 것이다. 엥겔스 자신도 그 승리가 선진국들에서 먼저 일어날 것이라고 생각하면서 그런 경우 가능했을 몇 가지 사안들을 검토했다.

지금까지 근로인민이 자본주의적 착취를 끝장낸 모든 나라들에서, 이 나라들이 그럴 수 있었던 것은 제국주의에 의해 야기된 참담한 전쟁의 한 결과였다. 또 그러한 나라들은 체코슬로바키아를 제외한다면 민주주의라고는 전혀 알지도 못하는 나라들이거나, 그 중 몇몇은 식민주의 혹은 심지어 아시아적 봉건제로부터 이제 막 벗어나고 있는 나라들이었다. 발전된 나라의 몇몇 저명인사들은, 자신들에게는 역사의 탄생이라기보다 그 유산(流産)인 것처럼 보이는 이같은 사태에 직면하여, 우아한 절망의 상태로 빠져버렸다. 그러나 역사가 사무실이나 연구실에서 만들어낸 계획에 따르지 않고 이와 같이 진행된다면, 우리는 역사에 대해 무엇을 할 수 있을까?

나의 견해로는, 혁명적 폭력과 마찬가지로 프롤레타리아 독재도 불가피한 역사적 필연이었음이 틀림없다. 덧붙이자면, 제국주의에 의한 무력침공에 대한 저항의 결과로, 혹은 언젠가는 위기에 빠져 사회의 대다수와 충돌하면서도 물러나려고 하지 않는 테러 및 폭력의 정권에 대한 저항의 결과로 혁명이 발생할 수도 있는 몇몇 저개발국들에서는 그러한 수단이 여전히 필요할 것이다.

이에 반하여 나는, 프롤레타리아 독재는 민주주의적인 발전된 자본주의 나라들에서 근로인민 세력의 헤게모니를 형성하고 공고화할 수 있는 길이 아니라고 확신한다. 나는 이미 이 장의 앞에서 그 이유를 설명하고자 시도했다. 이러한 나라들에서 사회주의는 민주주의의 결정적인 확대 및 발전, 즉 모든 전체주의적 사회관의 부정일 뿐 아니라, 또한 사회주의에 도달하는 방식은 민주주의적인 길에 수반되는 모든 결과들과 더불어 이 길을 따르는 것이라고 나는 확신하고 있다.

이러한 영역에서, 레닌이 다음과 같이 말했을 때, 나는 이단자라고 비난받을 것을 무릅쓰고 확신하건대, 그는 절반도 옳지 않았다.

> 자본주의에서 공산주의로의 이행은 당연히 아주 풍부하고 다양한 정치적 형태들을 제공하기 마련이지만, 그 모든 것의 본질은 필연적으로 오직 하나, 즉 프롤레타리아 독재일 것이다. (*Collected Works*, vol. 25, p. 413)

그는 절반도 맞지 않았다. 그 이유는 사회주의로의 이행의 그 모든 다양한 정치적 형태들의 본질은 오늘날 우리가 판단할 수 있듯이 근로인민의 헤게모니이기 때문이며, 또 정치적 형태의 다양함과 풍부함 자체가 프롤레타리아 독재가 필연적이지 않을 가능성을 수반하고 있기 때문이다.

이러한 주장은 공산주의운동에서 새로운 것이 아니다. 내 기억이 정확하다면, 1946년과 1947년에 대부분의 공산당들이 참여하지는 않았지만 상당히 고위급에서, 프롤레타리아 독재 없이 자본주의에서 사회주의로 이행할 수 있는 인민민주주의의 —— 그 당시에는 다원주의적이었다 —— 가능성에 관해서 적어도 의견교환이 있었다는 것은 틀림없다. 우리 운동 내부의 몇몇 집단들에서는, 디미트로프가 그 이론을 지지한 반면에 스탈린은 그것을 거부했다고 알려져 있다. 분명히 그 누구도 인민민주주의를 프롤레타리아 독재로 간주하지 않은 시기가 있었고, 그 다음 시기에는 그것이 "프롤레타리아 독재의 기능을 충족시키고 있다"는 말이 나오기 시작했으며, 그후 이 개념은 그것에 공공연하게 적용되었다.

언젠가 몇몇 소비에트 이론가들이 이집트를 사회주의로의 이행이 수행되고 있는 나라라고 말했다는 것도 기억할 필요가 있는데, 우리는 이집트에서 프롤레타리아 독재와 동일시될 수 있는 것이 전혀 존재하지 않았다는 것을 알고 있다.

그러므로 나는 서구의 발전된 자본주의 나라들의 공산당 및 사회당들이 그들의 전술뿐만 아니라 전략 전체를 민주주의적 과정에 근거하여 수립하는 것을 논리적이라고 간주한다. 그리고 우리가 이렇게 말하면서 우리나라에서 프롤레타리아 독재를 폐기한다고 해서, 우리가 사악한 계략을 숨기기 위해 양의 탈을 쓰고 있는 늑대는 아니며, 또 우리가 사회민주주의적 입장에 합류하기 위해 혁명적 맑스주의를 포기하는 것도 아니다. 분명히 우리의 적들 —— 나는 자본주의 체제의 철저한 방어자를 가리키고 있다 —— 은 항상 우리를 마키아벨리주의자라고 그 단어의 경멸적인 의미에서 비난할 것이다. 우리가 사회적 의미에서 적으로 간주할 수 없는 사람들은 많은 시간이 지난 후에야 우리를 이해하게 될 것이고, 당분간은 좌의 혹은 우익의 입장에서 우리를 비판할 것이다. 우리의 임무는 우리 자신을 한층 명확하게 설명하고, 우리의 전략을 더 철저하게 창출하여 이를 대중화하며, 이러한 일을 우리의 민주적인 길의 핵심적인 구성부분으로 간주하는 것이다.

사실 우리나라의 특정 대중이 우리 공산주의자들에 대해 민주주의적 "신뢰"를 결여하고 있는 것은, 우리 자신의 활동이나 정책 때문이라기보다는, 자본주의적 소유권이 사라진 나라들에서 프롤레타리아 독재가 대개 일당체제를 통해 부과되었고, 심각한 관료적 왜곡뿐만 아니라 매우 암담한 타락의 과정을 겪었다는 사실과 관련되어 있다.

이것의 모순적인 측면은 여러 해 동안 우리 스스로 민주적인 정책을 추구하면서도, 그 모델이 우리 자신의 것인양 그것을 받아들이고 방어했으며 그에 대해 아무런 비판적 태도도 취하지 않았다는 것이다. 이것은 소련이 유일한 사회주의 나라였을 때는 정당화되었으나, 세계무대에서의 세력관계가 근본적으로 변화한 2차대전 이후에는 더이상 정당화될 수 없게 되었다.

이 때문에 사회주의를 위한 투쟁은 노동자계급운동과 공산주의운동의 내부적 비판을 더 긴급히 요구하고 있으며, 이를 통해 결함과 오류를 극복하고, 여전히 어렴풋하게 남아 있는 역사적 현상에 관해 설명할 수 있는 올바른 길을 찾아야 한다.

레닌이 『국가와 혁명』에서 윤곽을 그린 프롤레타리아 국가에 관한 청사진은 어느곳에서도 실현되지 않았으며, 특히 우리에게 이상적인 모델로 제시되어왔으며 현재도 여전히 그렇게 간주되는 나라에서 결코 실현되지 않았다. 이 책에서 레닌은 맑스와 엥겔스의 사상에 관해 언급하고 그것을 발전시키고자 하면서, 이전의 모든 혁명은 국가기구를 개선하는 것이었으나 진정 필요한 것은 그것을 분쇄하고 파괴하는 것이며, 바로 이것이 맑스주의 국가론의 기본적인 중심결론이라고 말하고 있다.

소련에서는 10월혁명과 더불어 하나의 국가유형이 파괴되었다. 그러나 그대신 상당히 개선된, 다시 말해서 강력한 통제수단을 갖춘 한층 강력하고 한층 조직화된 국가가 등장했다. 이 국가는 사회의 이름을 빌려 발언하지만 실은 그 자신도 사회 위에 위치해 있다.

이 주제를 계속 발전시켜나가면서, 레닌은 다음과 같이 서술하고 있다.

> 억압기관은……여기서는 노예제나 농노제 그리고 임금노예제에서 항상 그랬던 것처럼 소수에 의해서 구성되는 것이 아니라, 대다수 주민에 의해 구성된다. 그리고 대다수 인민 **자신이** 그들의 억압자들을 억압하게 되기 때문에, 억압을 위한 "특별한 무력"(special force)은 **이제 더이상 필요가 없다**! (*Collected Works*, vol. 25, p. 419)

그럼에도 불구하고 혁명으로부터 등장한 새로운 국가는 **특별한 억압적 무력**을 창출하지 않을 수 없었다. 그리고 스탈린 치하에서는 이 무력이 모든 것을 통제하게 되었다. 그것은 사회에 대해서, 군대를 비롯한 다른 국가장치들에 대해서, 당에 대해서, 그리고 심지어는 인민의 민주주의에 대해서도 손을 뻗쳐 억압을 수행했으며, 40년대말과 50년대초에는 터무니없는 재판을 연출하기도 했다.

레닌은 관료제와 상비군을 일컬어, 부르조아 사회라는 몸체에 붙어사는 기생충, 특히 사회를 분열시키는 내적 모순에 의해 생겨나지만 사회의 중추적인 숨구멍들을 틀어막는 기생충이라고 말하곤 했다.

그럼에도 불구하고 10월혁명에 의해 창출된 권력은 관료제와 상비군을 조직해야만 했다. 그것은 노동자의 통상임금을 넘어서는 특권적 지위를 관료제에 부여했으며, 사실상 이를 자본주의 국가의 공무원이나 마찬가지로 제거불능의 것으로 만들었다.

훗날 레닌 자신은 이러한 관료제 및 관료화의 위험에 대해 신랄한 비판을 서술하기도 했다. 다시 말해 무장한 프롤레타리아트, 인민의 군대, 관리들——"부기원"으로만 간주되고 노동자와 같은 임금을 받으며 소환에 응해야 하는 자들——에 의해서 관료제와 상비군과 특별한 억압기관들이 대체되는 국가라고 자신이 상정했던 이상적인 프롤레타리아 국가에 대해서 레닌은 비판했던 것이다. 권력을 장악한 지 50여년이 지났지만 이러한 징후는 전혀 보이지 않는다. 그대신에 레닌이 꿈꾼 "값싼 정부"와는 아주 거리가 먼, 강력한 국가장치가 사회 위에서 자라났다.

만일 모든 국가가 한 계급의 다른 계급에 대한 지배의 수단이라면, 그리고 소련에 적대적인 계급들이 더이상 존재하지 않아서 객관적으로 다른 계급을 억압할 필요가 없다면, 그 국가는 누구에게 지배를 행사하고 있는가?

10월혁명은 분명 부르조아 국가는 아니지만, 그렇다고 프롤레타리아트가 지배계급으로서 조직화된 것도 아니고 또 진정한 노동자 민주주의도 아닌 그런 국가를 창출했다.

그 국가 내부에서 파시스트 독재의 특징과 형식적으로 유사한 일련의 특징을 지닌 스탈린 현상들이 자라나고 작동되었다. 나는 이것이 **형식적** 특징이라는 점을 강조하고자 하는데, 왜냐하면 소비에트 정권의 본질은 파시즘과는 근본적으로 정반대였고 현재도 그러하기 때문이다. 이것은 단순한 이론적인 평가가 아니라, 2차대전중에 소련 인민의 피로써 확증된 것이다. 뿐만 아니라 소비에트 정권의 혁명적 본질은 파시즘 및 제국주의에 대항하여 싸운 인민들과의 연대에서 지속적으로 확인되어 왔다.

오랫동안 우리는 "개인숭배"라는 상투적인 문구와 더불어 이러한 현상의 원인을 스탈린의 개인적 성격의 탓으로 돌려왔는데, 이런 성격이 여기서 커다란 역할을 한 것은 분명한 사실이다. 우리 맑스주의자들은 역사에서의 개인의 역할을 부정하지 않는다. 그러나 스탈린적 성격을 지닌 한 개인이, 레닌이 이런 성격에 대해 비난했음에도 불구하고, 앞으로 나설 수 있었던 이유는 무엇인가? 스탈린이 소련공산당 지도부 내에 형성되었던 상이한 집단들 사이에 존재하는 모순들을 고도의 기술을 갖고서 이용할 줄 알았다는 것, 즉 그가 단결의 주창자로 행세하면서 자신의 입신에 방해가 되는 모든 사람들을 제거해나갈 수 있었다는 것은 사실이다. 그러나 우리가 자문해보아야 할 점은, 스탈린의 실제적 중요성은 특히 레닌이 병으로 인해 활동을 못하고 있다가 일찍 죽게 된 순간 이후에는, 그의 반대자들에게 상응한다기보다는 실제로 형성되고 있던 국가의 유형, 즉 그를 둘러싸고 있는 객관적 현실에 상응하지 않는가라는 점이다.

자본주의의 선전에 의해 광범위하게 이용된 전체주의의 한 형태였던 스탈린 현상 때문에, 우리나라의 대중 사이에서 공산당의 민주적 신뢰도가 약화된 것은 분명하다.

흐루시초프가 선언한 스탈린주의적 공포에 대한 비난은 소련 및 동구 사회주의 나라들에서 스탈린에 의해 수립된 체제 전체를 일시적으로 해체시켰다. 헝가리와 폴란드에서 사건들이 잇달아 발생했으며, 스탈린 통치체제에 대항한 이질적인 "민족전선"이 자발적으로 암암리에 형성되었다. 폴란드에는 상황을 바로잡을 능력이 있는 공산주의적인 체제반대파가 존재했지만, 헝가리에는 그러한 것이 만들어지지 않았다. 거기서 "질서"를 회복시킨 것은 소비에트 군대였으며, 이로 인해 공산주의의 국제적 위신은 또다시 타격을 입었다. 그리고 이는 우리 당과 관련해서도 반향을 미쳤다.

흐루시초프가 대외적 포용성과 대내적 자유의 확대라는 새로운 정신을 구체화했던 수년의 시기가 있었다. 이 시기는 스푸트닉 1호기의 발사와 가가린의 우주여행, 소비에트 문학 및 영화의 신사조, 특수한 억압기관들의 일소 및 그에 대한 통제의 강화 등이 성공한 것과 일치했다. 이 시기에는 소련의 국제적 지위가 강화되었지만, 그러나 이는 신속하게 종결되었다.

호루시초프는 일종의 궁중 쿠데타에 의해 실각했다. 그의 오류들이 "폭로"되었고, 그러자 우리 모두는 결국 좋은 일에 대해서든 나쁜 일에 대해서든 연대책임을 지는 집단지도부가 존재한다고 생각하게 되었다. 흐루시초프 지도부 아래서 중국과의 분쟁이 있었음은 사실이다. 지금까지 일어난 일들에 비추어볼 때, 그는 이 분쟁을 확실히 경솔하고 부주의하게, 그리고 스탈린을 연상시키는 방식으로 다루었다.

사실상 흐루시초프가 실각하게 된 한 원인은 스탈린 치하에서 창출된 국가장치, 즉 톨리아티가 언급한 적이 있는 정치권력 체계를 변혁할 수 없었던 그의 무능력이었으며, 이 장치가 결국에는 흐루시초프를 파멸시켰다. 그 체계는 변혁되지 않았다. 그것은 더욱 민주적으로 되지 않았을 뿐만 아니라, 체코슬로바키아 점령을 통해 아주 명백히 드러난 것과 같이 동구 사회주의 나라들과의 관계에서 그 억압적 측면의 많은 부분을 그대로 유지하고 있었다.

스탈린 시대의 대대적인 억압이나 학살은 끝이 났다. 흐루시초프는 실각하여 자기집 침실에서 사망했다. 탄압 및 억압의 형태에 의해 퇴색되기는 했어도, 당연히 문화영역을 포함한 몇몇 영역들에서는 진보가 있었다. 그러나 노동자 민주주의로 간주될 수 있는 국가는 여전히 우리 앞에 존재하지 않는다.

이것은 소련에 프롤레타리아 독재가 실제로 존재했던 경우보다 우리 당의 신뢰도에 더 많은, 아주 많은 악영향을 미쳤다. 부르조아 민주주의가 많은 점에서 순전히 형식적일 뿐이라면, 이런 사정은 지금까지 공산주의자들에 의해 성취된 노동자 민주주의의 경우에도 마찬가지다.

진실을 인정하지 않으려는 동지들은 이렇게 말하는 것을 국제주의를 손상시키는 죄를 범하는 것으로 간주할지도 모른다. 그러나 오늘날 노동자계급운동과 공산주의운동에서는 이러한 질문이 공공연하게 제기되고 있는데, 이는 특정한 조건에 따른 것이며 또 체제순응론자들이 습관적으로 말하듯이 "부르조아 선전의 영향 때문"이 아니라, 현실의 증거 자체가 그렇게 나타나기 때문에 제기되는 것이다. 또 정당하게도 스스로를 전위세력이라고 생각하는 우리 공산주의자들이 어떻게 이 증거를 인정하고 현실에 직면하기를 주저하겠는가? 더욱이 이에 직면하는 것은 자본주의적 소유를 폐절시킨 나라에서나 그것을 유지하고 있는 나라에서나 사회주의의 대의에 복무하는 유일한 길이다.

소련에서 등장한 국가유형은 사적 소유를 유지하지 않으므로 자본주의 국가는 아니지만, 레닌이 예상한 바 노동자들이 직접적으로 권력을 행사하는 그런 국가도 아니다. 이런 국가유형이 어떻게 맑스주의 국가개념에 부합될 수 있는가? 레닌은 사회주의의 첫단계의 국가는 부르조아 법률의 내용들을 많이 간직하고 있을 것이라고 말했다. 그러나 우리가 다루고 있는 국가는 레닌이 이런 측면에서 예상했던 것보다도 한층 더 나아갔다. 그것은 부르조아 법률의 내용들 가운데 일부를 간직하고 있을 뿐만 아니라, 다른 시기였다면 제국주의 국가들에서나 상상될 수 있는 왜곡과 타락의 전형을 보여주고 있다.

이와 동시에 나는 이러한 국가가 일련의 세계적 문제에서는 소비에트 사회주의에 걸맞는 진보적인 정책을 추진하고 있다는 점을 강조하고자 한다. 이것은 상호배타적이지 않은 두 가지 모순적 특징들에 관한 문제다. 그러므로 우리가 객관적 분석을 원한다면, 이 둘 가운데 한 가지를 분리시켜 그 자체만을 고려해서는 안된다.

이 모든 것은 정치적 이론 및 실천에 관한 일련의 문제들을 제기하는데, 이 문제들을 정확하고 과감하게 다루고 해명하는 것이 모든 사회주의 지지자들, 특히 소비에트 동지들의 관심사다. 결론적으로, 국가의 문제는 사적 소유가 폐지되기 이전뿐만 아니라 이후에도 계속 중대한 문제로 남는다.

어떠한 유형의 국가인가

나는 내 자신이 이 문제의 핵심적 부분에 대해서 만족할만한 대답을 제시할 수 있는 입장에 있다고는 생각하지 않는다. 그럼에도 불구하고 나는 이 주제에 대한 더 일반적이고 더 발전된 고찰을 위한 일련의 사실들을 써내려가고자 한다.

위대한 맑스주의 사상가들은 공산주의 건설의 두 국면(phases)에 관해 말했다. 첫번째인 사회주의 국면은 **각자에게 그의 노동에 따라** 라는 고전적인 정식으로 요약된다. 두번째인 공산주의 국면은 **각자에게 그의 필요에 따라** 라는 문구로 표현된다. 노동자계급을 위한 광범위한 민주주의를 구성하게 될 프롤레타리아 국가의 건설은 첫번째 국면에 조응한다. 두번째 국면인 공산주의에서는 국가가 소멸하게 될 것이다. 즉 엥겔스의 문구대로 그것은 베틀이나 청동도끼와 더불어 박물관 속으로 사라질 것이다.

그러나 실제로는 사정은 훨씬 더 복잡하다는 것이 드러났다. 심각한 것은 우리가 한층 복잡해진 실천에 대해 동일한 이론적 도식을 계속 적용하고 있으며, 그 결과 이데올로기적 반영이 현실과 더욱 괴리되고 현실과 모순되기에 이르렀다는 것이다. 이데올로기와 현실의 이러한 괴리는, 부르조아 사회에서의 이데올로기와 실천의 관계에서 전형적으로 나타나는 특징, 즉 소외시키고 신비화시키는 특징을 이데올로기에 부여한다. 육체노동자 혹은 정신노동자들은 아직 **그의 노동에 따라** 분배받지 못한 채 어려운 조건에서 살아가고 있다. 그들은 관료적 구조의 희생물이며, 또 자신들을 대신해서 의사결정의 권위 및 권한을 수행하는 국가-당 융합체(duo)에 의해 이런저런 형태로 자신들에게 부과되는 모든 주요한 결정들에서 배제되어 있다. 이같은 노동자들은, 사적 자본가들이 그를 착취하지는 않는다고 하더라도, 소외로부터 아직 벗어나지 못한 상태에서 자신들이 사회주의 하에서 살고 있다고 느낄 수 없다. 단지 예언적 일반화만이 가능했던 시기에 창출된 이데올로기적 도식들이 이러한 사태를 정당화화기 위해 그들에게 제시된다고 하더라도 그러한 도식들은 그들을 만족시키지 못하며, 그리하여 그들은 사회주의에 대해 의문을 품기 시작할 것이다. 만일 그들이 공산주의 건설이라는 과제가 이미 시작되었다는 말을 듣고 있다면, 그것은 사태를 더욱 악화시킬 것이다. 이 때문에 그들은 몇몇 사회주의 나라들에서 광범위하게 유포되어 있는 농담들을 위안으로 삼고 있으며, 자신들이 살고 있는 사회에 의해 이룩된 실제적이고 명백한 진보――단지 중요한 발전에 불과한 것인데도 발전된 사회주의나 심지어 공산주의라고 표현되고 있는 진보――마저 과소평가하기 시작하고 있다.

수세기 전에 요한계시록의 인류의 종말을 외치면서 순진한 후진적 농민들을 공포에 떨게 하고 이로써 생계를 꾸려나가기 위해 러시아 길거리로 나서곤 했던, 반은 신비스러운 예언자이자 반은 악당인 러시아 정교 신부들의 장식을 걸친 채, 현재 세계를 배회하고 있는 알렉산더 솔제니친(Alexander Solzhenitsyn)――그에 비하면 피터 대제도 위험한 혁명가로 보일 수도 있는 이 사람――은 꿈이 현실과 맞지 않는다는 사실로 인해 생겨나 억제할 수 없는 극도의 증오로까지 발전한 실망과 낙심의 극단적인 표현일 것이다. 그러나 이러한 사람들의 존재는 우리에게 다음과 같은 우려를 자아낸다. 즉 현실에 대한 맑스주의적 비판의 부재나 그 부적합성이――국가체제가 이런 비판에 대해 열려 있는 통로를 제공하지 않고 있기 때문에――결국에는 "목욕물과 함께 어린애마저 던져버릴"지도 모르는 반사회주의적 저항세력의 대열을 팽창시키고, 또 사회주의적 노선에 따라 상황을 개선할 수 있는 세력의 성장을 힘들게 하거나 심각하게 방해할 수도 있다는 것이다.

이 상황의 복잡성을 되돌아보고, 그것이 단순한 도식과 모순되는 방식을 돌이켜볼 필요가 있다.

맑스와 엥겔스의 저작들 속에는 이미 언급된 두 국면(사회주의와 공산주의)을 제외한 다른 국면, 즉 혁명에 의해 창출된 국가권력이 근대적 생산에 필수불가결한 **자본주의적인 본원적 축적**의 실현에 매달려야 하는 국면에 대한 고려가 없었다. 다시 말해 새로운 국가는 무엇보다 우선적으로 **전형적으로 자본주의적인** 과제, 즉 단기간에 성취될 수 없으며 "사회주의적 축적"이라는 이름을 붙인다고 해서 그 내용이 근본적으로 달라지는 것도 아닌 과제를 수행하지 않을 수 없음을 깨닫게 될 것이라는 사실에 대한 고려가 없었다. 우리는 자본주의 아래서 본원적 축적에 의해 발생하는 고통에 대해 알고 있는데, 이는 맑스가 설명한 것과 같이 직접생산자에 대한 착취, 자기노동에 기반을 둔 사적 소유의 파괴, 부녀자와 어린이의 노동에 대한 가공스러운 착취, 매뉴팩처 단계의 나라들에서 수백만 가족들을 인간 이하의 조건으로 결집시키는 것, 식민지 인민에 대한 수탈 등을 의미하는 것이었다. 우리는 소련에서 발전하고 있는 국가유형, 특히 스탈린의 이름이나 그 모든 과도함, 폐해, 독단적 행위 등을 연상시키는 독재체제는 바로 본원적 축적을 수행하는 기능, 즉 어떠한 댓가를 치루더라도 근대적 산업을 발전시키려는 기능의 결과는 아닌지 자문해보아야 한다. 일정한 부분의 노동자계급 및 청년층——가장 의식적인 부분——이 이같은 과업에 참여하고, 혁명적 열정에 고무되어 엄청난 희생을 감수했던 것은 분명한 사실이다. 그러한 노력의 결과, 초기 소비에트 문학 및 영화의 몇몇 훌륭한 작품들이, 즉 전세계에 혁명적 낭만주의의 물결을 일으키고 수백만 노동자들의 러시아혁명에 대한 신뢰가 찬란하게 타오르도록 만들었던 작품들이 나오게 되었다. 스탈린 시기에, 그 모든 것들에도 불구하고, 그 시기의 위대한 물질적 및 정신적 성과들과 더불어 지속되었던 이러한 결단 및 혁명적 에너지의 영역은 바로 그 반대측면만을 보는 것이 잘못되었다는 근거다.

그 반대의 측면이란 축적, 즉 근대적 산업을 발전시키기 위한 거대한 노력이 노동자 대중의 엄청나고 끝이 없는 희생, 즉 대다수 대중은 받아들일 수 없었던 희생을 요구했다는 사실이다. 바로 이것이 노동자와 농민의 동맹에 영향을 미친 결함이었으며, 이로 인해 이전의 지배계급뿐만 아니라 일부 인민을 억압했으며 나아가 이같은 희생을 용납하지 않거나 혹은 객관적으로 말하자면 새로운 정부에 대항하도록 동원될 가능성이 있는 인민을 노골적으로 소외시켰던 그런 유형의 국가를 확립하는 것이 불가피했다.

관료제화 현상은 차르국가의 전통으로부터뿐만 아니라 이론가들이 예측하지 못했던 이러한 상황으로부터도 생겨났다. 맑스, 엥겔스, 레닌은 프롤레타리아 독재를 압도적 다수가 한줌의 소수를 억압하는 권력이라고 생각했으며, 또 광범위한 노동자계급의 민주주의 조직들은 오히려 이를 위한 전제조건일 것이라고 생각했다. 그러나 실제로는 상황은 이렇게 전개되지 않았다. 대다수 대중은 소극적이었고, 가장 중요한 부분은 적대적이었다. 노동자 민주주의는 계속 위축되었으며, 레닌 사후에는 아무도 통제할 수 없게 된 파벌투쟁의 격화를 통해 사회의 첨예한 모순을 반영하고 있던 당 내부에서도 동일한 과정이 발생했다. 그리하여 관료층이 발전하게 되었는데, 그들은 자신이 노동자계급의 사회적 사명의 수탁자, 저 독재의 구현체라고 확신하면서 지도의 기능마저 흡수해나갔다. 그러나 이 관료층은 부지불식간에 뿌리를 내리고 자신의 이해를 추구하며, 자신의 특수한 메카니즘과 객관적 법칙에 따라 활동하고 있었다.

1918년 5월 28일, 제1차 전국경제위원회 전러시아 대회의 연설에서 레닌은 다음과 같이 말했다.

> 단지 한 나라에서도, 비록 그 나라가 러시아보다 훨씬 덜 후진적이라고 할지라도, 또한 비록 우리가 전례없이 고통스럽고 참혹하며 파괴적인 4년간의 전쟁 후에 일반화된 조건보다 더 나은 조건에서 살고 있다고 할지라도, 우리의 노력만으로 사회주의 혁명을 완전히 수행할 수 없다는 사실에 대해 우리는 눈을 감지 않는다. (*Collected Works*, vol. 27, p. 412)

이와 동일한 생각이 다른 경우들에서도 되풀이되었으며, 레닌이 죽은 뒤 스탈린도 한동안은 한 나라에서 완전한 사회주의를 건설하는 것은 불가능하며 다른 발전된 나라들에서 혁명이 성공해야만 그것이 성취될 수 있으리라는 것을 인정했다.

한편으로는 그후 1934년 제17차 당대회에서 소련에서의 사회주의 승리를 (이로 인해 대회에 파견된 대다수의 대표들이 숙청되지 않거나 악명높은 재판이 발생하지 않은 것은 아니지만) 선언하기 위해서 이데올로기적으로 폐기된 이같은 사상과, 그리고 다른 한편으로는 소련에서 건설된 국가의 특징 사이에는 어떠한 관련성이 있는가.

그 국가는 소련에서는 사라진 자본주의적 소유에 더이상 봉사하지 않는다. 이런 측면에서 관료층은 자본가계급으로 간주될 수 없다. 그들은 사적 소유를 갖고 있지 않으며, 이들의 유지에 들어가는 소비에트 기업이윤 중의 일부분도 자본주의 나라에서 관료제를 유지하는 데 들어가는 비용에 비해 분명히 적다. 그럼에도 불구하고 다양한 수준의 관료층은 과도하고 거의 통제불가능한 정치권력을 장악하고 있다. 그들은 노동자계급의, 심지어는 당의 머리 위에서 결정을 내리고 문제를 해결하고 있으며, 당은 대체로 이 관료층에 종속되어 있다.

사회발전의 이러한 단계에서 우리는 사회 위에 위치하는 국가, 즉 사회와의 관련에서 상대적으로 자유로운 국가에 직면해 있다. 그러나 이것이 사회가 자유롭지 않다는 것을 의미하지는 않는다.

현재의 소비에트 국가는 분명히 경제, 산업, 문화, 보건, 그리고 국방의 분야에서 발전을 이룩하는 기능을 수행하고 있다. 다시 말해 이 국가는 다른 발전된 자본주의 나라들에서 자본주의 국가에 의해 수행된 임무를 수행하고 있는 것이다. 그것은 자본주의적 소유를 폐지함으로써 진화된(evolved) 사회주의로 이행할 수 있는 조건을 창출했다. 현재 제기되는 문제는, 이 국가의 실제 구조가 진화된 사회주의에 대한 방해물로 최소한 부분적으로라도 전환되지는 않았는가라는 문제, 현존하는 것과 같은 국가는 그 자체로서 이미 노동자계급 민주주의의 발전에 대한 장애물이지는 않는가라는 문제, 또 여기에 덧붙여 그것은 그 나라의 물질적 발전에 대한 장애물이지는 않는가라는 문제 등이다.

문제는 마치 절대주의적 군주정이 봉건제와 근대 자본주의적 의회 민주주의 사이의 중간국면이었던 것과 마찬가지로, 더이상 자본주의적이지 않은 이 국가도 자본주의 국가와 진정한 사회주의 국가 사이의 중간 국면은 아닌가, 또 이 국가의 특징 및 기능에 대한 분석을 통해 스탈린적 현상이나 그와 유사한 것들에 대해 더욱 객관적이고 과학적인 설명을 가능하게 해주는 그런 국면이 아닌가라는 것이다.

문제는 이 국가를 진정한 노동자 민주주의, 즉 그 창시자들이 파악했던 종류의 사회주의 국가로 전환시키기 위해서는 소비에트 당과 소비에트 사회의 심각하고 뿌리깊은 변화가 필요하지 않는가라는 것이다.

이 개념이 단지 사회주의적 민주주의의 부적합성에 대한 인정의 형태에 불과할지라도, 이 개념은 어떠한 방식으로든 소련 지도자들에게 영향을 미쳤다는 것은 의심의 여지가 없다. 오늘날에는 더이상 강조되지 않지만 흐루시초프 시기에는 "전인민의 국가"라는 테제가 나오기도 했다. 그러나 당과 국가의 융합은 만족감을 주지 못한 현실을 은폐하기 위한 이데올로기적 이미지만을 창출하는 데로 나아갔을 뿐이고, 현실을 실제로 변혁시키지는 못했다.

나는 내 자신이 이 문제들을 해결하기는커녕 이것들을 충분히 설명할 수도 없다고 생각한다. 나는 다만 정치적 선택을 위한 기초를 제공할 수 있는 이론적 연구, 노동자계급과 진보적 운동 전체의 관심대상이며 무엇보다 소비에트 동지들과 유사한 상황에 있는 동지들의 관심의 대상이기도 한 이론적 연구의 필요성에 대해 주의를 환기시키고자 하는 것이다. 다시 말해 아마도 연구를 진전시켜야 할 점은, 흐루시초프가 제20차 당대회에서 창안할 수 없었거나 그 창안방법을 알지 못한 그런 체제, 그리고 소련과 모든 사회주의 나라들의 새로운 도약의 출발점으로 될 수 있는 그런 체제에 대한 정치적 분석일 것이다.

국제환경과 국가에 대한 그 영향

소비에트 국가장치 유형의 특징을 분석하기 위해 고려해야 할 다른 요소는 그것의 발전이 처해 있는 국제적 환경이다.

민주주의의 가능성을 축소시키고 그 목적에 필수불가결한 자본화(capitalization)를 달성하기 위해 극도의 압박을 초래했던 가속적인 산업화는 순전히 내부적인 근거들에 의해서만 이루어진 자유로운 선택이 아니었다. 그것은 상당 정도 제국주의의 봉쇄에 의해, 그리고 1941년까지 발발하지 않았으나 그 이전 시기에도 소련에 대해 끊임없이 계획되었던 전쟁의 위협에 의해 강제된 것이었다. 산업화하느냐 아니면 소멸하느냐, 바로 이것이 딜레마였으며, 이 딜레마는 파시스트의 침략에 의해 강화되었다.

이같은 위협을 통해서 제국주의 강대국들은 의식적으로든 무의식적으로든 소련의 내부적 발전 전체에 영향을 미쳤다. 그들은 축적과 산업화의 촉진을 강제했으며, 이로 인해 필연적으로 사회보장정책이 제한되고 농업은 부정적인 영향을 받았다. 다시 말해 그들은 결국 노동자와 농민의 동맹을 방해하고 체제의 대중적 기초를 축소시키는 방향으로 나아가도록 강제했다. 동시에 이같은 상황은 사회를 넘어서 사회 위에 위치하는 국가의 발전을 조장했고, 이런 국가에서는 강제적 측면이 거대한 비율을 차지했으며 이로 인해 스탈린 시기의 과도함도 가능할 수 있었던 것이다.

이 모든 것은 일련의 발전된 나라들에서의 사회주의 승리 없이는, 한 나라에서 완전한 사회주의를 건설하는 것이 불가능함을 확증해주고 있다.

국제적 상황이 달랐다면, 산업화 과정은 아마 더 완만했을 것이고 농업의 사회적 개혁도 덜 소모적이었을 것이며——그리하여 동맹이 유지되었을 것이며——또 대중의 생활조건이 더 신속하게 개선됨으로써 근로인민의 민주주의가 만개하는 데에 더 유리한 조건이 창출되었을 것이다.

세계적 조건은 소비에트 지도자들에게, 새로운 국가를 군사적 강대국으로 변혁하고 이같은 목적을 위해 모든 것을 희생시킬 수밖에 없다는 선택을 강제했다. 이것은 또 10월혁명으로 탄생된 이후 스탈린에 의해 발전되면서 계속 이러한 딜레마에 갇혀있던 이 국가에게 권위주의적 성격을 한층 강화시킨 듯한 특수한 특징을 부여했다.

2차대전 이후 사회주의 나라들의 수가 증가하여 봉쇄가 해체되었을 때도, 이러한 상황의 어떤 근본적 변화도 일어나지 않았다. 또 경제적으로 후진적이고 농업이 압도적이며 산업화를 필요로 하는 나라들에서도 역시 새로운 혁명국가들이 등장했다. 근대 자본주의적 수준에 있던 유일한 나라인 체코슬로바키아조차 서구 자본주의 나라들에 대한 완전한 종속상태에서 산업화를 달성했다. 이 자본주의 나라들의 시장, 자본, 원료를 상실하게 되자, 체코슬로바키아는 이에 대한 효과적인 대체물을 동구에서 발견할 수 없었고, 1936년경에 자신과 같은 발전수준이었던 자본주의 나라들이 그후 이룩한 정도의 경제적 번영을 달성하지 못했다.

소비에트 국가라는 모델은 거의 자동적으로 새로운 사회주의 나라들에 확산되었다. 스탈린 정책의 영향 아래 "연대"와 "국제주의"가 이런 방식으로 적용됨으로써, 그 나라들의 독립성은 제20차 대회에서 인정되었듯이 심각한 침해를 받았다. 레닌이 사회주의로의 이행과 관련하여 예측했던 **형태의 다양성**은 그 나라들에서는 순전히 **형식적인** 것이었다. 1968년 소비에트 군대의 체코슬로바키아 점령은, 한편으로는 소비에트 모델의 기계적 적용의 결과 그 나라들이 겪고 있던 위기를, 다른 한편으로는 그 체제에 특징적인 보수성과 무력외교(power politics)를 폭로했다.

데탕트에도 불구하고 지속되고 있는 세계적인 군비경쟁은 객관적으로 소비에트 국가의 억압적 측면을 강화하는 경향을 나타낸다는 것, 그리고 미국의 무력에 맞서기에 충분할 만큼의 무력을 유지하는 데에는 막대한 재정부담이 필요하고 이것이 사회적 및 경제적 진보를 저해한다는 것은 의심의 여지가 없다. 군비경쟁이 기술발전에서 지닐 수 있는 긍정적 측면, 그리고 미국에서는 다른 경제부문들로 신속하게 확산되고 상품화되어 그 부문들의 발전을 촉진시키는 긍정적 측면이라고 부를 수 있는 것도, 소련에서는 계획의 경직성, 방위산업의 분리, 군사부문의 과도한 폐쇄성 등으로 인해 미국과 같은 신속한 결과를 초래하지 않는다.

더구나 현재 제국주의 국가들, 특히 미국은 군사적 압력에 의해서뿐 아니라 무엇보다 상품 및 기술이라는 무기를 통해서 소비에트의 수많은 정책들에 대해, 그것들을 결정하지는 않을지라도, 영향을 미치고 있음이 분명하다.

이러한 측면에서 1976년 런던에서 개최된 미국 대사(大使) 회의에서 미국무성을 대표하여 존넨펠트와 키신저가 행한 연설은 중요한 의미를 지닌다.

그들이 많은 측면에서 미국 및 그 동맹국들에게 더 타당한 특징들을 소련과 그 동맹국들에게 전가했다고 할지라도, 그리고 그들이 미국의 무력의 한계를 인정하고 또 미국은 오늘날 세계의 새로운 세력관계의 문제들을 지배하기에 충분한 힘을 지니지 못하고 있다는 사실을 공개적으로 인정했다고 할지라도, 핵심을 크게 벗어나긴 했지만 진실에 근거를 둔 다른 견해들도 제시하고 있다. 예를 들면 소련의 초강대국으로서의 지위는 그 군사적 힘에 기초하고 있다는 평가와, 그리고 교묘하고 장기적인 미국의 통상정책은 소련과 다른 사회주의 나라들에게 경제적 문제들이 존재하는 경우에 소비에트 정책에 영향을 미칠 수 있다는 평가가 그것이다.

오늘날 전세계적 대결이 대두해 있는 상황은 소비에트 국가가 노동자계급 민주주의 국가로 전환되는 데에 불리하게 작용한다. 그것은 군사력과 그것을 보조하는 힘들을 전면에 내세우는 세력관계라는 상황과, 그리고 토론을 선호하기보다는 획일성을 강조하며 또 민주주의를 발전시키기보다는 권위를 공고화하는 경향을 보이는 상황이다. 군대와 행정기관들이 이처럼 중대한 역할을 하고 있는 국가는, 비록 그것이 자본가가 없는 국가이고 인민의 해방투쟁을 지지하는 국가라고 할지라도, 힘을 그 첫째목적으로 간주할 위험을 무릅쓰고 있다. 이 국가는 이데올로기를 권력의 수단으로 전환시키는 경향을 나타낸다. 즉 세계적 차원에서 나타나는 계급투쟁의 문제, 해방투쟁의 문제, 사회주의 투쟁의 문제 등을 자신이 개입해 있는 전세계적인 대결에 있어서 자신의 힘을 보강해주는 것으로 간주하는 경향을 보이며, 그리고 국제주의 속에서 자신의 세력을 강화하고 국제주의를 도구로 전화시킬 그 무엇을 찾아내는 경향이 있다.

그 국가는 자신의 객관적 상황, 즉 자신이 발전해온 외적 조건과 그 자체의 오류 및 결함이 그 내부의 사회적 변혁에 대해, 그리고 근로

인민을 해방시키고 그럼으로써 인류를 모든 억압과 소외로부터 자유롭게 하는 사회주의의 특수한 사명에 대해 부과한 한계를 인정하지 않는다. 또 그 국가는 맑스주의의 창시자들이 이행기 국가에 관해 예측했던 것과는 판이하게, 예전의 국가의 많은 유물들이 그 국가의 구조에 여전히 잔존한다는 것을 인정하지 않는다. 다시 말해 사회주의가 확산될 수 있는 조건 이상을 역사가 허용하지 않으므로, 우리는 단지 이런 조건을 진전시키려고 노력하고 있을 뿐이라는 것을 인정하지 않는다. 이러한 것들을 인정하는 대신에, 그 국가는 오히려 우리가 이미 완전한 사회주의를 달성했다거나 심지어 공산주의의 첫단계에 접근하고 있다고 주장하며, 또 이같은 사회주의 이외의 다른 사회주의는 있을 수 없다고 주장한다. 뿐만 아니라 이를 지지하기 위해, 우리가 낡아빠진 국제주의라고 부르는 것을 주장하려고 애쓴다. 즉 공산당이나 노동당은 소련에 대한 무조건적인 지지에 의해 평가된다는 것, "프롤레타리아 국제주의의 시금석은 소련에 대한 태도"라는 것이다.

자본주의 나라들에서 활동하는 공산당들에 소속된 우리는 자본가가 더이상 존재하지 않는 나라들과 여전히 자본주의를 유지하는 나라들 사이의 대결에서 사회주의의 승리는 이미 정해진 것이라는 사고를 받아들일 수 없다. 오늘날의 세계는 다르다. 미국무성의 헬무트 존넨펠트는 다음과 같이 고백하고 있다.

> 우리가 어떻게 대응하든간에 소련인들은 세계무대에 등장해서 발언할 것이므로……우리는 데탕트를 소비에트 권력을 달래거나 그 비위를 맞추는 과정으로 간주하는 것으로부터 벗어나야 한다. 우리는 이 세력을 관리하고 길들이는 것을 우리의 과제로 삼아야 한다. 이것이 향후 수년간 우리의 핵심문제이며……우리가 도전해야 할 문제는 어떻게하면 다른 초강대국과 더불어 하나의 세계에서 살아가고 또 20년쯤 이후의 중국이

라는 제3의 강대국의 등장에 어떻게 대비할 것인가 하는 점이다. (1976년 12월 런던 미국대사 회의에서의 연설, 『뉴욕 타임즈』, 1977년 4월 6일자에 요약)

과거에는 몇몇 나라들에서 혁명이 군사적 패배의 결과로 승리할 수 있었고 이에 따라 근로인민이 그 패배에 책임이 있는 지배계급을 제거하기가 용이했다 할지라도, 이것이 우리에게 동일한 길이 제시되어 있다는 것을 의미하지는 않는다. 우리는 자본주의 세계와 사회주의 세계 사이의 전쟁이나 군사적 패배를 원하지 않는다. 동구가 서구를 군사적으로 패배시키는 것이 문제가 아니다. 논점은 이런 터무니없는 맥락에서 완전히 벗어나야 한다. 지배계급으로서의 자본가들의 제거는 각 나라에서 수행되어야 하며, 각 인민은 민족적 주체성을 상실하지 않고 스스로의 판단에 따라, 스스로의 노력으로 그렇게 해야 한다. 서구 공산주의자들의 역할은 동구의 군사블럭을 강화하는 것이 아니다. 그것은 각자의 나라에서 정치적 및 사회적 변혁을 수행하는 것이며, 동시에 이로 인해 그 나라가 약화되지 않도록 하는 것을 뜻한다. 그것은 전쟁을 방지하기 위해, 그리고 억압적 관계에 근거하는 것이 아니라 인민의 이해와 그들 사이의 민주적 관계에 기반을 둔 국제적 차원의 협력을 달성하기 위해 투쟁하는 것이다. 또 그것은 핵무기의 제한 및 파괴를 위해, 군축과 평화를 위해, 블럭 및 해외군사기지의 동시적 해체를 위해 노력하는 것이다.

자본주의 서방국에서의 사회주의 혁명은 외세에 의한 그 나라들의 국민적 패배가 아니라, 착취계급들의 패배와 그들의 정치적 및 사회적 제거를 뜻해야 할 것이다.

사회주의의 승리와 더불어, 이러한 나라들에서 역사적인 민주적 성과들이 더 한층 발전되게 함으로써, 인간에 의한 인간의 착취를 제거하고 평등하고 우애적인 관계를 확립함으로써, 우리 공산주의자들은 우리가 태어난 나라의 발전을 강화하기 위해서 노력해야 하며, 그리하여 우리나라를 다른 나라에 종속시키는 방식이 결코 아니라 인류를 진보케 하는 방식으로 협력해나가야 할 것이다.

이미 오늘날에도 우리의 반제투쟁은, 미래에는 현재 그 나라가 어떤 나라든간에 모든 나라들과 종속관계가 아니라 평등한 기초 위에서 민주적인 관계를 맺고자 하는 우리의 열망을 보여주고 있다. 우리는 결코 어떠한 이데올로기적 이해나 물질적 이해를 위해서든 우리나라의 독립성을 다른 나라에 저당잡히지 않을 것이다.

미국대사 회의에서의 키신저의 연설 속에는, 미국정책의 전적으로 자본주의적인 내용을 확증해주며 그 위선적인 민주적 위장을 벗겨버리는 장점을 지닌 흥미로운 언급들이 많이 들어 있다.

> 이러한 서구 공산당들에 대한 우리의 태도가 너무 비타협적이라고 생각하는 사람이 있다. 그러나 우리는 이러한 정당들의 발전을 장려할 수 없으며, 우리의 방관으로 인해 우리가 공산당들의 성공을 용이하게 하는 전례를 만드는 것도 용인할 수 없다. 그러한 정당들이 모스크바의 노선을 어느 정도 따르고 있는냐라는 문제는 중요하지 않다. 설사 포르투갈이 이탈리아 모델을 따랐을지라도, 우리는 여전히 포르투갈공산당에 반대했을 것이다. 우리가 반대하는 까닭은 단지 쿤할(Cunhal)이 스탈린주의자이기 때문이 아니다. 효과적으로 관리되고 있는 듯이 보이는 이탈리아공산당의 영향조차도 프랑스에 대해서, 그리고 NATO에 대해서도 파괴적일 것이기 때문이다.
>
> 이러한 다양한 서구 공산당들이 정부 장악을 달성한다면, 우리가 NATO 회담을 어떻게 개최할 수 있을지 예측하기 어렵다. 아마 우리는 중국같은 나라와 함께 대응정책을 추진할 수 있을 것이다. 그러나 현재의 동맹은 유지될 수 없을 것이다. 서구 동맹은 항상 군사적 안보를

넘어서는 중요성을 지니고 있다. (『뉴욕 타임즈』, 1977년 4월 7일자; 강조—까리요)

키신저는 이렇게 말했다. 그에게 문제는 공산당들이, 그가 잘 알고 있듯이, 소비에트 권력의 한 구성부분으로 활동한다는 의미에서 "모스크바의 노선을 따르고" 있는가 라는 것이 아니다. 심지어 그는 예를 들어 유고슬라비아 공산주의자들은 모스크바에 대해 "좀더 비동조적"임에 틀림없다는 생각에 동의하기도 한다. 실제로 군사력의 균형은 그에게 전혀 관심사가 아니다. 그러한 균형은 현재 동맹이나 군사기지가 아니라 핵무기에 의해 결정된다. 동맹이 사라지더라도 균형은 계속될 것이다. 그가 관심을 두고 있는 것은 서유럽의 사회체제가 변하지 말아야 한다는 것이다. 바로 이 때문에 동맹은 항상 "군사적 안보를 넘어서는" 것이다. 그는 동맹을 군사적 방어의 측면에서 바라보는 것이 아니라, 각국이 민주적인 방식으로 도입하고자 할 수도 있는 사회적 변화에 대한 동맹의 군사적 압력이라는 측면에서 파악하고 있다.

이러한 고백이 중요한 이유는, 그것이 소련에 대한 독자적 입장은 미제국주의에 대한 접근에 상응한다는, 지나치게 단순화된 몇몇 교조적 주장을 무력화시키기 때문이기도 하다. 반대로 미국이 실제로 우려하는 것은 대장흉내놀이 같은 교조적인 입장이 아니라 오히려 공산당의 독자적이고 민주적인 입장인데, 이는 전자의 입장으로는 공산당이 서구의 발전된 자본주의 나라에서 지배적 지위에 도달하기 어려울 것이며, 특히 그런 지위를 계속 유지할 수 없기 때문이다.

앞의 논의로 돌아가자면, 사회주의를 위한 투쟁을 두 체제 사이의, 실제로는 두 강대국이나 강력한 두 집단 사이의 세계적 대결이라는 측면에서 설정하는 것에 우리는 찬성하지 않는다. 이는 첫째로, 지금까지 이룩된 사회주의는 여전히 아주 초보적 단계에 있으며, 아직은 이데올로기적 대결구도에서 승리를 확정할 수 있을 만큼 훌륭한 모범이 아니기 때문이다. 여기서 내가 말하고 있는 것은 발전된 자본주의 나라들이고, 과연 이 나라들에 우리가 이같은 모델을 제안할 수 있느냐 하는 점이다. 그리고 둘째로는 군사적 대결은 양쪽 모두에게 자살행위일 것이기 때문이다.

전세계적인 노동자계급운동과 공산주의운동은 동질적이지 않으며, 상이한 경향들이 그 안에 존재한다는 것은 우리가 인정해야 하는 사실이다. 거기에는 단순화시키자면, 소비에트 동지들을 자신의 지도자로 삼고 있는 하나의 경향이 있다. 이 경향은 소련이 도달한 체제에 대한 선전문구를 구성하는 일련의 도그마에 그 운동을 확고하게 밀착시키려고 노력하지만, 이런 도그마는 몇몇 경우를 제외하고는 공산당들이 그 나라에서 통치정당으로 전환하는 데는 물론 지도적인 정당으로 전환하는 데도 아무런 도움이 되지 않는다. 이밖에 규정하기가 매우 힘든 중국의 경향이 있는데, 이 경향은 지금까지 거의 유일하게 소련에 대해 단호한 적대적 태도를 표방해왔으며 실제로 국제 노동자계급운동의 역할과 그 독자성을 과소평가하고 있다.

그리고 거듭 말하건대 단순화시키자면, 주로 발전된 자본주의 나라들에서 발생한 새로운 경향이 존재하는데, 이는 여전히 맑스주의 원칙에 충실하면서 지금까지의 혁명운동에 의해 만들어진 성과들을 비판적으로 흡수하고 구조적, 경제적, 사회적 및 문화적 변동에 대한 분석 및 탐구를 이론적 성과로 구체화하고자 노력하고 있다. 또 이 경향은 자신의 전략을 창출하기 위해 민주적 길과 독자성을 주장한다.

이러한 이질적이고 다양한 경향들 속에서, 민족적 요소가 영향력을 가지고 있으며, 이것이 논리적인 것이다. 데탕트와 협력의 현단계에서는 계급협조가 아니라 계급투쟁의 민족적 형태가 최우선적인 지위를 차지하기 마련이고, 장구하고 풍부한 경험을 지닌 정당들이 성취한 정치적 및 이론적 성숙도가 어느 정도냐에 따라 영향력을 발휘할 수 있다.

여기에 소비에트 국가에 관련된 협력과 모순 양자 모두의 근거가 있다. 협력은 그 국가의 사회체제 —— 자본주의적이지 않으며 사회주의를 위한 물질적 조건이 존재하는 체제 —— 로부터 발생한다. 모순은 그 국가의 유형으로부터 발생하는데, 이런 유형의 국가는 그 자체의 특징들 때문에 자기 나라의 사회와 다른 나라들의 사회 위에 존재하는 경향이 있으며, 또 내가 개괄하고자 시도한 몇 가지 원인들을 포함한 일련의 주·객관적 요인들 때문에 억압으로 나아가는 경향을 보인다.

발전된 자본주의 나라들에서의 사회주의 운동의 발전은, 소비에트 사회와 소비에트 공산주의자들이 이러한 형태의 국가를 극복하고 그것을 진정한 근로인민의 민주주의로 전환시키는 진보를 이룩하도록 도울 수 있을 것이다. 이것은 전세계적으로 사회주의의 대의에 많은 도움을 주고 수많은 부르조아적 선전들을 제거하고 파괴할 역사적 필연이다. 바로 이 때문에 체코의 동지들이 1968년의 경험을 계속 수행할 수 없었던 것은 더욱 애석한 일이다.

옮기고 나서

맑스주의의 위기와 유로코뮤니즘

I

유로코뮤니즘은 1970년대 서유럽의 발전된 자본주의 나라들의 당들인 이탈리아공산당(PCI), 프랑스공산당(PCF) 및 스페인공산당(PCE)의 노선으로 수행되었던 공산주의운동의 한 조류다. 그것은 서유럽 공산당들의 목표와 방법이 하나로 명료하게 표현된 정교한 전략이라고 보기는 어려우며, 서구의 자본주의 나라들에 고전적 맑스-레닌주의의 혁명적 전술을 적용하기에는 많은 난점이 존재한다는 인식 위에 이들 당의 지도그룹들이 나름대로 대응해온 방식이라 할 수 있다. 이들 세 나라의 역사와 현실의 상이함에도 불구하고 각각의 대응의 공통적 문제의식은 민주주의와 사회주의의 결합성에 대한 인식, 공산당들은 소련으로부터 충분히 독립적이어야 한다는 요구, 사회주의로의 이행은 평화적으로 달성될 수 있다는 신념 등이다. 여기서 유로코뮤니즘의 일반적 특징으로서 첫째, 소련 공산주의와의 차별성에 대한 강조, 둘째, 서유럽 사회의 역사적 현실에 맞는 사회주의와 그 이행전략의 모색, 즉 러시아의 경험에 기반한 소비에트적 이행모델의 거부와 서유럽의 발전된 자본주의 나라에 적합한 "사회주의로의 민주적 길"(democratic roads to socialism)이라는 새로운 이행전략의 추구가 제기되었던 것이다.

이번에 번역한 『유로코뮤니즘과 국가』는 1970년대에 PCI, PCF, PCE에 의해 정책과 정치적 실천의 형태로 나타났던 조류를 이 실천의 대표적 주체였던 스페인공산당의 서기장이 가장 명료한 형태로 최초로 밝힌 책이라는 점에서 "유로코뮤니즘의 바이블"로서 간주되어왔다. 이 책에서 그는 1975년 리브리노 선언에서 예시되었던 테마를 발전시켰으며, 이것은 그가 1954년 이후 스페인에서 처음 주도했던 정치적 과정의 이론적 표현이기도 했다.

이 책에서 까리요는 유로코뮤니즘의 특징을 다음과 같이 서술하고 있다.

> "유로코뮤니즘적" 경향에 속하는 정당들은 민주주의, 다당제, 의회 및 대의제 장치, 보통선거를 통해 정기적으로 행사되는 인민주권, 국가나 당으로부터 독립적인 노동조합, 저항의 자유, 인권, 종교적 자유, 문화적, 과학적 및 예술적 창조의 자유, 그리고 모든 차원과 영역의 사회활동에 대한 광범위한 인민적 참여 형태의 발전 등을 통해 사회주의로 전진할 필요성에 동의한다. 이와 더불어 이 정당들은, 어떠한 형태로든, 있을 수 있는 그 어떠한 국제적 지도중심과의 관계에서나 사회주의 국가들과의 관계에서 완전한 독립성을 주장한다. (이 책, p. 143)

유로코뮤니즘에 대한 이러한 정의는 카우츠키와 톨리아티의 정식화에 입각한 것으로서, 특히 톨리아티의 "진보적 민주주의" 구상은, 서유럽의 자본주의 발전에 대한 이해와 서유럽의 민주주의적 전통에 대한 주목이라는 점에서 까리요를 비롯한 유로코뮤니스트들의 관점의 형성에 크게 영향을 미쳤다. 이들 이외에도 까리요의 관점에 영향을 미친 사람으로 그람시를 들 수 있는데, 근대 자본주의 사회에서의 국가에 대한 까리요의 관점은, 국가의 이데올로기적 장치들과 억압적 장치의 사용을 통해 권력을 공고화하는 헤게모니블럭이라는 그람시의 개념에서 끌어온 것이다.

이 책에서 까리요가 정식화하고 있는 것은 크게 국가론의 영역에서 프롤레타리아 국가론의 폐기와 선진민주주의국가론의 제시, 그리고 변혁론의 영역에서 선진민주주의론 또는 반독점민주주의론의 제시로 요약된다. 여기서 그의 국가관과 변혁론을 간단히 살펴보기로 하자.

유럽의 독자적인 민주적 길에 대한 까리요의 분석은 부르조아 민주주의와 부르조아 국가에 대한 재평가로부터 시작된다. 즉 그는,

> 그것 〔자본주의 국가〕은 어떻게 변혁될 수 있는가? 이것은 우리가 민주주의적, 다당제적, 의회제적 방도로 수행하자고 제안하는 혁명을 포함하여 모든 혁명의 문제다. (이 책, p. 16)

라는 문제의식으로부터 그의 작업을 시작한다. 여기서 나타나는 것은 자본주의 국가장치를 파괴하지 않고 사회주의로 이행하는 것으로서, 이것이 그의 작업의 출발이라 할 수 있다. 그러나 이러한 인식의 전제가 되는 그의 국가인식은 상당히 모순적인데, 왜냐하면 그는 국가독점자본주의 하에서 국가는 전체 부르조아가 아니라 대독점 집단의 이익에 봉사하며, 따라서 서구의 발전된 자본주의 사회에서는 "국가"와 "사회"사이의 대립이 보다 첨예해진다고 보기 때문이다. 여기서 국가와 사회의 모순이 설정될 경우 국가장치의 전면적 파괴가 주장되어야 하나, 민주적인 제도의 확대, 국가의 이데올로기적 장치들의 변형을 말하고 있으며,

헤게모니를 실행하는 권력블럭에 의해 활용될 수 있다는 국가중립성 테제와 결합되고 있다. 여기서 국가민주화 테제 그리고 "평화적인 길" 또는 "의회적인 길"이 등장했던 것이다.

또 까리요는 제국주의의 사멸해가는 특징과 사회주의로의 이행을 위한 고도로 사회화된 자본주의 생산력의 성숙이라는, 레닌에게서 끌어온 국가독점자본주의론의 정통적 테제를 유지한다. 그러나 그는 동일한 저작에서 사회주의를 "선진민주주의단계를 포함한 2단계의 과정으로 파악한다. 그는 "프롤레타리아 독재"의 필요성을 거부하는데, 그것은 그러한 목표가 그 단어와 결합된 부정적 함축 때문에 반생산적이라는 것이다. 그리고 민주집중제로서의 공산당 개념 또한 그대로 유지되고 있으나, 그러한 당이 어떻게 동맹으로 들어가는지, 그리고 동맹의 대상이 다른 당인지 다른 계급인지, 혹은 양자 모두인지는 밝히지 않고 있다.

까리요는 이 책을 PCE가 여전히 비합법 상태에 있으며 그가 마드리드에서 비밀리에 은거하고 있을 때에 썼던 것이다. 이 책은 민주주의를 경유하는 길이 무엇인지에 대한 가장 조리가 있고 "책임있는" 글이다. 그러나 이 책에서 나타나고 있는 까리요의 주된 약점은, 끌로댕의 『유로코뮤니즘과 사회주의』에서 저자에 의해 자세하고도 체계적으로 지적되고 있듯이, 다음 몇 가지로 요약해볼 수 있다. 1) 의회적 길에 대한 강조가 기층수준에서의 민중적 이니셔티브를 제한하는 선거투쟁에 대한 강조만으로 흐른다는 것이다. 2) 동구블럭의 나라들을 비사회주의적이라 부르는 것에 대해 거절하고 있는 것은, 책의 논지에 비추어볼 때 사회주의가 무엇인지에 대한 관점과 모순되는 표현이다. 3) 당 구조나 당내 민주주의의 결여에 대한 논의가 없다. 비록 까리요가 민주주의를 모든 분야에의 활발한 참여로 규정하고 있긴 하지만, 어떻게 고도의 권위주의적 지도와 구조를 가진 당이 민주적 과정의 유지에 참여할 수 있는지 설명하지 않고 있다. 4) 까리요는 최종적인 "민주적 사회주의"의 대안적인 모델을 체계적으로 제시하지는 않고 있다. 즉 민주주의에 대한 토론은 자본주의에 반대하여 사용되는 전술의 문제로 배타적으로 제한되고 있으며, 동유럽 나라들에서의 민주주의의 결여를 비판하고 있긴 하지만 왜 민주적 가치가 완전하고 최종적인 사회주의의 필수조건인지, 그리고 어떻게 공산당의 "헤게모니"가 일당체제와 다른지에 대한 설명은 없다.

이 책은 출간과 동시에 큰 대중적 관심을 불러일으켰으며, 까리요라는 한 정치적 활동가를 유로코뮤니즘의 대표적 이론가로 부각시켰다. 그러나 그의 관점은 다소 혼란스러우며, 그의 국가관과 변혁론은 유로코뮤니즘의 긴 스펙트럼 속에서 한참이나 오른쪽으로 가 있음을 알 수 있다. 따라서 그의 책은 출간과 동시에 많은 비판을 야기시키기도 하였던 것이다. 대표적인 비판은, 정통맑스주의적 관점에서는 소련공산당으로부터의 비판이 『뉴 타임즈』(*New Times*) 지상을 통해 이루어진 것이며 (소련과의 논쟁은 끌로댕의 책에 자세히 서술되고 있다), 같은 유로코뮤니즘 스펙트럼 내에서의 비판은 까리요에 의해서 축출되었던 스페인공산당 이론가 끌로댕(Fernando Claudin)의 『유로코뮤니즘과 사회주의』(새길 : 1991)가 대표적인 것이다. 즉 아래로부터의 발의와 대중운동의 강조, 그리고 사회주의와 자본주의간의 단절 인정이라는 측면에서 끌로댕의 책은 좌파적 관점을 유지하고 있으며, 그의 까리요 비판의 핵심도 주로 이들 부분에 맞추어지고 있는 것이다.

Ⅱ

유로코뮤니즘은 쓰러져가는 맑스-레닌주의에 대한 하나의 대안인가? 그렇지 않으면 단지 실패로 끝나버린 하나의 역사에 불과한가? 이에 대해 어떤 명확한 대답을 내리는 것이 지금 우리에게 필요한 일은 아닌 것으로 보인다. 왜냐하면 그것은 무엇보다도 오로지 결과에 대한 판단만을 요구하는 질문이기 때문이고, 또 한국에서는 유로코뮤니즘의 문제설정이 어떤 것인지 검토하고 연구해온 영역이 협소하기 때문이다.

우리 생각에 오히려 중요한 것은, 그것이 기존의 고전적 맑스-레닌주의에 대한 하나의 대안으로서 간주될 수 있다면, 즉 맑스주의의 역사에서 하나의 아이덴티티를 가질 수 있다면, 그것은 무엇 때문인지를 연구하는 일이다. 혹은 그것이 단지 실패로 끝났음이 분명한 하나의 역사적 에피소드일 뿐이라면, 그것이 어떻게 출발하여 어떻게 진행되었으며, 그 결과를 실패로 종결지은 것은 또 무엇이었는지를 찾아내려는 연구가 오히려 교훈적일 것 같다. 그 경우 실패한 역사를 연구하는 것은 실패하지 않은 역사에 보다 근접하기 위해 긴요한 지점들을 지시해준다. 마치 우리가 사회주의의 실패 앞에서 오히려 더 적극적일 수 있었던 것처럼.

이런 맥락에서 우리는 유로코뮤니즘 역시 기존의 맑스-레닌주의, 지배적 형태의 맑스주의가 갖는 공백과 한계에 대해, 70년대의 유럽이라는 시공이 규정하는 조건 속에서 새로운 방식으로 대처하고 대응하고자 했던 하나의 적극적인 시도로서 평가할 수 있다고 생각한다. 다시 말해 유로코뮤니즘 역시 맑스주의의 위기를 넘어서려는 특정한 형태의 노력을 보여준다고 생각한다. 특히 노동운동은 물론 사회주의 운동의 합법화, 혹은 사회주의적 운동조직의 합법화를 모색하는 노력이 보다 진지하고 보다 사려깊은 연구와 준비를 필요로 하는 것으로 보이는 현재의 시점에서 유로코뮤니즘은 어떤 의미에서든 중요한 검토 및 연구 대상이 된다. 합법화의 논리와 그에 필요한 사고의 전환점을 확인하기 위해서든, 아니면 그것의 한계와 공백을 명확히 인식하고 그것을 넘어서려는 새로운 시도를 꾀해보든간에.

우리가 유로코뮤니즘의 이론적 요소를 가장 잘 요약하고 있다는 까리요의 이 책을 굳이 지금 출간하는 것은 적어도 이런 의미를 갖는다고 생각한다. 유로코뮤니즘이 성공했는가 실패했는가를 따지는 계산에 매달리기보다는, 그것이 내포하고 있는 새로운 요소들을 다시 검토하고 그 성과의 요인들을 찾아내는 일이 중요한 것이며, 그러할 때 이 책은 좋든싫든 우리가 조우할 수밖에 없는 책일 것이다.

1992년 7월 27일
역자

맑스주의와 유로코뮤니즘

맑스주의와 유로코뮤니즘

초판 1쇄 발행 1992년 7월 20일
초판 5쇄 발행 2012년 6월 20일

지은이 산티아고 까리요
발행인 황 세 연
디자인 EG 디자인
인 쇄 새한인쇄사
제 본 다원문화사
C T P 진흥프로세스
발행처 도서출판 **중원문화**
주 소 서울특별시 마포구 서강로 11-24
주문처 02-325-5534 FAX 02-324-6799